마케팅에 빠진
국숫집 사장님

마케팅에 빠진
국숫집 사장님

초판 1쇄 발행 | 2025년 10월 1일

지은이 허성용 | **펴낸이** 이은성 | **편　집** | 김승현, 구윤희 | **디자인** 최승협 | **펴낸곳** *e*비즈북스
주　소 서울시 종로구 창덕궁길 29-38, 4-5층 | **전　화** (02) 883-9774 | **팩　스** (02) 883-3496
이메일 ebizbooks@naver.com | **등록번호** 제2021-000133호

ISBN 979-11-5783-383-2　03320

*e*비즈북스는 푸른커뮤니케이션의 출판 브랜드입니다.

음식점을 위한
네이버·이벤트·인플루언서
마케팅 실전 가이드

마케팅에 빠진
국숫집 사장님

허성용 지음

e 비즈북스

프롤로그　7

1장　이상적인 고객을 한정하라

1 고객을 한정해야 하는 이유　12
2 고객에게 무엇을 어필할 것인가?　20
3 독특한 판매제안(USP)을 개발하라　29
4 외식업에서 이상적인 고객 설정과 페르소나 개발　39

2장　이상적인 고객을 포착하라

1 마케팅, 목적부터 명확하게　46
2 상품과 서비스를 고객 관점으로　56
3 인플루언서로 가망 고객에게 다가서라　65
4 체험 마케팅　69
5 외식 매장 네이버 블로그 체험단 실전 매뉴얼　72
　◆ 체험단 블로그 포스팅 가이드: 가망 고객을 사로잡는 맛집 블로그 글 구성법　83
6 타깃 고객 정하기　85

3장　가망 고객을 확보하라

1 가망 고객에게 관심을 끄는 방법　92
2 마케팅의 핵심은 가망 고객의 전화번호　103
3 팔고 싶은가? 팔지 마라　106
4 페인 포인트: 고객이 진짜 원하는 것을 찾아라　110
5 가망 고객: 성공의 열쇠를 쥔 사람들　112

4장 가망 고객을 육성하라

1. 고객이 원하는 정보를 제공하라 — 114
2. 고객에게 무엇을 알릴 것인가? — 121
3. 콘텐츠 생산자가 돼라 — 128
   - ◆ 마케팅 채널 설계를 위한 핵심 질문들 — 135

5장 고객의 욕구를 찾아라

1. 고객의 욕구가 담긴 단어, 키워드 — 140
2. 고객의 마음을 찾는 구체적인 키워드 전략 — 147
3. 광고를 해야 하는 이유 — 154
4. 효과적인 광고 전략의 핵심 — 159
5. 고객의 마음을 읽는 키워드 분석법: 데이터로 보는 고객의 진짜 욕구 — 164
6. 롱테일 키워드 — 172
7. 키워드 전략의 실행과 분석 — 176
8. 네이버 스마트플레이스 3단계 전략 — 179
9. 네이버 플레이스 상위 노출을 위한 8가지 고려 사항 — 183
10. 네이버 플레이스 광고 — 202
11. 네이버 검색광고 — 208

6장 고객 DB를 구축하라

1. 위기를 기회로 바꾸는 프로모션   **216**
2. 프로모션이 필요한 이유   **220**
3. 프로모션의 진정한 의미   **227**

7장 고객과의 관계를 관리하라

1. 고객 관계를 설계하라   **238**
2. 단계별 고객 관리의 핵심   **241**
3. 단계별 고객 관리 구축과 실행   **252**
   - ◆ 인터뷰: 한 달 만에 5천 명의 고객 DB를 확보한 명지첫집 김승연 대표   **257**
4. 문자 마케팅 자동화의 효과   **261**
5. 고객 커뮤니티 구축의 힘   **265**
6. 고객과 함께 성장하는 미래   **267**

에필로그   **271**

프롤로그:
비즈니스 효율을 높이는 마케팅 관점

필자는 20여 년 동안 마케팅 현장에서 소상공인, 특히 외식업 대표들을 만나면서 "마케팅이 어렵다"는 말을 수도 없이 들었습니다. 왜 마케팅이 어려울까요? 그리고 왜 과거보다 더 어려워졌을까요?

경영난에 허덕이는 대표자나 실무자와 인터뷰를 해보면 "지금 경기가 안 좋고 나만 안 되는 것도 아닌데…"라며 경기 탓을 하고 업계 환경을 먼저 얘기합니다. 하지만 근본적인 문제는 따로 있습니다. 많은 사업자들이 여전히 이런 생각에 머물러 있기 때문입니다.

- 상품만 좋으면 판매가 될 것이다.
- 서비스가 좋으면 판매가 될 것이다.
- 음식만 맛있으면 고객이 저절로 찾아올 것이다.
- 고객이 만족하면 이익은 따라올 것이다.

위 사항에 한 가지라도 "그렇다"라고 대답한다면 매우 위험한 생각을 하고 있는 것입니다. 마케팅의 룰이 바뀌었기 때문입니다. 과거에는 좋은 위치에 매장을 내고, 음식을 맛있게 만들면 입소문을 통해 고객이 자연스럽게 찾아왔습니다. 하지만 지금은 매장 수도 훨씬 늘었고, 고객들은 스마트폰으로 언제든 다른 선택지를 찾아볼 수 있게 되었습니다.

단순히 '좋은 입지, 맛있는 음식'만으로는 고객에게 발견되기도, 선택받기도 어려운 시대가 된 것입니다.

경기가 안 좋을 때도 매년 20% 이상 성장하는 음식점이 있고, 호시절에도 망하는 음식점이 있습니다. 그 차이는 무엇일까요? 실패하는 음식점은 맛있는 음식을 만들어 놓고 손님이 오기를 기다립니다. 간혹 손님이 와서 맛있다고 말하면 "고맙습니다" 하고 답하는 것이 전부입니다. 재방문을 유도하거나 단골 고객으로 만들기 위한 별다른 노력을 하지 않습니다.

성공하는 음식점은 우선 어떤 고객을 타깃으로 할지 명확히 정합니다. 예를 들어 '건강한 식단에 관심이 많은 30대 직장인 여성'을 타깃으로 설정했다면, 이들이 자주 보는 SNS나 블로그에 건강한 재료로 만든 음식 사진과 영양 정보를 꾸준히 올립니다. 방문한 고객의 취향을 파악하고, 문자나 카카오톡으로 그들과 지속적으로 소통하며 자연스럽게 재방문을 유도합니다. 성공하는 음식점은 단순히 음식만 맛있는 것이 아니라, 고객과의 만남 전부터 이후까지 모든 접점을 체계적으로 관리합니다.

이 책은 어떤 해결책을 제시하는가?

이 책은 단계적 고객 관리를 통해 가망 고객을 발굴하고 육성하여 방문으로 유도하는 방법과, 방문 이후 지속적인 관계 관리를 통해 이들을 충성 고객으로 전환시키는 체계적인 과정을 안내합니다.

또한 마케팅 자동화로 고객과의 관계 구축 과정을 효율적으로 관리할 수 있도록 도와줍니다. 네이버 플레이스나 배달 앱 같은 외부 플랫폼 의존에서 벗어나 여러분이 진정한 독립 사업자로 성장할 수 있도록 안내합니다.

이 책과 함께 여러분은 고객의 마음을 사로잡는 마케팅의 7단계를 차근차근 따라갈 수 있습니다.

❶ 이상적인 고객 설정
❷ 고객 포착
❸ 가망 고객 리스트 확보
❹ 고객 육성
❺ 욕구 발견
❻ 구매 전환
❼ 고객 관계 관리

이 7단계 중에서도 특히 3단계(가망 고객 리스트 확보)부터 7단계(고객 관계 관리)까지의 과정을 실제 매장에서 어떻게 구현할 수 있는지가 가장 중요한 핵심입니다.

이 책은 평창에 있는 메밀 전문점 사장과 마케팅 전문가의 실제 컨설팅 사례를 통해 프로모션 실행 과정의 핵심인 4단계 시스템(고객 인지 → 관심 유발 → 방문 유도 → 충성 고객화)을 생생하게 보여드립니다.

복잡한 마케팅 이론을 단순히 나열하는 대신, 실제 상황에서 이것이 적용되는 방식을 소설 형식의 스토리로 풀어냈습니다. 이를 통해 독자 여러분은 마치 현장에 함께 있는 것처럼 마케팅 실무를 생생하게 경험하고, 자신의 매장에 어떻게 적용할 수 있을지 구체적으로 그려볼 수 있습니다.

앞으로 네이버를 활용한 마케팅이나 배달 플랫폼의 정책은 점점 더 많은 비용과 시간을 요구할 것입니다. 하지만 너무 두려워하지 마십시오. 지금부터 단계적 고객 관리의 핵심 요소와 기본기를 만들어나갈 수 있으니까요. 이 책이 외식업 사장님들에게 실질적인 도움이 되기를, 사장님들이 플랫폼 의존에서 벗어나 고객과의 진정한 관계를 통해 독립적인 사업자로 성장하는 출발점이 되기를 진심으로 바랍니다.

  이 책은 설렘과 두려움이 교차한 여정에서 가족이 건넨 지지로 완성됐습니다. 늦은 밤과 주말을 함께 견뎌준 아내, "아빠 책은 뭐예요?"라며 응원해준 연준, 연우, 연재에게 고맙습니다. 또한 평창의 오숙희 대표님께 배운 장인정신, 리드젠 유태영 대표님께서 전해주신 실전 자동화 노하우가 이 책의 뼈대가 됐습니다. 나아가 지난 20여 년간 전국의 소상공인 사장님들이 들려주신 고민과 기쁨이 문장마다 살아 있습니다. 모두에게 감사합니다.

1
고객을 한정해야 하는 이유

"사장님, 이번 달 플레이스 상위 노출 비용 '평창 맛집', '봉평 맛집' 총 350만원입니다. 원래 400 넘게 드는데 사장님이니까 이 가격에 드리는 거 아시죠?"

"네 알고는 있는데, 요즘처럼 장사도 안 되는 시기에 너무 부담되는데…"

"지금 그 동네 다른 사장님들은 인스타, 유튜브 동영상까지 더 한다고 하시던데 어쩌시려고요?"

"그… 그래요, 어쩔 수 없죠, 계속해야죠. 잘 부탁드립니다."

"네, 사장님. 특별히 다음 달엔 서비스로 인스타 인플루언서 열 팀 보내드릴게요."

▲

메밀국수 미가연 오서준 대표는 40대 중반의 외식업 3년 차 초보 사장이다. 원래 식자재 회사에서 일하던 오 대표는 거래하던 식당의 사장님이 다른 지역으로 이사를 간다고 해서 얼떨결에 매장을 인수했다. 재료를 납품하면서 매장의 매출이 괜찮다는 걸 짐작했기 때문에, 아르바이트를 쓰고 점심과 저녁 시간에 잠깐 들여다보며 관리하면 웬만한 투자보다 괜찮을 것 같았다. '장사가 생각보다 안 된다 해도 최소한 손해는 안 보겠지' 하는 생각으로 시작한 일이었다.

실제로 초기에 간판과 인테리어를 일부 손본 뒤, 3개월 이후부터는 손익분기점을 넘겼다. 많은 시간 매장에 매달리지 않아도 매출과 수익을 유지할 수 있었다. 오 대표는 아예 원래 하던 일을 접고, 매장 운영에 힘을 기울여 매출을 키워 나갔다.

처음 1년은 '잘한 선택이었구나' 하는 생각이 들었다. 그런데 오 대표의 매장이 잘되자, 같은 업종의 경쟁 식당이 여기저기 생겨났다. 심지어 인근 식당 몇 곳은 오 대표의 메뉴를 흉내내기도 했다. 다행히 재료와 품질 면에서는 누가 봐도 오 대표의 매장이 확실한 비교우위를 갖고 있었기에 그리 큰 위기를 느끼지는 못했다.

그러나 그 식당들 중 한 곳이 마케팅을 대대적으로 하면서 네이버 플레이스와 블로그 등 온라인 상위 노출을 휩쓸자 문제가 발생했다. 그 식당 주차장에는 차 세울 곳이 없을 정도였고 사람들의 대기줄이 길게 늘어섰다. 그 영향으로 매출이 떨어지자 온라인 마케팅을 염두에 두지 않았던 오 대표도 그냥 있을 수는 없었다. 지인으로부터 마케팅 대행업체를 소개받아 주요 키워드 상위 노출을 맡겼다.

마케팅 대행사 대표는 특별히 챙겨 준다는 듯 이야기했지만 통화를 마친 오 대표는 기분이 씁쓸하다. 1년 넘게 매달 키워드 상위 노출을 진행해 왔으나, 요즘같이 어려운 시기에는 성과도 없는 것 같고, 그렇다고 안 하자니 불안하다. 최근에는 네이버 플레이스, 검색 광고, 카카오 채널 운영까지 맡아 주겠다는 대행사의 전화가 하루에 수십 통씩 오기도 한다.

'이걸 할까, 저걸 할까, 남들 한다는 건 다 해야 하나?' 마음이 심란하다. 입지가 관광지라 외지인들은 다들 온라인으로 검색해서 음식점을 찾는다는 걸 알고 있으니, 노출이 안 되면 불안하다. 상위 노출을 진행하고는 있지만 마케팅을 통해 실제로 얼마만큼의 고객이 유입되는지는 알 길이 없다.

상위 노출 비용도 작년에 비하면 30% 이상은 오른 것 같다. 네이버의 상위 노출 요건이 더 까다로워져서, 상위 노출이 보장되는 인플루언서가 더 귀해져서 그렇단다. 플레이스 상위 노출 비용의 경우 예전에는 비수기와 성수기에 차이가 있었지만, 지금은 큰 차이가 없다. 플레이스 상위 노출 경쟁이 심해진 까닭에 그에 따른 비용이 늘어나서 그렇단다. 기름 값이 폭락했다는 뉴스가 떠도 동네 주유소는 가격을 쥐똥만큼 내리는 것과 비슷한 것 같다.

한 달 상위 노출 마케팅비가 350만원이니, 한 달에 26일 영업한다고 했을 때, 객단가 15,000원 기준으로 최소 하루에 9개는 더 팔아야 마케팅비만큼의 매출이 나온다. 원가율과 고정비를 고려하여 순이익을 계산하면 하루에 20~25개는 더 팔아야 수지 타산이 맞는다.

그래도 그만둘 수가 없다. 주요 키워드를 검색했을 때 경쟁 업체 글만 보이고 우리 매장이 안 보이면 너무 불안하다. 손님이 없는 날 동네를 한 바퀴 도는데 경쟁 매장에 손님이 많으면 마케팅을 제대로 안 해서 그런 것 같아 답답하고 식은땀이 흐른다. "하아… 언제부터 상위 노출을 안 하면 큰일 날 것처럼 되었지? 시간이 지날수록 더 좋아지는 건 없고 인스타에, 유튜브에, 돈 써야 하는 채널만 더 늘어나는 꼴이네."

오 대표 입에서 한숨이 절로 나왔다. 복잡한 머리를 식히러 습관처럼 동네를 돌다가 새로 생긴 커피숍 문을 열고 들어가 봤다. 사장님은 자리를 비운 것 같고 여직원에게 요즘 상황이 어떤지 물었다. "요즘 손님 좀 있어요?"

"아시잖아요, 이런저런 공사로 기일보다 한 달을 늦게 오픈했는데,

오픈하자마자 휴가 시즌인데도 손님 발길이 뜸하네요. 요즘은 휴가 시즌도 옛말인 거 같아요."

"흠… 사장님은 어디 가셨어요?"

"매출이 없다시피 하니까 답답하신지 점심 이후엔 다른 일 보러 나가세요."

그럴 만도 했다. 새로 오픈한 매장에 손님은 없고 직원 얼굴만 쳐다보는 상황이니, 오죽할까. 답답한 마음을 정리하려고 나온 길에 더 안타까운 마음이 더해졌다.

카페를 나와 매장으로 돌아가는 길, 뒤쪽에서 소리가 들려왔다.

"오 대표님 아니세요?"

뒤를 돌아보니 오 대표 또래의 중년 남성이 서 있었다.

"안녕하세요? 허 대표님, 이 동네는 어쩐 일이세요?"

"네, 여기 괜찮은 매장이 나왔다고 해서 한번 보러 왔어요."

"지금 이 시국에요?"

오 대표는 허 대표의 얘기를 듣고 망치로 머리를 맞은 듯했다. 이 어려운 상황에 새로운 매장을 찾고 있는 허 대표가 이상해보이기도 하고 한편으로는 대단하다는 생각이 들었기 때문이다.

허 대표는 대기업에서 유통과 상품기획을 거친 엘리트로 외식업에 도전하려고 퇴사했다. 처음에는 작은 카페로 시작했지만 지금은 잘나가는 디저트 카페와 중대형 한우 식당 몇 곳을 성공적으로 운영하고 있는 소문난 능력자였다. 상품을 개발하는 안목과 마케팅 능력이 뛰어나서 그가 개발한 상품에 사람들은 뜨거운 관심을 보였다.

사실 오 대표도 신메뉴나 상품 개발은 잘한다고 자부하는데 뒷심이 없는지 잘 알리지 못해 늘 고민이 많았다. 그러던 차에 서울에서 열린 온라인 마케팅 교육을 들었는데, 그때 허 대표를 만난 것이다. 허 대표는 과제 수행을 잘하는 것은 물론이고 발표를 할 때도 이론적인 내용만 설명하는 웬만한 강사보다 훨씬 실무에 대한 이해가 뛰어났다. 오 대표는 이런 허 대표에게 놀란 적이 한두 번이 아니었다.

"허 대표님, 부럽습니다. 저는 지금 가게 하나도 벅찬데…"

"오 대표님네 메뉴와 서비스도 괜찮던데요, 뭘 그러세요?"

"아니요, 요즘 매출도 떨어지고 힘듭니다. 저도 왜 안 되는지 잘 모르겠어요. 온라인 마케팅도 매달 몇 백씩 주고 하는데 성과가 있는지도 모르겠고, 벌어서 대행사 좋은 일만 시키는 것 같아요."

"흠… 그러시구나. 그럼 저녁에 소주 한잔 하시죠. 제가 조금은 도움이 될 수 있을 것 같으니."

오 대표는 반가웠다. 허 대표의 코칭이라면 분명히 도움이 될 것이다.

"능력자께서 도움을 주신다니 벌써부터 기대가 되네요."

"능력자는요. 이따 뵙겠습니다."

오 대표의 매장 근처 고깃집 '한우화로'에서 이런저런 이야기를 나누다 보니 두 사람은 동시대에 외식업을 하는 데다 나이대도 비슷해 금세 형님, 아우 할 정도로 친해졌다.

"이렇게 술잔을 기울이니 정말 좋네요, 형님."

"그러게요, 수료식 때 보고 이렇게 보네요. 오 대표님이 사람들한테 진심으로 대하는 모습을 보고 좋은 사람 같아서 친해지고 싶었어요."

"아, 형님. 말씀 낮추세요, 자꾸 존대하시면 제가 맘에 안 드는 걸로 알겠습니다."

"하하하 그래 알았어, 알았다고. 자 한잔 받으시게."

오 대표가 남은 잔을 마저 비우자 허 대표가 술을 채웠다.

"형님, 그런데 어떻게 마케팅을 그렇게 잘하세요? 무슨 특별한 비법

같은 게 있나요?"

"비법? 하하하 있지! 있고 말고!"

"그 비법이 뭔가요? 저도 마케팅 잘하고 싶어요."

"마케팅 잘하는 법? 그건 의외로 간단해. 연애하듯 하면 돼."

"에이, 무슨 마케팅이 그래요. 연애는 저도 좀 아는데요. 어떻게 하면 이성에게 잘 보일까 그거 아닐까요? 근데 마케팅은 이론하고 실전이 완전히 다르던데, 저 놀리시는 거죠?"

"아니야, 자네 말처럼 잘 보이려는 마음, 바로 그게 마케팅이야. 연애할 때를 잘 생각해봐. 처음 이성을 만날 때 그 설렘, 그 이성에게 호감을 얻는 과정, 그러니까 호감이 관심으로, 관심이 애정으로 가는 과정을 생각해보는 거야. 마치 매장을 오픈하고서 '고객이 올까?' 전전긍긍하다가 고객이 만족하고 돌아가는 뒷모습을 보며 안심하고, 그 고객이 재방문하고 단골 고객이 되고 충성 고객이 되는 것과 비슷하잖아."

"맞는 것 같긴 한데…"

"마음에 드는 이성을 만나면 초보들은 대부분 무턱대고 좋아한다, 연애하자, 하면서 바로 사랑이라도 하는 것처럼 서두르잖아? 그런데 좋아하는 마음이 크고 사귀고 싶을수록 성공 확률을 높이는 전략이 필요하지 않을까?"

"그렇죠, 섣부르게 좋아한다고 말했다가는 무시당하거나 스토커 취급을 받을 수 있죠."

"맞아, 상대의 생각을 고려하지 않고 일방적으로 다가가면 아무리 진심이라고 해도 오해받기 십상이지."

"그래서 상대방에 대한 사전 조사가 필요한 거야. 먼저 상대가 무엇을 좋아하는지, 취미가 뭔지, 관심사는 뭔지, 어떤 음식을 좋아하는지 등등 무엇이든 알아야 상대를 즐겁게 해주고 감동을 줄 수 있잖아."

오 대표는 잠자코 들으며 생각에 잠겼다. 허 대표의 말은 상대방을 '고객'으로 바꿔도 그대로 적용할 수 있는 내용이었다.

"연애와 사업이 다른 점은 사업의 경우 상대가 여러 명이라는 거야. 그중에서 내가 주력으로 삼고자 하는 고객이 누구인지, 이상적인 고객을 설정해야 그 고객을 즐겁게 하고 나아가 감동을 주는 전략을 짤 수 있지. 마케팅은 거기서부터 시작이야."

"아… 그런가요?"

"그래, 고객이 명확해야 그 고객이 원하는 것을 줄 수가 있지, '여자면 다 좋아' 하는 사람 치고 제대로 연애하는 사람 봤어? 이상형이 명확해야 제짝을 찾을 수 있는 법이라고."

"맞네요. 제 친구들만 봐도, 이상형은 없고 이런 스타일도 좋다, 저런 스타일도 좋다고 하는 친구는 되려 여자들이 싫어하더라고요. 모든 여자한테 친절한 스타일은 바람둥이라고요."

"이상형이 명확하다는 것은 상대방이 무엇을 원하는지 명확히 알 수 있다는 말이야. 명확한 이상형을 정하고 그 사람을 이해하면서 생각과 행동을 그 사람에게 맞춰가는 과정, 그게 바로 마케팅이지."

"음… 형님, 제가 완전히 이해하지 못했는데요. 나의 이상형이 명확하다는 것과 상대방이 무엇을 원하는지 알 수 있다는 것이 어떻게 연결되는 거죠? 좋아하는 타입을 만났다고 해서 그 사람의 마음을 자동으로 알 수 있는 건 아니잖아요?"

"음, 그건…" 허 대표는 잠시 생각에 잠겼다. "사실 이상형을 정하는 건 첫 단계야. 이상형으로 삼을 고객층을 명확히 했다면, 다음에는 그들을 깊이 이해하는 과정이 필요한 거지. 모든 사람이 아닌, 특정 고객층에 집중하면 그들의 니즈와 원츠를 더 효과적으로 파악할 수 있어."

"아…" 오 대표는 고개를 가볍게 끄덕이며 천천히 말했다. "그러니까 우리 매장의 이상적인 고객이 누군지 먼저 정하고, 그 다음에 그 고객들이 실제로 무엇을 원하는지 알아보고, 그에 맞춰 우리 서비스를 조정하는 과정이 필요하다는 건가요?"

"그렇지! 이제 감이 오나 보군." 허 대표가 웃으며 말했다. "처음부터 모든 사람을 겨냥하면 결국 아무도 만족시키지 못해. 특정 고객층을 정하면 그들을 더 깊이 이해할 수 있고, 그들이 진짜 원하는 것을 제공할 수 있지."

오 대표는 잠시 생각에 잠겼다. "그럼 예를 들어 우리 식당이 가족 단위 손님을 이상 고객으로 정했다면, 그 다음엔 가족들이 식당에서 정말 중요하게 생각하는 것이 뭔지 알아봐야 하고, 그게 넓은 좌석이나 개인 룸, 아이들을 위한 메뉴 같은 것일 수 있겠네요?"

"바로 그거야! 이제 제대로 이해했군, 외식 마케팅도 그게 오프라인이든, 온라인이든, 이상적인 고객을 선정하는 것이 첫 단추야."

▲

허 대표와 헤어지고 돌아오는 길, 오 대표의 머릿속은 복잡해졌다. 몇 년 동안 매장을 운영하면서 내 상품과 서비스에 맞는 이상적인 고객이 누구인지 같은 것은 생각해본 적이 없었다. 매장에 방문하는 모든 사람들이 다 고객이라고 생각했고 모든 사람들을 만족시킬 수 있다고 자부했던 모습이 한편으로는 부끄럽기까지 했다.

'그래! 이제라도 마케팅을 잘 이해해서 마케팅의 능력자가 되어 보자, 상위 노출에 전전긍긍하는 것도 지긋지긋하다. 그리고 경쟁업소 사장의 코를 납작하게 만들고 말 테다.'

2
고객에게 무엇을
어필할 것인가?

"'평창 맛집'으로 키워드 검색 상단에 노출되는 상품이 달에 20만원이면 된다고요?"

"네, 사장님. 딱 그 자리가 비어서 사장님께 특별히 권해 드리는 겁니다. 키워드 검색했을 때 한 달 동안 첫 페이지에 노출되고요, 월 20만원에 해드리는 대신 6개월 이상 계약하는 조건입니다."

하루에도 몇 통씩 네이버나 다음 공식 대행업체라는 회사에서 전화가 왔다. 바쁜 시간에 전화가 오는 것도 귀찮지만 늘 알아듣지도 못하는 말만 하는 통에 관심 없다는 말로 일관하며 전화를 끊곤 했다. 그런데 방금 받은 제안은 혹하는 조건이었다. 지금 '평창 맛집' 키워드로 플레이스에 상위 노출되려면 300~400만원이 드는데, 키워드 광고라지만 20만원이면 10분의 1에도 못 미치는 수준이 아닌가? 생각 같아선 바로 계약하고 싶었지만 지난번 술자리에서 허 대표에게 들은 이야기가 떠올랐다.

"아우님, 온라인 마케팅 관련 영업 전화 많이 오지?"

"네 형님. 하루에도 5~6통은 기본이에요. 네이버 공식 대행사라고 하니 무시할 수도 없고요."

"나도 그래. 네이버 공식 대행사라는 말은 대부분이 근거 없는 얘기니까 무시하고, 혹시 조건이 너무 좋은 제안은 덜컥 계약하지 말고 나한테 연락해."

"네?"

"터무니없이 좋은 조건에는 늘 함정이 따르는 법이거든."

오 대표는 허 대표에게 먼저 연락해야겠다고 생각하며 대행업체에 이렇게 대꾸했다. "조건은 좋은 것 같은데 일단 생각해볼게요."

"사장님, 다른 분이 먼저 계약하시면 좋은 자리는 그쪽으로 넘어갑니다. 잘 생각해보시고 빠르게 결정하세요."

"알겠습니다." 오 대표는 전화를 끊고 바로 허 대표에게 전화를 걸어 방금 조건을 설명했다.

"그래서 계약을 했어?"

"아니요, 형님이 너무 조건이 좋을 땐 덜컥 결정하지 말라고 해서…"

"잘했어, 그쪽에서 다시 전화가 오면 이걸 물어봐, 첫 페이지에 노출되는 검색엔진이 무엇인지?"

"네?"

"검색 상단에 노출되는 곳이 네이버인지 다음인지 물어보라는 말이야."

"아~"

"그리고 네이버라면 파워링크 광고인지, 그게 아니라면 어떤 광고인지도 물어봐. 광고 상품에 따라서 노출 비용이 달라지거든. 이따가 영업 끝나고 '으뜸회'에서 봐."

◆

오 대표는 빈자리 없이 사람들로 꽉 들어차 있는 으뜸회 매장을 둘러봤다. 허 대표가 자리를 잡고 손을 드는 모습이 보였다.

"형님, 이 시간에 손님이 왜 이리 많아요?"

"여긴 동해에서 매일 공수해오는 자연산 해산물을 맛볼 수 있고, 호텔 출신 주방장 특선이 가성비가 아주 좋아, 주방장 특선은 하루에 열 팀만 예약 받아. 사실 이 시간에는 못 먹을 수도 있는데, 특별히 부탁해서 예약해 뒀지."

"와, 여기 콘셉트가 정말 좋네요."

"맞아. 명확한 강점이 있는 매장이지. 참, 낮에 얘기한 건 알아봤어?"

"네. 다음 검색 광고고, 월 비용은 '평창 맛집' PC 기준이래요."

"음… 역시 그랬군. 검색 점유율이 낮은 다음에 상위 노출이라… 그것도 모바일도 아니고 PC검색 광고면 좋은 조건이 아니야."

"그런가요?"

"점유율이 높은 채널이라 해도 요즘 소비자들은 광고라고 인식하면 클릭을 안 할 뿐더러, 클릭해도 잘 안 믿거든."

"네. 저도 광고 같으면 클릭 안 해요."

"검색 광고라면 키워드별 입찰 단가라는 기준이 있고, 상위 노출 가능한 금액도 매일 바뀌거든. 그런데 다음 PC검색에서 월 20만원으로 얼마나 유입이 될지는 의문이야. 원래 검색 광고는 클릭이 일어났을 때 비용이 지불되는 CPC_{Cost Per Click} 방식을 많이 써. 그런데 아우님이 제안받은 상품은 광고비가 고정되어 있잖아? 즉 클릭률이 낮을수록 높은 클릭당 단가를 지불하는 구조야."

"뭔지 모르지만 엄청 복잡하네요."

"예를 들어 어떤 키워드가 월 2000회 검색된다고 해도 검색 사용자들이 20번만 클릭한다면 CPC는 1만원이 되는 것이지. 즉 1명을 유입시키는 데 1만원을 쓴다는 이야기야."

"와. 고객 한 명당 1만원이라니… 저는 상위 노출만 될 수 있음 뭐든 괜찮은 줄 알았어요."

"심지어 고객도 아니고 그냥 둘러보는 사람이야. 거기서 실제 고객이 될 사람들은 후하게 쳐도 유입된 사람의 10% 미만이야. 즉 고객이 될 가능성을 10%로 잡아도 고객 1명을 유치하는 데 10만원을 쓰는 셈이지."

"10만원이요?" 오대표의 눈이 동그래졌다.

"그래도 한 가지 위안은 있어. 오 대표네 식당에 오는 사람들은 혼밥족은 아닐 테니 인원수대로 나눠야겠지."

"아, 4명이 오면 인당 2만 5천원이네요. 그래도 우리 가게 객단가가 1만 5천원이니 마이너스 1만원이네요."

"재료비와 인건비는 고려 안 하나? 그 고객이 단체 손님을 한 30명쯤 데려오면 광고비를 뽑을지도 모르겠네."

"예?" 오 대표는 기가 막혔다. 3년 동안 식당을 운영하면서 단체 손님 30명을 받았던 기억은 없다.

"복잡해보이지만 차근차근 다시 짚어보자고. 상위 노출은 왜 하려는 거지?"

"그야… 우리 가게가 상위 노출되면 그만큼 고객이 우리를 찾기 쉬우니까요."

"좋아, 고객이 우리 가게를 찾으면 뭘 보여줄 건데?"

"뭐… 맛있게 먹은 사진이나 매장을 이용했던 사진을 보여줘야 하는 거 아닌가요?"

"뭘 보여주고 싶은지 명확하게 정해진 거야? 지난번에 얘기했던 이상적인 고객한테?"

"아…"

"거 봐. 우리 매장 상품이나 서비스가 전부 다 좋을 수는 없잖아, 고객 입장에서 우리 매장을 꼭 찾아와야 하는 이유를 생각해 봐야 돼. 맛, 서비스, 분위기, 가격 등의 요인에서 경쟁업체와 비교했을 때 뚜렷한 장점이 있는지 말이야."

"저는 그냥 맛있게 만들고 친절하게 하고 그걸 잘 알리면 된다고 생각했는데…"

"그것도 중요하지. 하지만 외식업 하는 사람치고 맛있게 만들고 친절하게 하지 않으려는 사람이 있을까?"

"…"

"경쟁자 없이 독점한다면 친절하고 맛만 좋아도 되겠지, 하지만 자네 동네만 해도 반경 500미터 이내 같은 업종도 많고 심지어 서비스를 똑같이 하는 곳도 있잖아? 거기에 대체 가능한 업체는 얼마나 많아."

"그렇네요. 정말 생각할수록 어렵네요."

"연애에 빗대서 생각해보자고. 오 대표, 혹시 연애할 때 명품만 걸치고 나온 이성을 만난 적 있어?"

"네, 있어요. 소개팅에서 한 번 만났는데…"

"어땠어? 첫인상이 좋았어?"

"처음엔 '와, 명품이 멋있구나' 했는데, 시간이 지나니까 좀 부담스럽더라고요. 뭔가 진짜 자신의 모습보다는 명품에 포장된 느낌이랄까요? 그리고 계속 브랜드 얘기만 하고…"

"그럼 반대로, 끌렸던 사람은 어떤 스타일이었어?"

"음… 매력 있고 대화를 해보면 진정성이 느껴지는 사람이요. 옷보다는 그 사람의 성격이나 생각이 더 매력적으로 느껴졌고요."

"바로 그거야! 진정한 매력은 겉모습이 아니라 그 사람만의 진정성에서 나오는 거지. 매장도 마찬가지야. 무조건 비싸고 화려한 인테리어나 과대 포장된 마케팅이 아니라, 자신만의 진짜 가치를, 즉 고객이 자네 매장에 와야 할 이유를 제대로 전달하는 게 중요한 거야."

"네, 무슨 말씀을 해주시려는지 알겠어요. 그럼 상위 노출도 마찬가지겠네요. 무조건 노출하는 것보다는 목표 고객에게 우리 매장에 꼭 와야 할 이유를 잘 전달하는 것이 관건이겠군요. 메뉴, 서비스, 가격, 전문성 측면에서 장점이 될 만한 특징을 잘 정해서요."

"오~ 잘 이해하고 있군. 맞아. 자신의 장점이 지속적으로 드러날 때 옷을 잘 입는 사람, 정직한 사람, 유머가 있는 사람, 친절한 사람, 성실한 사람, 품성이 좋은 사람 등으로 주변 사람에게 각인되듯, 매장도 그곳에 가야 할 이유를 더 정확하게 전달할 수 있어야 해."

"네, 사랑을 얻는 방법에 꼭 돈만 있는 건 아니죠. 올바름, 지혜로움, 유머, 인간미가 그 사람을 더 매력적으로 만드는 것 같아요. 재치 있는 개그맨들이 예쁜 부인과 사는 것과 비슷하네요."

"하하하, 역시 이해가 빠르군. 자신의 정체성이나 메시지가 명확해야 그런 점을 원하는 사람이 쉽게 찾아오고, 장점을 몰랐던 사람들도 그 사람의 매력에 빠지게 되는 법이지. 마케팅에서 USP Unique Seling Proposition를 강조하는 게 이런 이치 때문이야."

"USP라…"

새벽녘, 오 대표는 매장을 찾았다. 아직 오픈 시간까지는 두 시간이 남아 있었다. 오 대표는 그날 밤 잠을 설쳤다. 매장을 시작한 이후 줄곧 '맛'과 '친절', 이 두 단어만 생각했을 뿐, 정작 자신의 매장이 갖는 고유한 가치에 대해서는 진지하게 고민해본 적이 없다는 사실이 부끄러웠다. 텅 빈 홀을 혼자 둘러보는 그의 머릿속에 허 대표의 말이 맴돌았다.

"연애할 때 상대방에게 집중하듯, 고객이 원하는 것에 집중해야 해."

오 대표는 메모장을 꺼내 매장의 모든 장점을 적기 시작했다. 하지만 곧 막막함이 밀려왔다. '맛있다', '친절하다' 외에 무엇이 있을까? 매장의 구석구석을 다시 한번 둘러보았다.

"어, 이걸 왜 생각 못했지?"

오 대표는 주방으로 들어가 자신이 직접 설치한 제면기 앞에 섰다. 처음 식당을 시작할 때 큰 비용을 들여 구입한 장비였다. 다른 가게들은 대부분 공장에서 만든 면을 납품받았지만, 오 대표는 매일 아침 고집스럽게 직접 면을 뽑았다. 그 맛의 차이를 알아주는 손님들이 일부 있었지만, 정작 자신은 이것을 특별한 가치라고 생각하지 않았다. 대부분의 손님들은 별말이 없었기 때문이었다.

"맞아! 자가제면… 이게 우리만의 장점 중 하나야."

메모장에 '자가제면'이라고 힘을 주어 적었다. 이어서 매장 안쪽으로 걸어가 개별 룸과 단체 룸을 살펴보았다. 이 공간들은 처음 인테리어할 때 큰 비용이 들었고, 프라이버시를 중시하는 가족 단위 손님들에게 인기가 좋았다.

"개별 룸, 단체 룸… 이것도 우리 매장만의 강점이지."

일반 테이블 구역으로 나와 좌석 간격을 살펴봤다. 다른 매장들이 최대한 많은 테이블을 배치하는 것과 달리, 오 대표는 손님들이 편안하게 식사할 수 있도록 충분한 공간을 확보했다.

"좌석 간 여유 공간… 이것도 강점이 될 수 있겠어."

마지막으로 냉장고를 열어 재료들을 확인했다. 처음부터 오 대표는 100% 국산 재료만을 고집했다. 비용이 더 들더라도 품질과 맛을 위해 타협하지 않았던 원칙이었다.

"100% 국산 재료… 우리의 네 번째 강점."

메모지에 적힌 네 가지 강점을 보며 오 대표는 생각에 잠겼다. '이 중에서 고객들이 가장 가치 있게 생각하는 것은 무엇일까?'

출근한 직원들과 영업 준비를 하면서, 오 대표는 지난 몇 달간 고객들에게 받았던 칭찬을 떠올려봤다.

"사장님, 여기 면이 정말 쫄깃하고 맛있어요. 직접 만드시는 거죠?"

"아이들이 시끄럽게 해도 별도 공간이 있어서 너무 좋아요."

"테이블 간격이 넓어서 옆 테이블 대화가 안 들려서 좋아요."

"요즘 식재료 원산지가 불분명한 가게가 많은데, 여기는 안심하고 먹을 수 있어요."

고객들의 목소리를 떠올리니 자신감이 생겼다. 그날 오후, 오 대표는 허 대표에게 전화를 걸었다.

"형님, 제가 매장의 장점을 몇 가지 찾았어요."

"그래? 어떤 것들이 있는지 말해 봐."

"자가제면, 개별 룸과 단체 룸, 좌석 간 여유 공간, 그리고 100% 국산 재료요."

"훌륭해! 그중에서 가장 차별화된 것은 뭐라고 생각해?"

오 대표는 잠시 생각에 잠겼다.

"자가제면인 것 같아요. 이 동네에서 메밀 100%로 직접 면을 만드는 곳은 저희 가게밖에 없거든요."

"좋아! 그럼 그걸 중심으로 자네 매장만의 차별화 포인트를 찾아보자."

"네, 좋습니다."

"고객들이 가장 좋아하는 메뉴는 뭐야?"

"100% 명품 메밀면요. 저희 매장에서 가장 인기 있는 메뉴입니다."

"그럼 이렇게 해보는 건 어때? '평창 유일! 매일 직접 뽑는 100% 자가제면 메밀 전문점' 여기에 100% 국산 재료를 사용한다는 점을 더하면 더 좋겠지."

오 대표의 눈이 번쩍 뜨였다. 그동안 막연하게 생각했던 것들이 명확한 메시지로 정리되는 느낌이었다.

"형님, 정말 좋은 것 같아요! '평창 유일! 매일 직접 뽑는 메밀면,

100% 국산 재료로 건강하게'이렇게 하면 어떨까요?"

"훌륭해! 이제 이것을 중심으로 매장의 모든 커뮤니케이션을 통일해나가면 돼. 메뉴판, 간판, 온라인 콘텐츠 등 모든 곳에서 이 메시지가 일관되게 전달되어야 해."

통화를 마친 오 대표는 즉시 메모장을 꺼내 순식간에 적었다.

"매일 아침 직접 뽑는 메밀면, 100% 국산 재료로 건강하게"

이것이 바로 자신의 매장을 경쟁업체와 차별화할 수 있는 독특한 판매 제안이었다. 그동안 막연하게 '맛집'이라는 틀 안에 갇혀 있던 자신의 매장이 명확한 정체성을 갖게 된 것 같아 기뻤다.

"이제 내 매장만의 명확한 USP가 생겼어. 앞으로는 이걸 중심으로 마케팅 전략을 짜야겠다."

오 대표는 당장 매장 입구에 '매일 아침 직접 뽑는 메밀면, 100% 국산 재료'를 강조한 배너를 설치하고, 메뉴판도 새롭게 디자인하기로 결정했다. 또한 블로그와 인스타그램 등 온라인 채널에도 자가제면 과정을 보여주는 콘텐츠를 올려 고객들에게 더 가깝게 다가가기로 했다.

"이제 단순히 매장을 알리는 것이 아니라, 우리 매장만의 가치를 알리는 마케팅을 해야겠어."

3
독특한 판매제안(USP)을 개발하라

Unique Selling Proposition_USP_은 상품, 서비스, 또는 브랜드가 다른 경쟁사들과 구별되는 독특한 장점이나 특징을 가질 때, 이를 나타내는 마케팅 용어입니다. USP는 고객이 해당 제품 또는 서비스를 구매하는 이유를 제시하며, 이로 인해 상품 또는 서비스가 시장에서 경쟁 우위를 갖는 데 결정적인 역할을 합니다. USP는 간결하고 명확한 표현으로, 고객들이 쉽게 이해하고 기억할 수 있도록 구성하는 것이 좋습니다. 그리고 USP는 현실적이고 구체적인 장점을 제공해야 합니다. 예를 들어, 건강한 메뉴를 강조하는 경우, 해당 메뉴가 실제로 건강에 좋은 재료로 제조되었는지, 영양 가치가 높은지를 나타낼 수 있어야 합니다.

또한 USP는 상품이나 서비스의 전략과 일치해야 합니다. 추구하는 전략과 USP가 일치하지 않으면, 브랜드 이미지와 고객 인식에 혼란을 줄 수 있기 때문입니다. 예를 들어, 친환경 재료 사용을 강조하는 USP를 개발하고 싶은 카페라면 친환경 이미지를 강조하는 전략을 추구해야 하며, 문구나 시각적 요소를 활용해 친환경 재료를 쓴다는 것을 고객들이 쉽게 인지할 수 있게 해야 합니다.

USP가 필요한 이유

외식업 매장에서 상품이나 서비스의 USP를 개발해야 하는 이유는 다음과 같습니다.

차별화된 포지셔닝 구축

외식 시장은 경쟁이 매우 치열합니다. USP는 상품이나 서비스가 경쟁에서 우위를 점할 수 있는 차별화된 장점을 고객에게 제시하는 것입니다. USP가 명확하면 고객이 해당 제품이나 서비스를 선택할 가능성이 높아지고, 그 결과 시장에서 경쟁 우위를 확보할 수 있습니다.

고객 요구사항 파악과 가치 강조

고객들은 음식점에 맛있는 음식을 기대하는 것 이상으로 다양한 요구사항을 가지고 있습니다. 예를 들어, 친환경적인 재료 사용, 건강에 좋은 메뉴, 적극적인 서비스 등을 바랍니다. 이러한 요구를 파악해 충족해주는 USP는 경쟁력을 확보하는 데 매우 중요합니다. 이를 통해 고객들은 제품 또는 서비스를 인식하고, 다른 경쟁자와 비교했을 때 이것이 더 나은 선택지라고 판단하게 됩니다.

명확한 마케팅 전략 수립

매장이나 메뉴, 서비스를 홍보할 때 명확하고 구체적인 마케팅 전략을 수립할 수 있습니다. 이를 통해 전달하고자 하는 메시지를 분명하게 표현하고, 매장과 메뉴, 서비스를 더욱 효과적으로 알릴 수 있습니다.

상품/서비스 개선

USP를 개발하는 과정에서 매장, 메뉴 또는 서비스의 장점과 특징을 분석하고, 개선할 부분을 파악할 수 있습니다. 이를 통해 매장의 가치를 높이고, 고객 만족도를 높일 수 있습니다.

하지만 여기서 주의할 점이 있습니다. 먼저 목표 고객을 명확히 파악해야 합니다. 음식점의 경우 다양한 고객층이 있을 수 있지만, USP는 특정 고객층을 대상으로 만들어야 합니다.

또한 경쟁 업체들의 USP를 분석해야 합니다. 당신이 최초로 선보인다고 생각하는 메뉴나 서비스가 이미 경쟁 업체의 경쟁력으로 자리 잡고 있을지도 모르기 때문입니다. 바꿔 말해, 동일한 메뉴나 서비스가 경쟁 업체에 있다고 해도 그들이 부각하지 않는 부분은 당신의 독보적인 USP로 만들 수 있습니다.

USP 개발을 위한 종합 설문지

지금까지 USP를 만들어야 하는 이유를 설명했습니다. 이제 나만의 USP를 만들 차례입니다. 필자가 고객사를 컨설팅할 때 활용하는 다음 설문지가 도움이 될 것입니다. 이 설문지의 질문들은 여러분이 각자의 USP를 발견하고 구체화할 수 있도록 체계적으로 안내합니다.

이 질문들에 대답할 때 그럴 듯한 말로 포장하려 하지 말고 있는 그대로의 생각을 작성해보시기 바랍니다. 이 질문들의 목적은 '고객이 왜 경쟁사가 아닌 당신의 상품과 서비스를 구매해야 하는가?'에 대한 답을 찾는 것입니다. 이에 대답하는 과정을 통해 당신은 자신의 사업을 다시 한번 정의할 수 있고, 고객에게 새로운 경험을 전달할 수 있는 USP를 발견할 수 있을 것입니다. (모든 질문에 반드시 답해야 한다는 부담은 갖지 않아도 됩니다. 사업을 운영하면서 채워지지 않은 부분을 채워 나간다면 어느 순간 더 크게 성장한 당신의 매장을 만나게 될 것입니다.)

대표자

이 질문은 왜 중요할까요? 사업의 주체인 대표자의 경영 철학, 가치관, 전문성은 브랜드의 핵심 정체성이 됩니다. 창업자나 경영자의 스토리와 철학이 고객 가치와 연결될 때, 이는 쉽게 모방할 수 없는 강력한 차별화 요소가 됩니다. 스타벅스의 하워드 슐츠, 애플의 스티브 잡스처럼 대표자의 비전이 브랜드 가치가 된 사례가 많습니다.

- **대표의 이미지** 고객들이 당신을 어떤 대표로 인식하고 있다고 생각하나요? 예를 들어, '항상 새로운 맛을 연구하는 혁신적인 셰프', '정직한 재료만을 고집하는 원칙주의자', '고객과 직접 소통하는 친근한 사장님' 등 고객들이 당신을 어떻게 기억하는지 생각해보세요.
- **대표의 스토리** 사업에 대한 신념이나 철학 중 고객이 관심을 가질 만한 스토리가 있나요? 왜 이 사업을 시작했는지, 어떤 어려움을 극복했는지, 특별한 경험이나 배경이 있는지 등 고객이 공감하거나 흥미를 느낄 수 있는 이야기를 생각해보세요.
- **대표의 비전** 3년 후 당신의 매장이 사회 공헌, 업적 등을 인정받아 정부 또는 단체로부터 포상을 받는다면 어떤 이유로 포상을 받게 되리라 생각하나요? 이 질문은 당신의 장기적 비전과 사업의 사회적 가치를 탐색하는 데 도움이 됩니다.

상품

이 질문은 왜 중요할까요? 상품이나 서비스 자체의 특징은 USP의 핵심 요소입니다. 경쟁사와 차별화되는 품질, 기능, 디자인, 원료, 제조 방법 등은 고객이 당신의 상품을 선택하는 직접적인 이유가 됩니다. 상품의 객관적인 특성뿐만 아니라, 고객에게 제공하는 정서적, 심리적 가치도 중요합니다.

- **차별화 전략의 이유** 경쟁사의 상품과 비교했을 때 자사의 상품에 명확한 차이점이 있다면, 이 차별화 전략을 선택한 이유는 무엇인가요? 예를 들어, '손으로 직접 반죽하는 제면 방식', '저온 숙성 과정', '특별한 원산지의 재료 사용' 등 경쟁사와 다른 제조 방식이나 특징을 선택한 의도와 배경을 설명해보세요.

- **최초, 최대, 최소 차별화 포인트** 상품(서비스)에 최초, 최대, 최소에 해당하는 특징이 있나요? '지역 최초의 수제 맥주 브루어리', '가장 다양한 원두 종류를 제공하는 카페' 등 숫자로 차별화할 수 있는 점이 있다면 구체적으로 설명해보세요.

- **경쟁사 대비 우위 포인트** 상품의 품질에 경쟁사 대비 우수한 점이 있나요? 맛, 신선도, 내구성, 효과, 만족도 등에서 객관적으로 측정 가능한 품질 우위가 있는지 생각해보세요.

- **새로운 재료와 기술 선택의 가치** 상품에 최신 기술이나 재료를 사용하고 있다면, 그 이유는 무엇인가요? 새로운 식품 가공 기술, 최신 영양학 연구 결과, 새롭게 발견된 효능이 있는 재료 등을 활용한다면, 이를 도입한 목적과 그것이 고객에게 제공하는 가치를 설명해보세요.

- **청결, 위생, 건강, 안전에서의 강점** 상품(서비스)이 타사 제품과 비교하여 청결, 위생, 건강, 안전 측면에서 어떤 장점을 가지고 있나요? 식품 안전 인증, HACCP, 무첨가물, 저나트륨, 친환경 포장 등 건강과 안전에 관련된 차별점이 있다면 구체적으로 적어 보세요.

- **고객의 눈길을 끌 요소** 경쟁사보다 고객의 눈길을 끌 만한 제품의 외형적, 외관적 디자인은 무엇인가요? 음식의 플레이팅, 포장 디자인, 매장 인테리어 등 시각적으로 차별화된 요소가 있다면 설명해보세요.

- **당신 상품의 고유한 존재 이유** 당신의 상품이 없어졌을 때 고객이 느낄 불편함이나 아쉬움은 무엇인가요? 이 질문은 당신의 상품이 고객의 생활에 얼마나 필수적인지, 고객에게 어떤 고유한 가치를 제공하는지 파악하는 데 도움이 됩니다.
- **메뉴 또는 서비스의 탄생 스토리** 고객들이 공감하거나 관심을 가질 만한 메뉴 또는 서비스의 탄생 스토리가 있나요? 우연한 발견, 오랜 연구 끝에 완성된 레시피, 가족의 전통, 특별한 계기로 개발된 메뉴 등 감성적인 이야기가 있다면 공유해보세요.
- **고객의 일상에 이로운 점** 당신의 상품(서비스)이 고객의 일상생활에 어떤 긍정적 변화를 가져다주나요? 시간 절약, 건강 개선, 스트레스 감소, 특별한 경험 제공 등 고객의 삶의 질을 어떻게 향상시키는지 생각해보세요.

판매방식과 신뢰요소

이 질문은 왜 중요할까요? 제품이나 서비스를 고객에게 전달하는 방식도 중요한 차별화 요소입니다. 편리한 접근성, 독특한 판매 경로, 특별한 구매 경험은 동일한 제품이라도 고객에게 다른 가치를 제공합니다. 디지털 시대에는 특히 온라인 또는 SNS 전략이나 특화된 서비스 전달 방식이 경쟁 우위를 만들 수 있습니다.

- **유통 경로나 구조의 차별점** 상품의 유통 경로나 구조에 있어 경쟁사보다 탁월한 점이 있나요? 직거래를 통한 신선도 유지, 구독 서비스를 통한 정기 배송, 온라인과 오프라인을 연계한 다양한 고객 경험, 특별한 제휴 판매처 등 제품이 고객에게 전달되는 과정에서의 차별점을 생각해보세요.

- **매장의 입지 조건과 고객 경험** 매장의 입지 조건이 타사와 비교해 우월한 경우, 그 입지 조건이 고객에게 제공하는 구체적인 혜택은 무엇인가요? 접근성(대중교통, 주차), 주변 환경(공원, 강가, 산책로), 주변 시설(쇼핑센터, 관광지)과의 연계성 등 위치적 이점이 고객 경험에 어떻게 기여하는지 설명해보세요.
- **신뢰와 전문성을 보여주는 요소** 상품이나 회사가 명예롭게 생각하는 것이 있다면 무엇인가요? 공식적인 인증(미슐랭, 백년식당), 수상 경력, 역사와 전통(2~3대째 운영), 권위 있는 기관과의 파트너십(신뢰할 수 있는 공급처에 납품), 신지식인 명인 전수, 외국 수출 등은 신뢰도와 전문성을 보증하는 중요한 요소입니다.
- **유명 인사들이 선택한 우리만의 강점** 상품(서비스)을 이용하는 유명 인사가 있다면, 그들이 당신의 상품(서비스)을 선택하는 이유는 무엇인가요? 연예인, 정치인, 스포츠 스타, 셰프, 인플루언서 등 영향력 있는 인물들이 특별히 당신의 상품을 선호하는 이유가 있다면 설명해보세요.

가격

이 질문은 왜 중요할까요? 가격 전략은 USP의 중요한 요소입니다. 가격은 단순한 숫자 이상의 의미를 갖습니다. 고급 브랜드의 프리미엄 가격, 대중적인 가격, 가성비 전략 등 가격 포지셔닝은 브랜드 이미지와 고객층을 결정합니다. 또한 가격 책정의 투명성, 가격 대비 가치 제안은 고객 신뢰를 구축하는 중요한 요소입니다.

- **30% 이상 가격 우위** 상품(서비스)이 경쟁사와 비교했을 때 30% 이상 가격 우위가 있나요? 가격 우위가 있다면 이것이 고객에게 어떤 의미가 있는지, 그 우위를 어떻게 달성했는지 설명해보세요.

- **경쟁력 있는 가격 구조의 비결** 가격 우위를 실현할 수 있었던 이유는 무엇인가요? 경쟁력 있는 가격을 제공할 수 있었던 구조적 이점을 설명해보세요. 대량 생산, 대량 매입, 자동화, 인건비 절감 효과 등 다양한 이유가 있을 수 있습니다.
- **고객이 기꺼이 선택하는 프리미엄 요소** 상품(서비스) 중 경쟁사와 비교해 월등히 비싸지만 잘 팔리는 것이 있다면, 고객이 그 가격에도 구매하는 이유는 무엇인가요? 프리미엄 가격을 정당화하는 특별한 가치, 품질, 희소성, 브랜드 이미지 등이 있다면 설명해보세요.

프로모션

이 질문은 왜 중요할까요? 프로모션은 단순히 할인을 제공하는 것 이상의 의미가 있습니다. 특별한 고객 혜택, 멤버십 프로그램, 이벤트, 시식회 등은 고객과의 관계를 강화하고 브랜드 경험을 향상시킵니다. 효과적인 프로모션 전략은 신규 고객 유치뿐만 아니라 기존 고객의 충성도를 높이는 데도 중요합니다.

- **고객에게 제공하는 특별한 가치** 고객에게 제공하는 특별한 혜택, 편의 또는 오퍼가 있다면 무엇인가요? 멤버십 프로그램, 단골 고객 특별 메뉴, 시즌 이벤트, 기념일 축하 서비스 등 고객에게 특별한 가치를 제공하는 요소를 설명해보세요.
- **고객의 구매 리스크를 줄이는 제도** 상품(서비스)에 제공하는 보증 제도가 있다면 어떤 내용인가요? 만족 보증, 환불 정책, A/S 지원 등 고객의 구매 리스크를 줄이고 신뢰를 높이는 제도가 있다면 설명해보세요.
- **경쟁사와 다른 차별화된 서비스** 경쟁사에서는 제공하지 않지만 당신의 매장이 제공하는 부가가치는 무엇인가요? 무료 주차, 와이파이, 충전 서

비스, 대기 공간, 무료 음료 제공 등 고객 경험을 향상시키는 작은 요소들도 중요한 차별점이 될 수 있습니다.

프로세스 및 고객 경험

이 질문은 왜 중요할까요? 고객이 상품이나 서비스를 경험하는 전체 과정도 중요한 차별화 요소입니다. 주문부터 결제, 배송, 사후 관리까지 모든 접점에서의 경험이 USP가 될 수 있습니다. 특히 디지털 시대에는 매끄러운 고객 여정과 일관된 브랜드 경험이 경쟁 우위를 만드는 핵심 요소입니다.

- **고객에게 제공하는 특별한 경험** 매장이나 상품이 고객에게 제공하는 특별한 경험이나 즐거움은 무엇인가요? 오픈 키친으로 조리 과정 공개, 셰프와의 대화 기회, 특별한 이벤트나 퍼포먼스 등 단순한 식사 이상의 경험을 제공하는 요소가 있다면 설명해보세요.
- **경쟁사와 차별화된 프로세스 및 시스템** 서비스 과정에 경쟁사와 차별화된 프로세스나 시스템이 있나요? 주문 방식, 대기 시간 관리, 서빙 방법, 결제 시스템 등에서 고객 편의성을 높이는 독특한 방식이 있다면 설명해보세요. 예를 들어, 태블릿 주문 시스템, QR코드 메뉴, 셀프 서비스 바 등이 있을 수 있습니다.
- **실제 고객이 높이 평가하는 강점** 고객으로부터 가장 자주 칭찬받는 부분은 무엇인가요? 실제 고객들이 가장 높이 평가하는 점은 당신이 생각하는 강점과 다를 수 있습니다. 고객 피드백을 바탕으로 실제로 가치를 인정받는 부분을 파악해보세요.
- **고객과의 지속적 관계 구축 방식** 구매 후 고객 만족도를 높이는 고객관계 관리 방법은 무엇인가요? 정기적인 소통, 피드백 수렴 시스템, 감사

이벤트, 단골 고객 특별 대우 등 고객과 지속적인 관계를 구축하는 방법이 있다면 설명해보세요.

- **재구매를 이끄는 핵심 요소** 고객이 재방문하는 가장 주요한 이유는 무엇인가요? 단순히 제품 품질 외에도 분위기, 직원과의 관계, 특별한 경험 등 재구매를 유도하는 요소를 파악해보세요.
- **고객과의 에피소드** 고객과의 특별한 소통 에피소드가 있나요? 고객 요청에 의한 메뉴 개발, 감동을 준 서비스 사례, 어려운 상황을 극복한 경험 등 감성적인 이야기가 있다면 공유해보세요.
- **당신 매장만의 독특한 운영 방식** 업계 관행과 다르지만 고객 만족도를 높이는 독특한 운영 방식이 있나요? 예약 시스템, 영업 시간, 메뉴 구성, 인테리어 등에서 일반적인 관행과 다른 접근을 시도하고 있다면 설명해보세요. 예를 들어, '매일 다른 메뉴를 제공하는 일일 스페셜만 운영', '완전 예약제 시스템' 등이 있을 수 있습니다.
- **특별한 비교 우위** 경쟁 업체와 비교해 특별히 우수한 점이 있다면 무엇인가요? 수적 우위(상품 종류, 직원 수, 영업소, 주차 공간 등), 시간적 우위(서비스 속도, 주문 처리, 배달 시간 등), 고객 관계 우위(영업시간, 보증 기간, 단골 고객 관리 등), 신규성(새로운 시설, 설비, 기기 등), 역사/전통(창업 연도, 근속 연수, 전통 건물 등)

위 질문들에 답하면서 사업을 시작하게 된 계기와 앞으로의 미래를 상상해보세요. 현재 목표에 도달하지 못했더라도, 고객 관점에서 더 매력적인 상품과 서비스로 성장할 수 있는 동력을 발견할 수 있을 것입니다. USP는 한번 정해진 후 고정되는 것이 아니라, 고객의 필요와 시장 환경의 변화에 따라 지속적으로 발전하는 것임을 기억하세요.

4
외식업에서 이상적인 고객 설정과 페르소나 개발

'모든 사람을 위한 맛집'보다 '직장인을 위한 빠른 점심 서비스', '가족 모임을 위한 프라이빗한 공간', '데이트 커플을 위한 분위기 있는 다이닝'처럼 구체적인 고객층을 정하는 것이 고객 획득에 효과적입니다. 막연히 '손님'이라는 추상적인 개념이 아니라, 실제 인물처럼 구체적인 고객의 모습을 그려내야 합니다.

이상적인 고객의 모습을 구체화하는 데 도움이 되는 대표적인 방법이 바로 '페르소나'입니다. 페르소나는 타깃 고객, 구매자 페르소나라고도 불리며, 실제 고객의 특성과 행동 패턴을 바탕으로 만들어낸 가상의 인물입니다. 마치 드라마의 등장인물처럼 이름, 나이, 직업, 라이프스타일, 좌우명까지 구체적으로 설정합니다.

외식업 페르소나 개발 5단계

다음의 5단계 과정을 따르면, 매장의 실제 데이터를 바탕으로 설득력 있는 고객 페르소나를 개발할 수 있습니다.

1단계: 기존 고객 데이터 수집하기

- 주문 데이터, 방문 시간대, 주문 메뉴, 결제 금액 등의 기록을 분석합

니다. 예를 들어 평일 점심에 혼자 방문해 간단한 메뉴를 주문하는 고객이 많다면, 인근 직장인을 타깃으로 한 페르소나를 설정할 수 있습니다.
- "단골 고객은 누구인가?", "주말에 오는 손님과 평일에 오는 손님은 어떻게 다른가?" 같은 질문을 던져보세요.
- 오 대표의 경우, 매장 방문객 중 자가제면 메뉴를 주문하는 고객이 주로 어떤 특징을 가졌는지 살펴볼 수 있습니다.

2단계: 고객 인터뷰 및 설문조사

- 직접적인 피드백이 가장 값진 정보입니다. 간단한 설문지를 테이블에 두거나, 단골에게 짧은 인터뷰를 요청해보세요.
- "우리 매장을 어떻게 알게 되셨나요?", "가장 마음에 드는 메뉴는 무엇인가요?", "어떤 경우에 우리 매장을 방문하시나요?"
- 반복되는 패턴을 찾아내는 것이 핵심입니다.

3단계: 페르소나 프로필 작성하기

- **기본 정보** 이름, 나이, 직업, 가족 구성, 소득 수준
- **식사 패턴** 외식 빈도, 선호하는 식사 시간, 평균 지출 금액
- **음식 선호도** 좋아하는 요리, 식재료에 대한 관심도, 맵기/단맛 선호도
- **방문 동기** 가족 외식, 비즈니스 미팅, 데이트, 혼밥
- **의사결정 요소** 맛, 서비스, 분위기, 위치, 가격 중 가장 중요하게 생각하는 요소
- **정보 획득 경로** 소셜미디어, 지인 추천, 배달·맛집·예약 등 음식 관련 앱, 걷다가 우연히 발견
- **불편 사항(페인 포인트)** 평소 음식점을 선택할 때 느끼는 어려움이나

불편이나 어려움, 불만

4단계: 페르소나 시각화하기

- 페르소나에 실제 사진이나 이미지를 부여해 더 생생하게 만듭니다.
- 대표적인 대사나 인용구를 추가합니다. (예: "점심시간이 짧아서 항상 음식이 빨리 나오는 곳을 찾아요.")
- 이렇게 만든 페르소나의 하루 일과를 시각화해봅니다.

5단계: 페르소나 활용하기

- 매장의 모든 의사결정에서 '우리의 페르소나라면 어떤 선택을 할까?'를 고려합니다.
- 메뉴 개발, 인테리어 변경, 영업시간 설정, 마케팅 메시지 작성 등에 활용합니다.

오 대표가 운영하는 매장의 페르소나를 만들어 보겠습니다. 자가제면, 단체 룸, 좌석 간 여유 공간, 100% 국산 재료라는 주요 특성을 고려해서 만듭니다.

그리고 페르소나를 만들었다면, 그것을 바탕으로 매장의 강점을 더 구체적인 USP로 발전시킬 수 있습니다. 마찬가지로 오 대표 매장의 사례를 통해 USP 구체화를 알아보겠습니다.

페르소나 만들기 예시

1. 건강 중시형 가족 고객 김지영(42세)
   - 초등학생 자녀 2명을 둔 전업주부

- 월 2~3회 가족 외식, 평균 지출 8~10만원
- 식품 첨가물과 원산지에 민감, 항상 포장지 확인
- 아이들 식습관에 신경 쓰며 건강한 식재료 중시
- 소셜미디어 자주 사용, 인스타그램에서 맛집 정보 수집
- 주변 맘카페 활동으로 입소문 영향력 큼
- 주요 대사: "아이들에게 안전한 음식을 먹이는 것보다 중요한 건 없어요."
- 불편 사항: 아이들과 함께 갈 만한 건강하고 편안한 식당을 찾기 어려움
- 하루 일과: 아침 7시 기상 → 아이들 등교 지원 → 집안일 → 오후 3시 아이 하교 → 학원 이동 → 저녁식사 준비(월 2~3회는 외식)

2. 소셜 다이닝 그룹 이민준(36세)
- 외국계 회사 마케팅 담당, 미혼
- 맛집 탐방 소셜 클럽 활동(월 1~2회 모임)
- 4~6명이 함께 방문, 평균 지출 인당 3만원
- 독특한 음식 경험과 인스타그래머블한 장소 선호
- 소셜미디어 인플루언서 지향, 좋은 곳은 즉시 공유
- 전통적인 맛보다 새로운 해석과 창의적 접근 중시
- 주요 대사: "남들이 잘 모르는 숨은 맛집을 발견하는 게 취미예요."
- 불편 사항: 단체가 편하게 앉을 공간이 있으면서도 분위기 좋은 곳을 찾기 어려움
- 하루 일과: 아침 8시 기상 → 출근 → 업무 → 저녁 약속(주 3~4회) → SNS 활동 → 취침

USP 구체화 예시

1. 건강 중시형 가족 고객 페르소나
- USP: 100% 국산 식재료로 매일 아침 직접 뽑는 수제면, 아이들의 건강한 식습관을 위한 안심 식당
- 마케팅 전략: 메뉴판에 원산지 상세 표기
  매장 내에 첨가물 무첨가 강조 포스터 부착
  아이들을 위한 키즈 메뉴 개발

> **2. 소셜 다이닝 그룹 페르소나**
> - USP: 단체 모임에 최적화된 프라이빗 룸과 여유로운 테이블 간격, 인스타그램 스팟으로 유명한 셰프의 아트 플레이팅
> - 마케팅 전략: 단체석 예약 시스템 개선
>   사진 촬영에 적합한 조명 설치
>   특별 단체 메뉴 개발

페르소나 개발을 위한 실전 팁

이제 실제 현장에서 활용할 수 있는 몇 가지 실전 팁을 소개합니다.

- **실제 고객의 언어를 사용하세요** 고객이 리뷰나 대화에서 사용하는 정확한 표현을 기록하고 활용하세요. 참고로 외식업에서는 "분위기가 아늑해요", "가성비가 좋아요", "직원분들이 친절해요" 같은 표현이 자주 등장합니다.
- **부정적 페르소나도 정의하세요** 매장에 맞지 않는 고객 유형도 명확히 설정하면 마케팅 자원을 효율적으로 사용할 수 있습니다. 예를 들어, '가격만 중시하는 1회성 방문객'은 타기팅하지 않기로 결정할 수 있습니다.
- **페르소나는 변화합니다** 정기적으로 페르소나를 업데이트하세요. 외식 트렌드는 빠르게 변하고, 고객의 선호도도 시간에 따라 달라집니다. 코로나19 이후 배달 선호도가 높아진 것처럼, 환경 변화에 따라 페르소나도 조정해야 합니다.
- **팀과 공유하세요** 만든 페르소나를 주방 스태프, 서빙 직원 모두와 공유하세요. 페르소나를 잘 이해하면 직원들이 고객 응대 방식을 개선할 수 있습니다.

허 대표는 오 대표에게 "연애하듯 마케팅하라"고 조언했습니다. 진정한 연애는 상대방을 깊이 이해하고 그에 맞춰 행동하는 것입니다. 페르소나는 바로 그 깊은 이해를 가능하게 해주는 도구입니다. 단순히 "국산 재료를 사용합니다"라고 말하는 것과, "김지영 님처럼 아이들 건강을 걱정하는 부모님들을 위해 100% 국산 식재료만 고집합니다"라고 말하는 것은 공감대 표현과 진정성의 측면에서 완전히 다릅니다.

외식업에서 이상적인 고객을 명확히 하고 페르소나를 개발하는 것은 혼잡한 시장에서 돋보이기 위한 필수 전략입니다. 이를 통해 마케팅 메시지는 더 정확해지고, 고객 경험은 더 만족스러워지며, 결국 매장의 정체성과 브랜드 가치는 더욱 견고해집니다. 오 대표처럼, 여러분도 이제 고객의 마음속에 깊이 새겨질 수 있는 자신만의 USP를 발견하고 발전시켜 나가시기를 바랍니다.

1
마케팅, 목적부터 명확하게

"사장님, 지난번에 말씀드렸던 서비스, 인스타 팔로워 만 명 이상 인플루언서 10팀 선정해서 보내드립니다."

"네, 감사합니다. 그런데 인플루언서들에게 우리가 어떤 걸 제공하고 그분들은 무엇을 해주시나요?"

"아~ 네. 블로그 체험단과 같습니다. 5만원 이하의 음식 제공을 해주시면, 그분들이 방문 이후 각자 인스타그램 계정에 사장님 매장을 홍보해 드릴 겁니다."

"네 알겠습니다."

마케팅 대행사 대표와 전화를 끊고 오 대표는 기대에 부풀었다. 그동안 블로그 체험단은 많이 진행했지만 인스타 인플루언서 마케팅을 시도하는 것은 처음이었기 때문이다. 초창기 블로그 체험단은 글이 올라가기만 하면 노출도 잘 되었고, 소위 글발이 잘 먹혀서 처음 오는 손님이 눈에 띄게 늘기도 했다. 하지만 최근에는 블로그 체험단도 예전 같지 않아서 다른 마케팅을 고민할 즈음 대행사에서 인스타 체험단을 제안한 것이다.

'요즘 인스타그램이 대세라는데 어쩌면 매출 부진을 탈피할 수 있는 좋은 기회가 아닐까?'

오 대표는 바쁜 시간에 방문해 달라고 요청했다. 손님이 몰리는 시간에 오면 고객 한 팀을 못 받게 되니 그 점이 아쉽긴 했지만, 손님이 많을 때 와야 매장이 인기가 있다는 좋은 이미지를 심어줄 수 있을 거라고 생각했기 때문이다.

▲

인스타 인플루언서 팀이 방문하기로 한 날의 점심시간, 오 대표는 고객의 항의 때문에 쩔쩔매고 있었다.

"아니, 주문할 때 맵지 않게 해달라고 했다니까요?"

"죄송합니다. 소스를 최소한으로 넣었는데도 매운가 보군요. 이 메뉴는 매운 맛이 아예 없으면 먹기 어렵습니다. 다른 메뉴로 바꾸시는 것이 어떠실까요?"

"지금 바꾸면 또 얼마나 기다려야 하는 건데요? 이것도 한참 기다려서 나왔구먼!"

"최대한 빨리 준비하겠습니다."

이때 직원이 귀엣말을 했다. "사장님, 인스타 인플루언서 팀이 도착했습니다."

"아… 이거 어쩌지? 해결하고 그리 갈 테니 민서 씨가 응대해. 전달한 내용 숙지하고 있지?"

"네 사장님."

오 대표는 씩씩 거리며 항의하는 손님을 한동안 달래고 나서야 인스타 인플루언서 팀의 테이블로 이동할 수 있었다. 싸늘한 분위기가 감돌았다.

"어서 오세요. 인사가 늦어서 죄송합니다. 앞선 손님 민원을 해결하느라…"

그때 민서 씨가 조심스럽게 말했다. "사장님, 이분들께서 5만원을 초

과해서 주문하셨습니다."

"우리는 금액 제한 이야기를 들은 적이 없다구요!"

"아, 예…"

원래 2인 기준으로 5만원 이내의 음식을 제공하기로 했는데 네 명이니 금액을 맞출 도리가 없다. 왠지 감이 안 좋았다. '대행사에서 이런 부분을 실수할 리가 없는데.' 오 대표는 잠시 망설이다 좋은 게 좋은 거라 생각했다. '이왕 이렇게 된 거, 기분 나쁘게 해서 좋을 건 없으니, 가격 따지지 말고 팍팍 주자.'

"저희 직원이 제대로 전달받지 못해서 그랬던 것 같습니다. 양해 부탁드리겠습니다. 어떤 메뉴였죠?" 오 대표는 인심을 쓰는 김에 더 쓰기로 했다. "이번에 새로 나올 불고기비빔밥인데 이것도 드셔 보시고 포스팅 잘 부탁드릴게요."

그때 일행 중 한 명이 투덜댔다. "웨이팅 시간도 길어졌고, 대관령 양떼 목장에 가야 해요."

"맛만 보고 다 드시지 않아도 되니, 포스팅만 잘 부탁드리겠습니다."

"얘, 그럼 일단 먹어보자."

한 시간이 채 되기도 전에 인플루언서가 떠났다. 다음 스케줄이 있다고 음식은 뒷전, 사진만 찍고 가는 것 같았다. '내가 뭐 또 실수했나?' 이런 생각도 들었지만, 프로들이고 그들의 방식이겠거니 그렇게 믿기로 했다. 그렇게 날짜를 바꿔가며 하루 한두 팀씩 10팀이 다녀갔다.

오 대표는 그날 이후 날마다 인스타그램에서 #매장명, #맛집을 검색했다. 포스트가 올라올 때마다 신규 고객들이 줄을 서는 상상을 하면서 말이다. 그러나 2주가 지나도 인스타그램에 글이 하나도 올라오지 않았다. 오 대표는 답답하고 초초한 마음에 대행사 업체 대표에게 전화를 걸었다.

"대표님. 지난번 인스타 인플루언서 포스팅은 언제 올라오나요?"

"네? 아… 아… 언제 다녀가신 건가요?"

"2주가 넘었는데 아직 글이 안 올라오네요?"

"네… 보통은 다녀간 이후 14일 정도가 걸리는데, 경쟁 업체나 노출 등을 고려해서 업로드 하니까요, 조금만 더 기다려주세요."

"그래요, 알겠습니다."

오 대표의 기대감은 일순간 사라졌다. 관광지 시즌 장사는 하루하루가 전체 매출을 크게 좌우한다. 아무리 시즌이 예전 같지 않다지만 그래도 지금이 가장 중요한 시기가 아닌가. 무엇보다 대행사 대표가 '우리를 신경 쓰지 않는구나' 싶은 느낌이 들어 기분이 안 좋았다.

며칠 후 인플루언서의 콘텐츠가 올라왔다는 소식이 매장 스태프 단톡방에 올라왔다. 링크를 눌러 보니 아니나 다를까, 매장이나 메뉴에 대한 설명도 없이 사진 몇 장만 덩그러니 올라온 게 전부였다. 다녀간 인플루언서가 다 그런 방식이었다. 유행가 가사처럼, 왜 슬픈 예감은 틀린 적이 없는 걸까?

오 대표가 기대했던 인스타 인플루언서 마케팅은 이런 것이 아니었다. 하지만 돈을 주고 한 것도 아니고 서비스로 받은 인플루언서 팀들이니 대행사에 항의하기도 그랬다. 같이 일하는 직원도 내심 기대하는 눈치였는데… 왠지 창피한 생각도 들고, 클레임을 걸고 싶어도 실제로 뭐가 문제인지 딱 잡아 얘기하기 어려워서 머릿속이 더 복잡해지기만 했다.

"맞다, 허 형님…"

허 대표에게 전화를 하니 시간이 괜찮다고 해서 오 대표는 바로 허 대표 매장으로 달려갔다. '형님을 만나면, 이런 울분을 토해 내고 말리라. 이런 잘못된 상황을 파악하고 대행사 대표에게 인플루언서의 성의 없는 태도를 따져 묻고 말리라.' 이런 생각이 절실하게 들었다.

허 대표의 매장은 브레이크 타임이 거의 끝나 저녁 장사를 준비하고 있었다.

"형님, 저 왔어요."

"어서 와, 오 대표, 이 매장은 처음이지."

"네 형님, 오늘 많이 배우고 가겠습니다."

"그래, 근데 오늘은 갑자기 무슨 일이야?"

"그게 말이죠…"

말을 이으려는데 고객들이 들어오기 시작하고, 홀과 주방이 분주해진다. 잠시 뒤 매니저가 허 대표를 찾았고, 허 대표는 오 대표에게 양해를 구한 후 자리를 떴다.

"브레이크 타임이 지나자마자 손님이 들어오네…"

허 대표는 방금 온 팀에 차례로 인사한 뒤, 주방에 들어가서 무언가 지시를 하고, 다시 나와 손님 자리에서 한참 이야기를 나눈 후 다시 오 대표에게 돌아왔다.

"아우님, 정말 미안해. 지금 중요한 손님들이 와서 설명을 하느라."

"형님 괜찮아요, 우선 중요한 손님부터 챙기세요."

"그래, 잠시만 더 챙기고 다시 올게."

주방으로 돌아간 허 대표는 만든 음식을 홀 직원과 함께 직접 서빙하며 손님들을 극진히 대접했다. 엄청 단골이거나, 중요한 고객임을 짐작하게 했다. 마치 최고급 호텔의 셰프와 vip 고객을 보는 것 같은 착각이 들 정도였다. 일반 매장이지만 파인 다이닝 서비스를 연상하게 했다. 오 대표는 허 대표와 직원들이 정성껏 고객들을 대하는 모습이 매우 인상 깊었다.

▲

잠시 뒤 자리로 돌아온 허 대표는 이마에 맺힌 땀을 닦아내며 자리에 앉았다.

"휴… 엄청 긴장했네."

"형님, 얼마나 대단한 손님들이시길래 그렇게 정성껏 보필(?)을 하시나요?"

"중요한 손님들이지, 한 팀은 인스타그램 인플루언서고 다른 한 팀은 블로그 인플루언서야."

"체험단이에요?"

"맞아, 일종의 체험단이지. 그런데 대행사에서 소개하는 일반적인 인플루언서들이 아니고 인스타그램과 블로그에서 정말 영향력이 있는 인플루언서분들이야."

"네? 얼마나 영향력이 있길래 그러세요? 하루 방문자가 몇 만, 구독자가 몇 십만은 되는 분들이신가 보네요?"

"아니, 그 정도는 아닌데 그래도 블로그는 일방문자 3000명 이상, 인스타그램은 팔로워 만 명 이상인 분들이야."

"네? 그 정도는 저도 많이 소개받았는데, 형님처럼 그리 신경 쓸 정도는 아니던데요?"

"보통 그렇게들 생각하지. 하지만 내가 찾은 이 분들은 단순히 팔로워 숫자로만 그 영향력이 드러나지 않아. 음식에 대한 관심과 전문성을 가지고 메뉴의 특징을 잘 파악해서 정보를 전달하려는 분들이야. 운영자의 취향이나 자신이 느낀 솔직한 경험을 표현하는, 확실하게 자기 색깔을 가진 계정들 있지? 구독자나 팔로워도 콘텐츠를 신뢰하는 그런 블로그나 인스타 운영자들 말이야."

"네, 저도 그런 블로그나 인스타그램 계정을 만나면 가끔 이웃을 해 놓거나 팔로우를 해요. 하지만 단순히 좋은 콘텐츠라고만 생각하고 넘어갔죠."

"바로 그 차이야. 나는 단순히 팔로우하는 것에 그치지 않고, 오픈 전 우리 매장에 잘 맞는 이상적인 고객을 고민하면서 그런 사람들의 콘텐츠를 분석했어. 그들이 어떤 매장에 긍정적인 리뷰를 남기는지, 어떤 음식에 열광하는지 꼼꼼히 살펴봤지. 그리고 그들이 포스팅한 매장의 분위기나 메뉴, 나아가 그들의 라이프 스타일을 생각하면서 더 확실하게 매장 콘셉트나 아이디어를 얻었어."

"네…"

"처음에는 좀 막막했던 것이 그들과 소통하고 생각을 나누면서 확실해졌고 자연스럽게 매장으로 초대하게 됐어. 지금은 그분들과 교류하면서 매장의 장점과 개선점을 피드백 받고 있고… 일종의 미스터리쇼핑(암행 평가)처럼 말이지."

"네, 저는 체험단이라면 그냥 음식만 제공하면 알아서 잘 써주겠거니 이렇게 생각했는데…"

"판매자가 알리지 않는 걸 소비자가 스스로 알아내기는 어려워. 그리고 그들이 알아서 매장이 원하는 방식으로 입소문을 내주는 경우는 거의 없어."

"아…"

"아무리 내 목숨처럼 사랑한다고 해도 표현하지 않으면 상대가 알 수 없는 것과 같아. 대행사에서 모집하는 체험단이라도 그분들이 일회성 손님이 될 것인가, 아니면 새로운 단골 고객이 될 것인가는 아우님이 정하는 거야."

"네?"

"체험을 하는 분들, 아니 매장의 손님은 다 알아, 주인이, 직원이 자신들을 얼마나 진정성 있게 대하는지 말이야. 아우도 연애 시절 좋아하던 이성에게 가슴 떨린 적이 있었지? 그때 상대를 어떻게 대했어?"

"그 사람을 기쁘게 할 수 있고, 감동시킬 수 있다면 뭐든 다 했죠."

"맞아, 체험 고객도 마찬가지인 거야. 그들은 우리의 홍보 대사가 될 수도 있고, 우리의 안티 대사가 될 수도 있어. 무료 제공에 대한 대가로 무조건 좋은 글을 써주는 게 아니고, 그들에게 진정성이 느껴져야만 해. 그런 서비스를 제공할 수 있어야 돼, 특히 대표가 없을 때 더더욱."

"대표가 없을 때 더더욱이요?"

"그래, 이건 단골 고객의 기대심리와 관련이 있어. 생각해봐. 자네도 친구가 대표나 직원으로 일하는 매장에 일부러 들르는 경우가 있지?"

"네, 친구 매장 근처에서 약속이 있으면 우선 거기로 가죠."

"자넨 친구 매장을 왜 가는 거야?"

"왜라니요? 보고 싶기도 하고, 편하기도 하고, 친구니까 뭐 저만의 메뉴도 잘 알고 또 만들어 주기도 하니까요."

"맞아, 고객도 단골이 되면 그 매장 대표나 직원과 친해지고, 매장 입장에서도 단골에게 뭔가 더 잘해주는 관계가 되잖아. 그런 기대로 매장에 방문했는데, 대표가 없거나 친한 직원이 없다면?"

"자리에 없는 것에서부터 괜히 온 게 아닌가 하는 불안한 마음이 들겠죠."

"맞아, 친한 상대에게는 그만큼의 기대심리라는 게 추가되는 거야. 그래서 나는 내가 매장에 없더라도 단골 고객들이 특별한 대우를 받을 수 있도록 직원들에게 내 역할을 위임해. 내가 없을 때 나를 찾는 분이 오시면 직원들이 '사장님께 말씀 많이 들었습니다!', '사장님께서 미리 당부하셨습니다!', '특별히 신경 쓰라고 말씀 전해 들었습니다!' 이런 말을 하게끔 하는 거야. 직원들에게도 단골손님에 대한 정보와 그분들에게 어떤 특별한 서비스를 제공해야 하는지를 미리 알려주지. 이렇게 하면 그분들은 처음에는 내가 없어서 기대를 낮췄다가, 생각지 못한 특별한 대우에 오히려 더 큰 감동을 받고 돌아가는 경우가 많아. 내가 매장이 없더라도 매장 서비스를 일관적으로 유지하는 게 중요한 거지."

"정말 그렇네요. 단골 관리는 사장 혼자만 노력한다고 되는 것이 아니라 직원들에게도 그 마음을 공유하고 위임하는 게 중요하군요."

"참, 오늘 뭐 할 말 있다고 그러지 않았어?"

"사실 오늘 형님께 투정을 부릴 게 있었는데…"

"그래, 말해 봐."

"아… 아닙니다."

허 대표의 말을 듣고 좀 부끄럽기도 하고 생각을 정리하고 싶어진 오 대표는 일찍 일어났다. 그리고 생각해 봤다. 자신은 인플루언서가 왔을 때, 사실 메뉴를 무료로 제공하는 것도 아까웠고, 고객을 못 받아 매출에 손해를 보는 것도 아까웠다. 싫은 티를 내는 인플루언서는 얄밉기까지 했다. 그러니 그들 테이블은 신경 쓰고 싶지 않았다. 다른 인플루언서도 그런 생각으로 대했고, 알아서 게시글을 잘 올려주기만을 기대했다. 메뉴 소개를 하면서 각 메뉴는 어떤 재료로 어떻게 만들었는지, 어떻게 먹어야 더 맛있는지, 주변에는 어떤 여행지나 특별한 곳이 있는지 등등을 안내하고 정성을 보여줄 수 있는 시간이 충분히 있었는데도 말이다.

마케팅 채널을 늘리고, 구독자가 많은 인플루언서를 오게 하는 것도 중요하지만 지금 우리 집에 온 손님들에게 정성을 다하고, 최선을 다하는 모습을 보여주는 것이 정말 중요하다는 생각이 들었다. 어쩌면 지금 내 눈앞에 있는 고객 한 사람 한 사람에게 최선을 다하는 것이야말로, 자신에게 주어진 가장 좋은 기회이고, 마케팅일 것이다. 지금 내 눈앞에 있는 고객을 감동시키는 자신의 모습, 그걸 만들고 싶어졌다. 오 대표는 집으로 가서 쉬려던 계획을 뒤로 하고 매장으로 향했다.

2
상품과 서비스를
고객 관점으로

"형님, 이번에 웰빙 트렌드에 맞게 메밀을 재료로 한 신메뉴를 기획하고 있습니다. 도와주세요."

"메밀 요리는 자네 전공인데 내가 뭘 도와?"

"아이디어는 있는데 음식 외에 어떤 서비스를 전달할지, 어떻게 고객에게 감동을 줄지 감이 잡힐 듯 안 잡혀서요."

"메뉴 개발에 고객 감동을 떠올리다니 많이 발전했네."

"저, 여기 목숨 걸고 하는 중입니다. 꼭 대박 나야 해요."

"대박 신메뉴가 맨입으로 되겠어? 한잔 사야지? 하하."

"당연 그래야지요~ 어디서 뵐까요?"

"음, 자네에게 추천하고 싶은 메밀요리 세계 명인 집이 있지. 서울이라 멀긴 한데 괜찮겠어?"

"거리가 문젠가요? 형님이 추천해주시는 곳이라면 어디든 콜입니다!"

"그래, 약속 잡자고, 일정 정해지면 연락할게."

통화가 있었던 날로부터 일주일 뒤, 브레이크 타임 시간에 맞춰 오 대표는 허 대표와 세계 메밀 요리 명인이 운영하는 식당에 도착했다.

수려한 한옥스타일의 외관에 걸린 나무 간판은 입구부터 명인의 숨결이 살아 숨 쉬는 듯 내공이 느껴졌다. 카운터 뒤 벽에서는 매장의 역사와 세계 명인, 신지식인, 백년식당, 대통령 훈장 등 각종 수상 경력과 지역의 봉사 활동 내역 등을 확인할 수 있었다.

"누님! 제가 말한 아우입니다."

"오 대표님. 반갑습니다. 동생은 또 아우 두셨나?"

허 대표와 명인이 안부를 나누는 동안 메밀국수가 나왔다. 보통 메밀국수 하면 스테인리스 그릇에 빨간 양념으로 버무린 막국수를 연상하는데, 이곳은 메밀국수를 다이닝의 요리처럼 제공하고 있었다. 명인이라는 다소 전통적이고 무거운 느낌과는 다르게 수려한 비주얼의 기물과 남다른 플레이팅이 돋보였다. 오 대표는 메밀국수를 한입 맛보았다.

"메밀의 깊은 맛과 명인의 내공이 느껴지는군요. 저는 죽었다 깨어나도 못 만들 것 같습니다."

"별말씀을. 오 대표님이 손수 뽑은 메밀국수가 명품이라던데요?"

메밀 명인은 식사를 함께 하며 자신의 이야기를 들려주었다. 명인은 젊은 시절 고향에서 사업에 실패하고, 아는 사람 하나 없는 타향에서 먹고 살기 위해 분식집으로 시작해 고깃집으로 성장하게 된 사연, 단골 고객의 추천으로 메밀 요리를 연구하고 지금의 성공을 만들게 된 이야기를 진솔하게 풀었다. 그리고 지금의 메뉴를 개발하게 된 과정, 메밀싹 요리와 100% 메밀을 고집하는 이유, 100% 메밀을 만드는 법, 고객이 원하는 식감을 내는 법, 재료 관리 방법, 재료 사입 노하우와 아이디어 등을 아낌없이 내주었다. 명인의 철학과 비전, 그리고 메밀 요리는 물론 식당 운영에 관해 '이렇게 다 알려줘도 되나?' 싶을 정도로 매우 구체적인 노하우를 배울 수 있었다.

이야기를 나누는 동안 오 대표는 다른 테이블의 손님들도 유심히 살폈다. 노부부, 젊은 커플, 비즈니스 미팅, 외국인 관광객까지 다양한 고객층이 방문하고 있었다. 각 테이블마다 직원들의 서비스가 미묘하게 달랐고, 동일한 메뉴라도 조금씩 다른 설명과 함께 제공되고 있었다.

"손님의 표정에 따라 메뉴를 설명하는 방식이 달라지네요." 오 대표가 조용히 말했다.

"호호. 눈썰미가 좋으시네요." 명인이 웃으며 답했다. "30년간 고객을 봐온 경험으로 대략 어떤 분들이 어떤 것을 기대하는지 알게 됐죠. 젊은 분들은 인스타그램에 올릴 사진을 중요하게 생각하고, 노년층은 건강에 좋은 점을, 외국인은 한국의 전통을 경험하고 싶어 해요. 같은 메밀이라도 고객에 따라 다른 가치를 제공하는 거죠."

브레이크 타임에 이야기를 시작했는데 어느덧 식당에 손님이 북적이기 시작했다. 한편의 드라마 같은 명인의 이야기에 시간 가는 줄 몰랐던 것이다.

"뭐 더 궁금한 거 없습니까?"

"아닙니다. 오늘 너무 많이 배우고 얻어 갑니다. 어떻게 보답을 해야 할지 모르겠습니다." 오 대표의 대답에서 진심이 우러나왔다.

"아닙니다. 제가 드린 아이디어는 아이디어일 뿐, 오 대표님께서 본인 것으로 잘 만드셔서 메밀요리의 저변을 확대할 수 있다면 저는 그것으로 족합니다."

오 대표에게는 명인이라는 타이틀보다 그의 소탈하고 사람다운 모습이 더 크게 다가왔고, 그 때문에 음식도 한층 더 감동적으로 느껴졌다.

명인을 만나고 돌아오는 차 안은 조용했다. 오 대표는 깊은 생각에 잠겨 있었고, 허 대표는 말없이 운전에만 열중했다. 평창 톨게이트를 빠져나왔을 때 마침내 오 대표가 입을 열었다.

"그런데 저희 매장 고객들이 이런 정통 메밀 요리를 받아들일까요?"

"좋은 질문이야. 우리가 배운 기술과 레시피는 훌륭하지만, 그걸 그대로 가져가는 게 아니라 자네 매장의 고객에 맞게 재해석해야 하는 거지. 생각을 어느 정도 마친 것 같으니 커피 한잔 할까?"

두 사람은 오늘의 방문을 정리하기 위해 커피숍으로 향했다.

"오 대표는 오늘 대화에서 무엇을 느꼈어?"

"메밀을 이용한 신메뉴를 생각하면서 들렀는데 머릿속만 더 복잡해진 것 같아요."

"그래? 빨리 아이디어를 찾길 바랐는데…"

"제가 선보일 메밀 요리는 명인에 비하면 너무 초라한 것 같아요"

"맞아, 자네 요리는 너무 초라해. 이제 포기하지 그래?"

"흑흑, 형님 정말 상처에 소금을 뿌리시는군요."

"하하 농담이고. 명인이라고 처음부터 명인이었겠어? 오랫동안 최선을 다한 시간과 노력이 지금의 자리를 만들었겠지. 고객 중에는 메밀 요리는 물론 명인의 삶을 높이 평가해서 오는 분들도 많아. 지금 자네와 단순 비교는 맞지 않아."

"그러니까요, 형님…"

"그렇다고 너무 의기소침해 하진 말게. 자네 상품도, 오 대표란 사람도 충분히 매력이 있거든."

"정말요? 과연 고객들도 그렇게 생각할까요?"

"고객? 어떤 고객을 말하는 건데?"

"제게 딱 맞는 고객, 이상형이요."

"그래, 아우한테 딱 맞는 이상형이 좋아할 만한 메뉴를 고민해야지. 지금 당장 명인과 비교하지 말고 기존 고객, 자네와 딱 맞는 이상적인 고객의 눈높이를 생각해봐."

"네, 그들의 눈높이…"

"그래. 우선 신메뉴를 가장 선호할 대상이 누구인지 생각해보는 거야. 20대인지, 30대인지, 남성인지, 여성인지, 건강을 생각하는 사람인지, 비주얼이나 분위기를 좋아하는 사람인지, 직장인인지, 주부인지. 그리고 여기서 다음과 같은 물음으로 나아갈 수 있겠지. 제공되는 서비스는 빨라야 하는지, 아이들은 몇 명인지, 아이들의 나이는 몇 살인지, 그들은 어떤 라이프 스타일을 추구하는지 등등."

"아주 구체적으로 그려보라는 말씀이시죠?"

"맞아. 전에 이야기했던 이상적인 고객의 페르소나 기억나지? 그 사람이 좋아할 만한 음식과 분위기, 플레이팅은 어떤 모습일지, 이용하는 시간이 주중인지 주말인지, 누구와 같이 이용하는지, 원하는 정보를 찾을 땐 어떤 채널을 선호할지 등등을 그려보는 거야."

"아하, 학교 다닐 때, 사람들이 많은 홍대나 신촌을 누비며 눈에 불을 켜고 이상형을 찾았던 것처럼 말이죠?"

"맞아. 학창시절로 돌아가 보자고. 그 당시에는 소위 말해 또래 이성이 많이 모이는 분식점, 레스토랑, 커피숍, 문화 공간 등이 많았잖아. 목표 고객이 명확하면 그들이 많이 모이는 곳에서 자신이 원하는 이상형을 찾아낼 수 있었지. 내 학창 시절에는 대형 도서관, 롤러 스케이트장, 일일 호프나 학교 축제 같은 곳이 핫플이었어."

"맞아요, 처음 그런 곳에 갔을 땐 수많은 이성이나 분위기에 압도돼서 정신을 못 차렸어요. 그런데 몇 번 경험해보니 제가 원하는 이성이 눈에 들어오고, 제가 공략할 수 있는 타입과 이상형도 점점 명확해지더라고요."

"맞아, 마케팅도 마찬가지야. 명확한 목표가 생기면 타깃에 명중하기 위한 다양한 노력을 하게 되지, 마치 마음에 쏙 드는 이성을 만난 것처럼."

"맞아요. 그럴 때 이성에게 돋보일 수 있는 나름의 콘셉트를 만들 수 있었어요. 머리스타일, 옷, 신발, 액세서리, 향수, 그러고 보니 정말 많왔네요."

"그래, 그 과정에서 무엇을 배웠는지 잘 생각해 봐."

"흠… 어필에 실패한 적도 있었지만 반복된 경험을 통해 저에게 맞는 방법을 알게 된… 아, 맞다! 무엇보다도 '진정성'을 가지고 다가갈 때 가장 성공적이었어요. 상대방의 취미나 관심사를 진짜로 알아보고, 그것에 대해 함께 이야기할 수 있을 때 가장 좋은 반응을 얻었거든요. 단순히 외모나 스펙으로 어필하는 것보다 훨씬 효과적이었어요."

"바로 그거야! 진정성 있는 관심, 그게 핵심이지. 신메뉴도 마찬가지야. 우선 '누구에게 팔 것인가?'를 정하고 나면 그들이 진짜 원하는 게 무엇인지 깊이 파악해야 해. 단순히 맛있는 음식을 어필하는 것이 아니라, 그들의 라이프 스타일과 가치관에 맞는 콘셉트를 잡아야지. 예를 들어 건강을 중시하는 30대 여성이라면 '저칼로리지만 포만감 있는 메뉴', '영양 성분 상세 안내', '인스타그램에 올리기 좋은 플레이팅'과 같은 식으로, 그들의 관심사에 진정성 있게 접근하는 거야. 콘셉트를 정하면 그걸 전달할 채널을 찾고, 테스트를 거쳐 완성도를 높인 다음 출시하는 거지. 어때? 참 쉽지?"

"뭐가 쉬워요, 형님. 그래도 말씀처럼 계획했을 때 잘된다는 상상만으로도 너무 행복합니다. 정말 새로운 사랑이 시작된 것 같아요."

"사랑한다고 다 이뤄지진 않아. 짝사랑은 이뤄지지 않잖아. 하지만 짝사랑에서 끝나지 않을 수 있는 꿀팁이 있지. 상대에게 호감을 얻고, 나아가 서로 사랑하는 사이가 될 수 있는 방법 말이야."

"그건 또 뭐예요? 알려주세요, 형님."

"아니, 아니. 오늘 다 알려주면 나도 밑천이 다 떨어지니까, 다음에 한잔할 때… 하하하."

"아, 형니임~!"

▲

허 대표는 다른 일정이 있어 떠나고, 커피숍에 홀로 남은 오 대표는 수첩을 꺼내 페르소나를 그려보았다. "내 매장 주 고객층은 30대 중반 직장인 커플과 40대 초중반 가족 손님… 여기에 맞는 메밀 메뉴는…"

오 대표는 서로 다른 두 명의 고객 페르소나를 정의하기 시작했다.

페르소나 1: '건강을 중시하는 워킹맘' 김지영(42세)

- 초등학생 자녀 2명을 둔 맞벌이 부부
- 주말 가족 외식을 책임지는 의사결정자
- 아이들 건강을 최우선으로 생각하며 첨가물, 원산지에 민감
- 인스타그램으로 맛집 정보 수집, 맘카페 활동
- 외식의 주요 목적은 아이들 입맛 교육과 가족 유대감 형성
- 건강하면서도 아이들에게 거부감 없는 음식 선호

페르소나 2: '경험을 중시하는 직장인' 이민석(36세)

- IT 기업 마케팅 담당, 연인과 주말마다 데이트
- 인스타그래머블한 음식과 장소 선호
- 익숙한 맛보다는 새로운 맛 선호
- 건강보다는 트렌디함과 특별한 경험을 중시
- 외식의 주요 목적은 연인과의 특별한 시간, SNS에 공유할 콘텐츠
- 독특한 플레이팅과 분위기 중시

오 대표는 이 두 페르소나를 바탕으로 두 가지 다른 메밀 메뉴를 구상해보았다.

맘스 초이스 컬러풀 메밀 세트 (페르소나 1 타깃)

- 100% 국산 유기농 메밀로 만든 면
- 아이들이 좋아할 컬러풀한 야채로 장식
- 자연 재료로 색을 입힌 세 가지 색 메밀면(시금치, 비트, 자연 메밀)
- 각종 비타민과 미네랄 정보를 담은 메뉴 카드 제공
- 국산 재료 원산지 정보 표기
- 아이들이 직접 토핑을 올릴 수 있는 참여형 플레이팅
- 식사 후 아이들에게 작은 건강 간식 서비스

트렌디 메밀 플레이트 (페르소나 2 타깃)

- 명인에게 배운 전통 기법과 현대적 요소 결합
- 비주얼을 강조한 아트 플레이팅
- 메밀의 다양한 식감을 경험할 수 있는 구성(면, 전, 빙수)
- 제철 로컬 식재료를 활용한 깊은 맛
- 트렌디한 식기와 연출
- 코스 형태로 진행되는 스토리텔링 서비스
- 옵션으로 페어링 음료 또는 주류 제공

오 대표는 두 메뉴의 서비스 전달 과정까지 상세히 계획했다. 특히 각 고객 여정Customer Journey에 맞게 다른 접점들을 설계했다.

워킹맘 고객 여정

1. 매장 발견: 맘카페와 인스타그램 해시태그 마케팅
2. 정보 탐색: 원산지 정보와 영양 가치를 강조한 네이버 플레이스
3. 예약/방문: 아이 동반 가족이 이용할 수 있는 편의 시설 강조
4. 주문 과정: 아이들도 이해하기 쉬운 메뉴판과 추천 세트

5. 식사 경험: 아이들이 참여할 수 있는 요소 포함
6. 사후 관리: 건강 레시피 카드 제공, 생일 특별 혜택

직장인 커플 고객 여정

1. 매장 발견: 인스타그램 인플루언서 마케팅, 핫플 리스트
2. 정보 탐색: 감각적인 사진과 분위기 위주의 SNS
3. 예약/방문: 간편한 온라인 예약, 특별 좌석 옵션
4. 주문 과정: 스토리가 담긴 메뉴 설명, 페어링 추천
5. 식사 경험: 인스타그래머블한 요소와 특별한 순간 연출
6. 사후 관리: SNS 태그 이벤트, 새 메뉴 우선 시식 기회

오 대표는 이렇게 고객 관점에서 메뉴와 서비스를 재구성하며 커피숍에서 시간 가는 줄 모르고 아이디어를 발전시켰다. 기술적인 노하우는 명인에게 배웠지만, 그것을 자신의 고객 관점으로 재해석하는 과정에서 진정한 자신만의 메뉴가 탄생하고 있었다.

'내일 당장 테스트 메뉴를 만들어봐야겠다. 그리고 단골 중 이 페르소나에 맞는 고객들에게 피드백을 받아봐야지!' 오 대표의 눈은 이제 흥분으로 빛나고 있었다. 명인의 기술을 배운 것보다 더 중요한 것을 깨달은 듯했다. 바로 자신의 고객 관점에서 상품과 서비스를 디자인하는 법을 터득한 것이다.

3
인플루언서로 가망 고객에게 다가가라

어떻게 해야 우리 매장의 메뉴와 서비스에 관련성이 높은 블로거나 인플루언서를 찾을 수 있을까요? 그 방법은 의외로 간단합니다. 매장 메뉴나 서비스에 관련된 키워드 또는 해시태그를 통해서 찾는 것입니다. 예를 들어 오프라인 음식점이라면 '지역+맛집(강남 맛집, 홍대 맛집)', '지역+업종(강남 고깃집, 강남역 횟집)' 등의 키워드를 검색하여 블로그나 인스타그램에 노출되는 콘텐츠를 확인할 수 있습니다. 그리고 노출된 콘텐츠의 글과 이미지를 보며 해당 인플루언서가 자신의 상품이나 서비스와 잘 어울릴지를 판단할 수 있습니다. 이때 네이버 블로그 지수가 높아서 노출이 잘 되는 인플루언서인지, 상위 노출은 안 되지만 이웃이나 구독자와 소통하면서 진정성 있게 채널을 운영하는 블로그인지를 글의 내용과 댓글, 좋아요 등을 통해 파악합니다. 다음 페이지의 [그림1]은 평창 맛집 키워드로 블로거를 찾는 예시입니다. 댓글이 30개에 달하니 활동은 활발한 편입니다. 소통하는 댓글의 아이디도 확인해서 진정성 여부를 판단합니다.

내 상품 및 서비스의 목적과 잘 맞는 인플루언서를 찾았다면 메뉴와 서비스를 소개하고 '모시고 싶다'는 내용의 쪽지나 메시지를 보냅니다. 여기서 중요한 포인트가 있습니다. 파워블로거든 인플루언서든 소

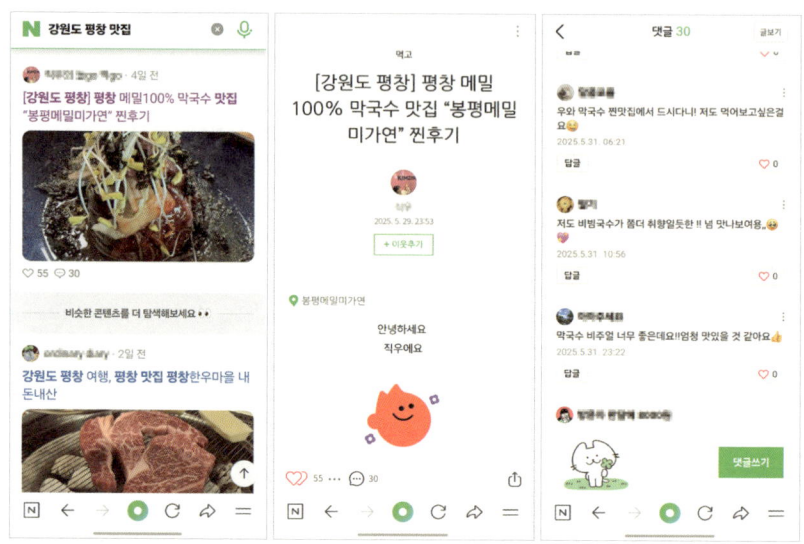

[그림1] '지역+맛집' 키워드 검색 결과, 게시글의 좋아요와 댓글 수 확인, 소통 내용 확인(왼쪽부터)

위 지수가 높은 사람일수록 자신의 채널에 어설픈 상품과 서비스를 소개하는 것을 꺼립니다. 지금까지 채널을 운영했던 방침이나 콘셉트를 유지하려고 하기 때문입니다. 나의 상품과 서비스가 그 운영자의 색깔이나 운영 방침에 적합한지를 먼저 판단해야 합니다. 따라서 그들에게 컨택하기 전에 전제가 되어야 할 부분이 있습니다. 매장의 브랜드가 온라인상에서 충분히 어필되도록 채널을 잘 정비해야 합니다. 자신의 상품과 서비스가 이상적인 고객에게 잘 전달될 수 있도록 네이버 스마트플레이스, 네이버 블로그, 인스타그램 등의 채널을 최적화해야 합니다. 이상적인 고객이 '가보고 싶다'고 느낄 만한 곳이라면, 인플루언서도 그런 마음이 들 가능성이 높아집니다. 그렇다면 더 쉽게 많은 협력자를 만들 수 있습니다.

 아직 우리 매장에 오지 않았지만 앞으로 올 가능성이 높은 고객을 가망 고객이라고 합니다. 우리는 이 가망 고객을 찾아내야 합니다. 가망 고객을 찾기 위해서는 무엇보다도 올바른 채널을 선정해야 합니다. 채널이란 고객들이 비슷한 주제나 취미 등으로 소통하고 정보를 나누는 온오프라인의 공간, 즉 커뮤니티라고 이해하면 됩니다. 온라인에서는 블로그, 카페, 밴드, 유튜브, 카카오, 인스타그램, 페이스북 등을 채널이라고 합니다. 고객이 주로 이용하는 미디어나 SNS를 파악했다면 채널별 이용목적이나 연령대별 특징을 잘 살펴봐야 합니다. 지금은 각 채널에서 주요 사용자의 연령대를 쉽게 파악할 수 있습니다. 고객이 주로 이용하는 블로그나 SNS는 무엇인가? 정보를 찾을 때 고객은 어떤 채널을 활용하고 있는가? 가망 고객이 정보를 얻기 위해서 이용하는 채널은 무엇일까? 등등을 생각해보시기 바랍니다.

예를 들어 다음 카페에는 50대 주부가 많이 있다고 하는데, 50대 주부는 어떤 목적으로 네이버가 아닌 다음 카페를 이용할까요? 50대는 과거에 대부분 다음으로 아이디를 만들고 다음 카페에서 정보를 주고받으며 소통했습니다. 그래서 아직도 다음 카페는 아이들 교육이나 재테크, 부동산 관련 등의 주제로 네이버 카페 못지않게 활발히 운영되고 있습니다. 또한 네이버 밴드에서는 50대 이상 연령대의 동호회 활동이 활발합니다. 네이버 밴드는 정보 교류와 소통 면에서 어떤 점이 편리하길래 특정 연령대의 사람들이 선호하는 채널이 된 것일까요?

우리가 알고 있는 플랫폼의 커뮤니티 채널이나 SNS는 이용 목적이 각기 다릅니다. 각각의 채널별로 원하는 정보를 찾고 소통하는 방식 또한 다릅니다. 나아가 연령별로도 이용목적에 따라 매장을 선택하고 방문하는 패턴이 다르다는 것을 기억하기 바랍니다.

혹자는 이렇게 말합니다. '블로그는 이미 끝났다, 인스타가 대세다', '인스타도 끝났다, 유튜브가 대세다' 필자는 이런 말에 동의하지 않습니다. 이런 말은 반은 맞고 반은 틀립니다. 핵심은 '채널이 무엇이든 그

것이 고객의 욕구나 문제를 해결하고 있는가'입니다. 고객의 욕구와 문제를 해결하는 것만이 고객의 관심을 끌고 지속적인 방문과 구독을 만들어냅니다.

채널을 선정할 때 염두에 두어야 할 것은 이곳에 '나의 이상적인 고객의 수요가 있는가? 있다면 얼마나 많이 있는가?'입니다. 마케팅은 수요를 만드는 것입니다. 수요는 구매로 전환되는 욕구입니다. 지금 소비자의 구매력은 돈이 있고 없고의 문제가 아닙니다. 구매 욕구가 강하면 본인이 돈이 없어도 다른 사람을 설득하여 구매를 할 수 있습니다. 하지만 욕구가 약하면 돈이 있어도 구매하지 않습니다.

다시 한번 강조하지만 이상적인 고객을 찾았다는 것은 그들의 욕구를 정확하게 알고 만족을 극대화할 수 있다는 의미입니다. 이는 단순히 고객 만족을 넘어 고객 감동을 줄 수 있다는 뜻입니다.

4
체험 마케팅

예전부터 새로운 사업을 론칭하거나 신제품을 출시할 때 가장 먼저 시도하는 마케팅 방법 중 하나가 대행사를 이용한 체험 마케팅이었습니다. 체험 마케팅은 다른 광고에 비해서 상대적으로 광고비용이 적습니다.

최근 더욱 각광받는 방법은 많은 구독자를 확보하고 있는 블로그, 인스타그램, 유튜브 인플루언서나 파워 유저를 통해보다 강력한 바이럴을 만드는 것입니다. 채널이나 아이템별로 다르긴 하지만 구독자나 팔로워가 몇 만에서 몇 십만 이상일 경우 인플루언서의 이용후기는 제품의 인지도나 판매에 매우 큰 영향을 미칩니다.

외식사업을 하는 대표들과 가진 식사 자리에서 이런 이야기가 나오기도 했습니다. "'성시경의 먹을텐데'에만 소개돼도 매출이 다섯 배는 성장할 수 있다." 성시경 씨는 본인이 검증하여 믿을 수 있는 곳을 돈을 받지 않고 소개하는 것으로 압니다. 물론 매장 운영자가 비용을 들여서 연예인이나 방송인을 섭외하는 경우도 있습니다. 하지만 작은 매장에서 큰돈을 들여 연예인을 섭외할 수는 없습니다. 사실 상위 노출이 가능한 인플루언서에게 의뢰할 수 있는 사업자도 드뭅니다. 그 비용도 꽤 크기 때문입니다. 그렇다고 가만히 지켜보고만 있을 수는 없습니다.

앞에서 언급한 것처럼 규모가 작더라도 나와 결이 맞는 블로거나 인플루언서를 찾아서 관계 맺기를 시도해야 합니다. 내 상품과 서비스를 제공함으로써 그들의 구독자에게 관심을 끌어 트래픽을 공유하는 것이 중요합니다.

여기서 주의할 점은 단순히 상품(서비스)을 제공하는 것이 전부라고 생각해서는 안 된다는 것입니다. 그들을 통해 도달하려는 목표나 성과를 명확하게 수립하고 그에 대한 계획이 선행되어야 합니다. 일회성 홍보에 그치기보다는 한발 더 나아가 가망 고객인 체험단에게 메뉴(서비스)가 좋은 상품임을 인지시켜, 양질의 콘텐츠 작성을 유도하고 신뢰에 근거한 입소문을 내는 것이 체험마케팅의 진정한 목적이기 때문입니다.

하지만 아직도 많은 외식업 대표들이 사전 준비나 목적 없이 대행사에 알아서 매장을 홍보해 달라는 식으로 일을 맡깁니다. 체험단을 직접 모집한다 해도 그저 메뉴를 제공하는 데 그치는 경우가 허다합니다. 인플루언서(체험단)가 매장 정보를 스스로 알아내고 파악해서 콘텐츠로 만들어 주는 경우는 드뭅니다. 그들에게 그냥 맡겨두어서는 여러분이 진정으로 원하는 콘텐츠가 만들어지지 않습니다.

인플루언서가 상품(서비스)의 장점을 속속들이 알 수는 없습니다. 내가 원하는 콘텐츠가 나올 수 있게 체계적인 정보를 그들이 잘 이해할 수 있도록 안내해야 합니다. 체험을 요청하며 방문 전에 제품의 특징이나 장점, 고객이 알아야 할 내용을 목록이나 체크리스트로 만들어 전달하는 것이 효과적입니다. 그래야 체험하는 사람도 제대로 된 정보에 근거하여 양질의 콘텐츠를 생산할 수 있습니다.

다시 한번 강조하지만 체험단이 '이 매장이 알리고 싶어 하는 것'을 스스로 찾을 수는 없습니다. 가망 고객에게 알리고 싶은 것을 체험단에게 먼저 알리고 느끼게 해주어야 합니다. 그러려면 그들이 양질의 콘텐츠를 만들어 노출할 수 있도록, 노출을 원하는 목표 키워드와 노출 가능한 제목의 구조를 조사하고 분석해서 가이드라인을 제안해야 합니다.

5
외식 매장 네이버 블로그 체험단 실전 매뉴얼

블로그 체험단을 진행하기 전에 네이버 검색 알고리즘을 먼저 이해해야 합니다. 이것은 필수적인 일입니다. 검색 알고리즘을 이해하면 상위 노출에 영향을 주는 키워드, 글의 구조, 콘텐츠 품질 기준을 파악할 수 있습니다. 이를 바탕으로 리뷰에서 강조해야 할 핵심 메시지와 표현 방식, 이미지 구성 등을 미리 기획할 수 있습니다. 즉 체험단 모집 시부터 리뷰 방향을 명확히 제시하여, 리뷰 콘텐츠의 노출성과 마케팅 효과를 극대화할 수 있습니다.

네이버 검색 알고리즘 이해하기

네이버 검색 알고리즘의 두 가지 축은 C-RANK와 D.I.A.+ 알고리즘입니다. 두 알고리즘은 함께 작동하며, 상위 노출 여부를 결정하는 핵심 기준을 제공합니다. 이들 알고리즘은 단순 키워드 중심 검색의 한계를 극복하고, 더 정확하고 유용한 정보를 제공하기 위해 도입되었습니다.

C-RANK 알고리즘(출처 신뢰도)

네이버는 C-RANK 알고리즘을 통해 블로그의 관심사 집중도(Context), 생산되는 정보의 품질(Content), 그리고 이 정보가 소비·생산되는 연쇄 반응(Chain)을 종합적으로 평가합니다. 따라서 체험단 블로거를 선정할 때는 외식업 관련 콘텐츠를 지속적으로 다루면서 주제의 일관성을 유지해 온 블로거를 찾는 것이 중요합니다. 해당 블로거가 음식점 관련 글을 꾸준히 작성해 왔는지, 그리고 원하는 키워드에서 검색 노출이 잘 되고 있는지를 사전에 확인해야 합니다.

D.I.A.+ 알고리즘(문서 경험성)

네이버는 글이 실제 경험을 바탕으로 작성되었는지와 방문자들이 그 글을 얼마나 좋아하는지를 중요하게 봅니다. 그래서 직접 촬영한 사진이나 영상, 구체적이고 솔직한 내용, 메뉴나 서비스에 대한 세부 정보가 있는지를 봅니다. 또 선호도를 파악하기 위해 방문자의 체류 시간과 공감, 댓글 등의 반응을 봅니다. 이러한 문서 경험성이 높은 블로그의 글은 상위 노출될 가능성이 커집니다.

외식 매장 체험단 키워드 및 제목 작성법

효과적인 체험단 운영을 위해서는 키워드 선정과 제목 작성이 핵심입니다. 네이버 검색에서 상위 노출되기 위한 키워드 최적화 전략과 클릭률을 높이는 제목 구성법을 알아보겠습니다.

키워드 선정 전략

뒤에서 다시 설명하겠지만, 키워드는 검색 조회 수가 많은 키워드인 대형 키워드부터 중형, 소형 키워드 그리고 롱테일 키워드까지 다양합니다.

체험단을 모집할 때는 대형 > 중형 > 소형 키워드에 노출이 가능한 블로거 순으로 선정하는 것이 가장 유리합니다. 또한 모집된 블로거에 맞게 대형, 중형, 소형 키워드를 선정해서 배분하는 전략도 매우 중요합니다.

먼저, 어떤 키워드를 선정해야 할까요? 평창의 경우 가장 조회 수가 높은 대형 키워드는 '평창 맛집'이니, '평창 맛집' 키워드를 노출하면 되지 않나? 하는 생각이 먼저 들 것입니다. 그러나 그렇지 않습니다. 다음 그림을 예로 들어보겠습니다.

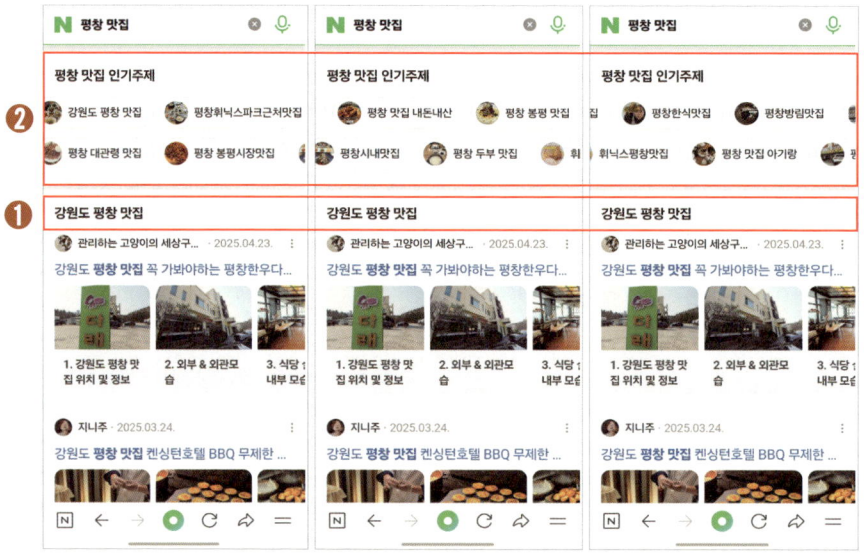

[그림2] '평창 맛집' 검색어의 인기주제

[그림2]의 가장 왼쪽을 보면 '평창 맛집'을 검색해도 ❶과 같이 '강원도 평창 맛집'이 가장 먼저 노출되고 있습니다. '평창 맛집'을 키워드로 잡을 때 가장 중요한 포인트는, ❷에 있는 '평창 맛집 인기주제'의 주요 키워드 중 가장 왼쪽 첫 번째에 노출되는 '강원도 평창 맛집' 키워드를 공략하는 것입니다. 가장 왼쪽에 정렬된 키워드가 인기 주제 중에서도 상

단에 노출되는 중요한 키워드입니다. 네이버는 2024년부터 인기 검색어에 스마트블록을 도입했습니다. ○○+맛집을 찾는 이용자가 주로 검색하는 키워드를 인기주제로 분류해서, 검색이용자들이 보다 쉽게 원하는 매장을 찾을 수 있도록 한 것입니다. 여기서 각각의 키워드를 클릭하면 관련 주제에 맞는 글이 필터링됩니다. 따라서 매장별 목표 키워드 또한 인기주제 키워드와 매장에 맞는 키워드를 조합해서 선정하는 것이 유리합니다. 이때 지역별로 이용자의 욕구가 다르므로, 지역의 사정에 맞게 키워드를 선정하는 것도 중요한 포인트입니다.

제목 구성과 글자 수의 최적화

블로그 글의 제목을 어떻게 구성해야 하는지, 몇 글자로 써야 좋은지

[그림3] 목표 키워드를 포함한 제목 구성 예시

묻는 대표님들도 많습니다. '카더라' 식의 방법들이 많아서 판단이 어려워보이지만, 가장 좋은 방법이 있습니다. 바로 상위 노출된 제목의 형식과 글자 수를 참고하는 것입니다.

위 그림의 검색 결과에서 상위 노출된 블로그들의 제목 구성을 보면, 대부분 제목 앞부분에 '목표 키워드명(평창 맛집)+매장명'이 배치되어 있다는 것을 알 수 있습니다.

목표 키워드로 제목을 작성할 때는 이렇게 상위 노출되고 있는 제목의 형식과 글자 수를 참고하는 것이 좋습니다. 그리고 체험단에게 가이드를 줄 때도 키워드별 제목 유형과 글자 수를 사전에 확인한 다음에 체험단 가이드를 작성하는 것이 좋습니다. 또한 '솔직 후기', '리얼', '추천', '데이트' 등, 경험 키워드를 활용해서 직접 이용한 경험임을 어필하면 클릭률이 높아질 것입니다.

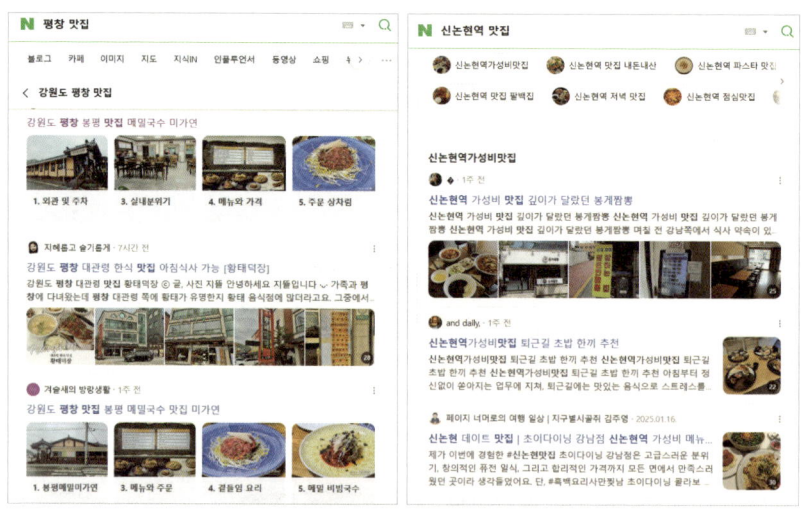

[그림4] 키워드별 노출 구조 차이

위 예시처럼 목표 키워드별로 노출되는 구조(제목의 구성, 이미지)가 다른 경우가 많습니다. 제목 구성의 예는 다음과 같습니다.

- 지역 + 메뉴명 + 매장명 강원도 평창 맛집 메밀국수 맛집 미가연
- 목표 키워드 + 목적 + 매장명 평창 대관령 맛집 아침식사 가능 황태 덕장
- 목표 키워드 + 경험 키워드 + 매장명 신논현역 가성비 맛집 봉게짬뽕
- 목표 키워드 + 목적 + 경험 키워드 신논현 데이트 맛집 초다이닝 강남점 가성비 메뉴

이처럼 목표 키워드로 상위 노출된 콘텐츠의 제목을 분석해서 노출을 최적화하는 것이 중요합니다.

외식업 체험단 글 작성 핵심 요소

체험단의 글은 얼마나 진정성이 느껴지느냐가 매우 중요합니다. 진정성 있는 글만이 잠재 고객을 움직일 수 있기 때문입니다. 체험단 글을 작성할 때 포함해야 할 핵심 요소는 다음과 같습니다.

진정성 있는 개인 경험

- 개인적인 취향과 상황 설명
- 동행자와의 대화나 동행자의 반응
- 재방문 계획이나 추천 의사

정보성 콘텐츠

- 영업시간, 휴무일, 연락처
- 주차 가능 여부와 교통편 정보
- 예약 가능 여부와 대기 시간

- 포장/배달 서비스 정보
- 단체 이용 가능 여부

감정적 연결점

- 특별한 날 방문 스토리
- 음식과 관련된 개인적 경험
- 매장만의 독특한 매력 포인트
- 직원과의 인상 깊은 에피소드

참고로, 잠재 고객은 체험단의 글을 보고 매장 방문을 고려할 수 있습니다. 그러나 상견례, 청첩장 모임, 접대 등 고관여 상품의 경우, 운영자의 블로그나 소셜미디어를 통해 대표나 셰프의 마인드와 전문성, 분위기, 스토리 등을 살펴보고 최종 결정을 하는 경우도 많습니다. 따라서 목표 고객이 매장에 방문해야 할 이유를 운영자가 자사 채널에서 명확하게 알려주는 것 또한 매우 중요합니다.

체험단 이미지 가이드

콘텐츠 작성 시 어떤 이미지가 필요한지 체험단에게 구체적으로 안내해주면, 콘텐츠의 완성도가 높아집니다. 독자의 방문 욕구를 자극하여 실제 방문으로 유도할 수 있는 사진 구성법과 핵심 요소들을 안내해 드리겠습니다. 이 내용을 참고해 가이드를 주는 것이 좋습니다.

직접 촬영은 필수

직접 촬영한 이미지를 블로그 포스팅에 첨부하는 것은 검색 노출과 독자 신뢰도 상승에 많은 도움이 됩니다. 네이버 알고리즘은 직접 체험한 콘텐츠를 더 높게 평가하며, 독자들도 인터넷에서 가져온 사진을 쓴 후기보다 직접 촬영한 사진이 있는 후기를 더 신뢰하기 때문입니다. 그리고 사진의 품질이 좋을수록 콘텐츠의 매력이 올라갑니다.

방문 욕구를 높이는 사진 연출

매장에 가보고 싶은 마음을 자극하는 사진 연출법 두 가지를 소개합니다. 하나는 자연광을 활용한 고화질 촬영입니다. 외식업 사진에서는 음식의 색감과 질감이 생생하게 전달되는 것이 중요합니다. 식욕을 자극하기 때문입니다. 특히 음식에서 김이 모락모락 피어오르는 순간을 담으면 현장감이 높아져 '나도 가서 먹어 보고 싶다'는 욕구를 불러일으킵니다. 이런 연출을 위해서는 햇빛처럼 자연스러운 빛을 이용해 색감이 선명하게 살아 있는 사진을 찍는 것이 효과적입니다. 별도의 조명 장비가 없어도 된다는 것 또한 장점입니다.

또 하나는 테이블 셋팅 전체를 담은 항공 샷입니다. 항공샷은 매장의 분위기와 음식의 구성을 한눈에 보여주어 고객이 실제 방문했을 때의 모습을 쉽게 상상할 수 있도록 도와줍니다.

꼭 필요한 사진 목록과 개수

- 매장 외관(간판 포함) 2장
- 내부 인테리어 전체 샷 2장
- 메뉴판 또는 메뉴보드 2장
- 음식 완성본(메인 메뉴) 3~4장
- 음식 단면 또는 디테일 샷 2장
- 사이드 메뉴나 음료 2장
- 식사 중 모습이나 분위기 샷 2장

상위 노출되는 글의 사진을 분석하는 것도 좋은 방법입니다. [그림5]를 보면 상위 노출 글들에 대략 8개에서 29개의 사진이 포함되어 있습니다. 내 목표 키워드로 상위 노출된 글들을 클릭해 들어가서, 어떤 종류의 사진이 어떻게 촬영되어 있고 어떻게 배치되어 있는지 직접 분석해보시기 바랍니다.

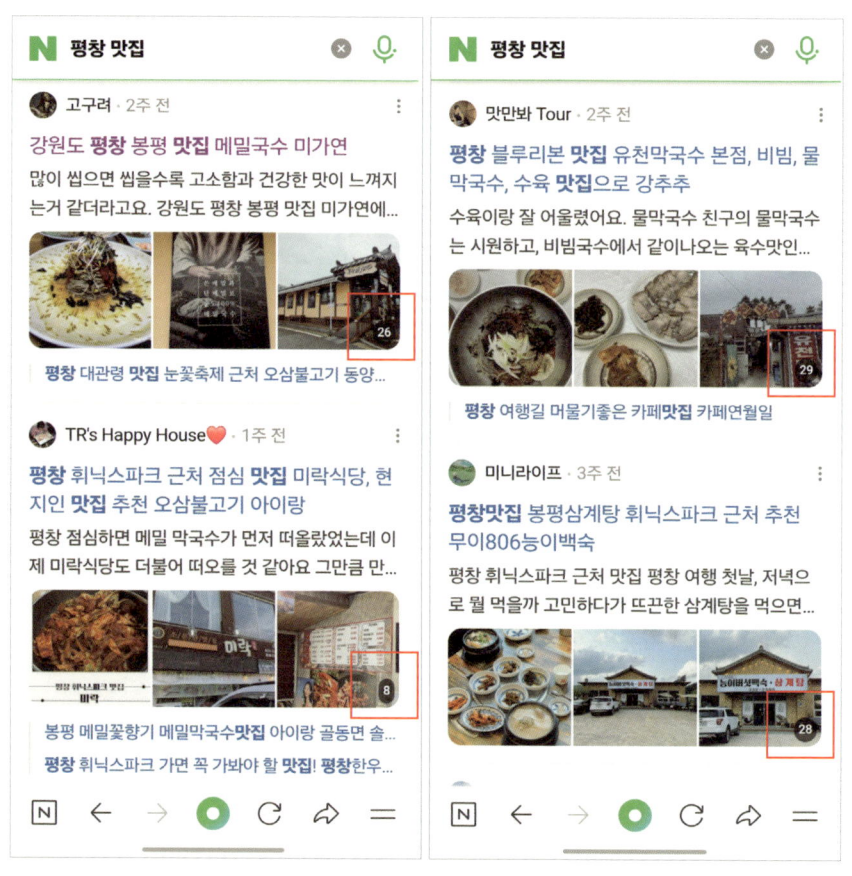

[그림5] 상위 노출 게시글의 사진 개수

외식업 블로그 글 작성 시 주의사항

과도한 상업적 표현, 허위 정보, 과장된 표현은 사용하지 않는 게 좋습니다. 특히 업체로부터 받은 사진이나 다른 사람들이 사용한 사진을 재사용하는 것은 노출은 물론 체험단의 블로그 지수에도 좋지 않은 영향을 줄 수 있습니다. 나아가 매장에서 제공한 홍보 문구를 그대로 사용하는 것 또한 독자에게 광고라는 인식을 줄 수 있으므로 지양하는 것이 좋습니다. 최대한 자연스러운 표현을 권장합니다.

"제 개인적인 취향으로는…", "함께 간 친구들 반응은…", "다음에는 ○○메뉴도 먹어 보고 싶어요", "아쉬운 점이 있다면…" 등 직접 경험한 내용을 솔직하게 작성하는 것이 좋습니다.

블로그 체험단에게 다음과 같이 체크리스트를 전달하여 발행 전 점검해 달라고 요청하면 체험단의 효과를 배가시킬 수 있습니다.

외식업 블로그 체험단 체크리스트

- 매장명이 정확하게 표기되었는가?
- 위치 정보와 찾아가는 법이 포함되었는가?
- 15장 이상의 고화질 사진이 첨부되었는가?
- 메뉴와 가격 정보가 정확한가?
- 개인적인 경험과 감정이 담겨 있는가?
- 재방문 의사나 추천 대상이 명시되었는가?
- 태그에 매장명과 지역명이 포함되었는가?
- 1500자 이상의 충분한 분량인가?

위 리스트에 더하여, 가망 고객이 체험 고객의 글을 읽고 우리 매장에 방문할 이유가 되는 차별화 포인트를 제안해주세요. 체험단의 경우 우리 매장의 음식이나 서비스를 사용하고 싶어 하는 사람일수록 더 좋은 스토리와 감성이 묻어날 것입니다. 메뉴에 대한 욕구가 있고, 그 메뉴가 가치 있다고 느낄 때 양질의 콘텐츠가 나오는 건 너무 당연합니다.

그런데 음식에도 플라시보 효과가 있습니다. 긍정적인 기대감이 있을 때 만족도도 더 높아집니다. 이런 긍정적인 기대감을 가진 체험단을 찾으려면, 우리 매장과 비슷한 메뉴나 서비스 관련 키워드에 잘 노출되는 블로거를 찾고 그들과 먼저 소통하는 것이 좋습니다. 이들은 해당 분야에 관심과 경험이 많고, 독자층도 그 주제에 관심 있는 사람들로 구성돼 있어, 체험 전부터 기대감이 형성돼 있을 가능성이 높습니다. 자주 소통하며 좋은 관계를 맺고 체험을 요청하면 훨씬 진정성 있는 콘텐츠가 만들어집니다. 다만 실제 경험이 기대감에 못 미쳤을 때 실망감도 커질 수 있으니, 좋은 점만 부각하기보다 정확한 정보를 함께 전달하는 것이 좋습니다.

체험단 블로그 포스팅 가이드: 가망 고객을 사로잡는 맛집 블로그 글 구성법

맛집 블로그 글에는 필수적으로 들어가야 할 내용이 있습니다. 이 내용을 체험단이 알아서 작성해주기를 바라기보다는 가이드라인을 제시해서 가망 고객의 궁금증을 미리 해소해주는 게 좋습니다.

도입부(첫 3문장)
- 방문 동기 또는 매장을 알게 된 경로
- 매장 위치와 접근성
- 첫인상과 기대감

본문(구성 순서)

1. 매장 위치 및 찾아가는 법
- 지하철역/버스정류장에서의 거리
- 주차 정보(외식업에서 중요한 정보입니다.)
- 주변 랜드마크

2. 매장 외관 및 내부 분위기
- 인테리어 스타일과 분위기
- 좌석 수와 테이블 배치
- 특별한 인테리어 포인트

3. 메뉴 소개 및 주문 과정
- 대표 메뉴와 가격대
- 주문 방식(셀프/테이블 주문 등)
- 메뉴판 사진 필수

4. 음식 리뷰(핵심 부분입니다.)
- 맛, 양, 가격 3요소 균형 있게 평가
- 개인 취향을 고려한 솔직한 평가
- 다른 메뉴와의 비교

5. 서비스 및 특이 사항
- 직원 친절도
- 대기 시간
- 특별 서비스나 이벤트

6. 총평 및 재방문 의사
- 추천 대상 구체화
- 아쉬운 점도 솔직하게 언급
- 별점이나 점수 평가

6
타깃 고객 정하기

 모든 연령대가 다 고객이라고 말하는 대표들이 있습니다. 모두에게 팔 수 있다는 것이죠. 마치 만병통치약을 파는 약장수처럼 말입니다. 그러나 이는 역으로 말하면 한 사람의 고객도 만족시키지 못한다는 말일 수도 있습니다. 아무리 훌륭한 상품이라도 모든 사람을 만족시킬 수는 없습니다. 정말로 내 상품과 서비스가 모든 사람에게 팔 수 있는 것이라고 해도 가장 만족시킬 수 있는 고객을 찾는 것이 우선입니다.

 그런 고객을 쉽게 찾을 수 있는 방법을 제시해보겠습니다. 먼저 자사의 상품과 서비스의 핵심 가치를 20초 안에 설명할 수 있도록 정리해보시기 바랍니다. 대부분의 사장님은 매장의 메뉴와 서비스를 잘 알고 있지만 간결하게 설명하지는 못합니다. 그런데 오늘날의 소비자는 긴 설명이나 이야기가 끝날 때까지 기다려주지 않습니다. 짧게 인상적으로 표현하지 못하면 고객에게 전달될 수 없습니다.

 그래서 먼저 이상적인(핵심) 고객을 정하고, '이 상품과 서비스가 누구(핵심 고객)에게 어떤 방식으로 문제 해결을 제공하는지' 말할 수 있어야 합니다. 이는 고객의 반응을 직접 이끌어내는 마케팅(다이렉트 리스폰스 마케팅DRM, direct response marketing)의 출발점이기도 합니다. 다음 방법은 DRM을 국내에 처음 도입한 고故 황문진 회장님께 배운 것인데,

아직도 이만한 것은 없어서 소개합니다.

> **DRM 타깃 메시지 공식**
>
> 이 상품(서비스)은 _____ 의
> _____ 고민, 문제를 해결합니다.

이 공식은 간단하지만, 타깃 고객과 그들의 문제를 명확히 파악해야만 효과를 발휘합니다. 다음 예시들을 보겠습니다.

여행 목적의 고객

- **한식당**: "저희 매장은 평창을 여행하는 관광객이 '현지 맛집을 어디서 찾아야 할지' 고민하는 문제를 해결해 드립니다. 지역 맛집 정보에 목마른 관광객에게 100% 국산 재료로 만든 정통 메밀 요리와 현지인만 아는 숨은 명소를 함께 제공해 드립니다."
- **관광지 레스토랑**: "저희 매장은 제주도를 여행하는 커플이 여행 중 특별한 기념사진을 어디서 찍을지 고민하는 문제를 해결합니다. 바다 전망과 함께 인스타그래머블한 플레이팅으로 여행의 로맨틱한 순간을 완성해 드립니다."

상견례 목적의 고객

- **한정식 전문점**: "저희 매장은 상견례를 준비하는 예비부부가 격식 있는 장소를 찾는 고민을 해결합니다. 조용한 개별 룸과 정갈한 한정식 코스로 품격 있는 양가 부모님의 만남을 연출해 드립니다."

- **프리미엄 한우 전문점**: "저희 매장은 상견례를 준비하는 예비부부가 처음 만나는 양가 부모님이 어색한 분위기에서 불편하실까 걱정하는 마음을 해결해 드립니다. 자연스럽게 대화할 수 있는 편안한 분위기를 제공하며, 최고급 한우와 함께 개별 공간에서 진정한 가족의 시작을 도와드립니다."

단체모임 목적의 고객

- **갈비집**: "저희 매장은 회사 워크샵을 기획하는 팀장이 20명 이상 함께 앉아 편하게 식사할 공간을 찾는 고민을 해결합니다. 대형 단체석과 무한 리필 서비스로 팀 화합의 완벽한 무대를 제공합니다."
- **뷔페 레스토랑**: "저희 매장은 동창회를 준비하는 총무가 각자 다른 음식 취향을 모두 만족시킬 수 없어 곤란해 하는 걱정을 해결합니다. 150가지 다양한 메뉴와 넓은 홀로 모든 동기들의 입맛과 추억을 동시에 만족시켜 드립니다."

데이트 목적의 고객

- **카페 겸 디저트 전문점**: "저희 매장은 첫 데이트를 앞둔 20~30대 커플이 부담스럽지 않으면서도 특별한 분위기에서 오래 대화해도 눈치 볼 필요 없는 장소를 찾는 고민을 해결합니다. 인스타 감성의 디저트와 조용한 개별 테이블로 자연스러운 대화와 달콤한 추억을 선사합니다."
- **와인바**: "저희 매장은 기념일을 맞은 연인이 상대방에게 특별하고 로맨틱한 경험을 선사하고 싶어 하는 마음을 해결합니다. 세계 각국의 프리미엄 와인과 분위기 있는 간접 조명의 프라이빗한 공간으로 잊지 못할 기념일을 완성해 드립니다."

가족식사 목적의 고객

- **패밀리 레스토랑:** "저희 매장은 어린 자녀를 둔 30~40대 부모가 아이들이 떠들어도 눈치 보지 않고 편하게 식사할 곳이 없어 고민하는 문제를 해결합니다. 키즈 존과 가족 전용 룸, 아이 전용 메뉴로 온 가족이 스트레스 없이 즐거운 시간을 보낼 수 있습니다."
- **횟집:** "저희 매장은 부모님 생신을 준비하는 자녀가 어르신 입맛에 맞으면서도 특별한 음식을 어디서 대접할지 몰라 걱정하는 문제를 해결합니다. 신선한 자연산 제철 횟감과 정성스러운 밑반찬으로 효도의 마음을 정성스럽게 전달해 드립니다."

비즈니스 미팅 목적 고객

- **프리미엄 일식당:** "저희 매장은 중요한 비즈니스 미팅을 앞둔 직장인이 클라이언트에게 좋은 인상을 주면서도 대화에 집중할 수 있는 공간을 찾는 고민을 해결합니다. 조용한 개별 룸과 품격 있는 일식 코스로 성공적인 비즈니스 관계의 시작을 도와드립니다."
- **브런치 카페:** "저희 매장은 오전 미팅을 선호하는 프리랜서와 사업가가 격식을 차리지 않으면서도 집중해서 업무 이야기를 나눌 공간을 찾는 고민을 해결합니다. 조용한 분위기와 Wi-fi, 콘센트가 완비된 테이블로 편안하면서도 생산적인 미팅 환경을 제공합니다."

위와 같이 정리된 메시지를 가망 고객에게 전달했을 때 관심을 갖는 고객과 전혀 관심이 없는 고객을 분류해야 합니다. 효율적인 마케팅은 관심이 없는 고객을 제거하고 관심이 있는 고객에게 집중하는 것입니다. 즉 가망 고객에게 '구매해야 할 이유를 납득시키는 것'이 핵심입니다.

   서두르지 마세요. 먼저 관심과 흥미를 느끼게 해야 그들이 당신의 메시지에 귀를 기울일 수 있습니다. 상품을 파는 것이 아니라, 상대가 맞닥뜨린 문제를 해결할 정보를 먼저 주는 것이 포인트입니다.

첫눈에 반했다고 고백부터 해서는 결실을 맺기 어렵습니다. 상대가 어떤 상황에 있는지, 해결해야 할 문제가 있는지, 있다면 어떤 것이지를 고민해보시기 바랍니다.

1
가망 고객에게
관심을 끄는 방법

오 대표는 신메뉴 준비로 바쁜 나날을 보내고 있었다. 예전과 달라진 것은 막연하게 메뉴를 만들어 선보이지 않겠다는 마음이었다. 일단 출시했다가 인기가 없으면 스리슬쩍 내릴 생각으로 기획하는 것이 아니라, 수요를 미리 예측하여 단계별로 메뉴를 기획했다.

또한 미리 고객들의 반응을 살펴보고 실제 수요가 있는지 확인하기 위해서 신메뉴를 기획하고 개발하는 과정을 블로그, 인스타그램 등 SNS에 공유했다.

신메뉴의 타깃 고객을 정할 때도 신중을 기했다. 지역 상권에서 가장 큰 비중을 차지하는 고객층도 고려했지만, 1차 타깃은 오 대표가 가장 잘 알고 있는 기존 주 고객과 그들의 지인으로 결정했다. 이유는 명확했다. 오 대표의 매장을 이용하는 주 고객층은 가족 여행객들로, 이들이 원하는 것은 100% 메밀 본연의 맛과 특별한 메뉴의 경험, 그리고 쾌적하고 여유로운 공간이었다. 오 대표는 이미 이들의 니즈를 정확히 파악하고 있었고, 신메뉴도 이런 욕구를 만족시킬 수 있도록 개발하고 있었다. 테이블 배치 역시 여행객들이 편안하게 식사할 수 있도록 고객 관점에서 재정비할 계획이었다.

오 대표의 전략은 단순했다. 신메뉴로 기존 주 고객층의 관심을 끌고, 메뉴가 만들어진 배경과 메뉴에 들어간 특별한 재료 등 메뉴의 탄생 이야기를 소개하며 색다른 경험을 선사하는 것이었다. 아직 오 대표의 매장을 경험하지 못한 고객층에게는 주 고객의 만족스러운 후기나 입소문을 발판 삼아 신뢰를 얻는, 일종의 거인의 어깨를 빌린다는 전략이었다.

오 대표는 이를 위해 단골 고객, 목표 고객과 유사한 고객층을 사전에 인터뷰하거나 설문조사하면서 그들이 어떤 메뉴나 음식을 경험하고 싶어 하는지 파악했다. 그렇게 내린 결론은 '건강과 맛을 추구하는 30~40대 여성을 타깃하는 메밀+육전의 조합'이었다. 몇 가지 다른 메뉴를 만들어서 가망 고객들에게 맛, 플레이팅, 서비스, 식기 등에 대한 의견을 들었고, 메뉴를 계속 보완하면서 육전메밀국수 출시를 앞두고 있었다. 어디서부터 입소문이 났는지 출시 전부터 고객들이 메뉴를 찾는가 하면, 언제 출시하는지 묻는 전화도 왔다. 이런 경험이 낯설면서도 오 대표는 마치 인싸가 된 듯한 느낌이었다.

처음 매장을 오픈할 때 이렇게 꼼꼼하게 준비했다면 어땠을까 하는 아쉬움도 남았다. 한편으론 지금이라도 이런 과정의 중요성을 알았으니 다행이라는 생각이 들었고, 새로 알게 된 것을 계획하고 실행하고 보완하며 완성해나가는 자신의 모습이 뿌듯했다. 오 대표는 문득 허 대표가 보고 싶었다. 신메뉴를 준비하느라 한 달 넘게 연락을 못했는데, 감사 인사라도 해야겠다는 생각이 들었다.

"형님 접니다. 오늘 저녁 시간 어떠세요? 신메뉴 진행 상황도 말씀드리고… 맞다, 지난번 만났을 때 짝사랑 안 하는 방법 알려주신다고 했잖아요."

"뭘~ 소식통에 의하면 이제 고객앓이 짝사랑 같은 거 안 하는 인싸가 됐다던데… 하하."

3장 가망 고객을 확보하라 93

"아닙니다, 형님. 저는 형님 옆에서 형님의 노하우를 다 배울 때까지, 아니 그것과 상관없이 평생 따라다닐 겁니다. 오늘은 제가 좋은 곳으로 모실게요."

오랜만에 갖는 허 대표와의 약속에, 오 대표는 마치 보고 싶은 연인을 만나듯 발걸음이 가볍고 설렜다. '남자끼리도 이런 감정이 있을 수 있구나, 이런 걸 브로맨스라고 한다던데?' 약속 장소로 향하며 혼자서 피식 웃던 오 대표에게 이내 가슴 벅찬 뭉클함이 밀려왔다. 나의 성장을 위해서 이렇게 아낌없이 지원해주는 사람이 인생에 또 있었던가! 허 대표에게 정말로 좋은 성과를 보여주고 싶었다. 그리고 한편으로는 자신도 잘 배워서 또 다른 마케팅 초보 사장에게 도움이 되고 싶은 마음이 들었다.

약속 장소는 퓨전 한정식점 '수려한'이었다. 음식도 특별하지만 대부분의 자리가 룸으로 분리되어 있어서 특별한 만남이나 손님 접대로 좋은 곳이었다.

"오 대표, 어서 와."

"형님, 제가 먼저 와서 기다리려고 했는데… "

"아니야, 한동안 아우를 못 봤더니 얼마나 보고 싶던지 한 걸음에 달려왔지. 하하."

"형님도 참, 어쩜 그리 기분 좋은 말씀만 하시나요? 립 서비스인 줄은 알지만 기분이 좋네요."

"아니, 어찌 립 서비스라는 걸 정확하게 알았지? 하하하. 그래. 신메뉴 준비는 잘 되고 있지?"

"네, 형님께서 말씀하신 순서대로 차근차근 진행하고 있습니다. 덕분에 출시 전부터 손님들이 관심을 가지네요."

"제대로 하고 있군, 자네는 어쩜 그리 실행력이 좋아? 한번 얘기하면 바로 그걸 실행에 옮기는 사람이 아우님인 것 같아."

"그동안 제가 제대로 하는 건지, 혼자서 갈피를 못 잡고 얼마나 힘들었게요. 다들 도움을 주는 척하지만 나중에 보면 골탕 먹는 일이 한두 번이 아니었어요."

"그래? 나도 그런 경험이 있었지."

"형님 같은 똑똑한 분한테 누가요?"

"똑똑은? 순진했지." 허 대표의 얼굴에 깊은 회한이 서렸다.

"큰 사건이 있었나 보군요. 괜찮으시다면 들려주실 수 있을까요? 힘드시면 안 하셔도 되고요"

"아니야, 이젠 다 예전 얘기인 걸."

허 대표의 시선이 11시 방향의 먼 곳을 향했다.

"대박이네, 대박~."

"그러게. 여기 한번 먹으려면 1시간은 기본이야, 어제도 왔다가 돌아갔는데 오늘은 밤새 기다려서라도 꼭 먹고 갈 테다."

식품회사에서 마케팅 부서와 유통사업부를 경험한 허 대표는 음식점이 처음임에도 소위 대박을 치고 있었다. 흔히 경험이 없는 사람은 버텨내기조차 힘들다는 외식 시장에서 초짜 사장이 대박을 친다고 하니, 고객은 물론 동종 업계 사장들까지도 의아해 하는 분위기였다.

처음에는 별 관심도 없고 은근 무시하거나 텃세를 부렸던 사람들도 젊은 사람이 대단하다며 손님들을 데리고 와서 칭찬했다. "여기가 말이야~ 블라블라블라."

권 대표도 그런 부류 중 하나였다. 어느 날 그가 일행을 대동하며 매장에 들어섰다.

"허 대표, 장사 잘되지? 이분은 저기 윗동네에서 갈빗집을 크게 하시는 윤 대부님이셔."

"안녕하세요, 허연준이라고 합니다."

"사장님, 사장님! 여기 좀 와보세요." 직원이 다급하게 허 대표를 찾았다.

"제가 지금 바빠서요, 나중에 정식으로 인사드리겠습니다."

"허 사장, 허 사장! 참, 저 사람도… 윤 대부님이 오셨는데…"

"놔두게. 오늘은 사람도 많고 바빠서 그러는 것일 테니 나중에 인사하면 되지. 우리도 줄 서자고."

사실 허 대표도 윤 대부가 누구인지 명성을 익히 들어 알고 있었다. 지역에서 꽤 큰 음식점을 운영하는 그는 평판도 나쁘지 않았고, 지역 일을 많이 한다고 들었다. 하지만 그렇다고 일이 한창 바쁜데 손님을 뒷전에 두고 그들은 맞이할 수는 없지 않은가? 더구나 윤 대부를 데리고 온 권 대표가 마음에 걸렸다. 권 대표는 지역의 이권이나 부동산 등을 연결하고 중간에서 돈을 받는 브로커였다. 부동산 중개업도 아니고 일종의 창업 컨설팅으로 잔뼈가 굵은 사람이었다. 허 대표가 처음 이 동네에 매장 자리를 찾을 때 몇몇 사람을 만났는데 권 대표도 그중 한 사람이었다. 그는 지금 점포를 소개하면서 가격을 터무니없이 높게 불렀고, 계약 후에도 마치 자신이 연결을 해서 큰 이익을 보게 해준 것처럼 얘기했다. 퇴사 전 회사의 점포 개설 파트에 있는 박 대리로부터 새로운 점포를 얻을 때 낭패 보지 않는 법을 배우고 나온 게 얼마나 다행이었는지 모른다. 이런 정보가 없었다면 사업 시작부터 몇 천만원의 부담을 더 졌을 거라는 생각을 하니 등골이 서늘해진다.

'저놈은 내가 그걸 안다는 걸 모르겠지.' 권 대표와 친해보이는 사람들에게는 초록은 동색이란 말처럼 왠지 경계심이 앞섰다. 한 시간 가까이 서 있던 윤 대부 일행이 매장 안으로 들어오고 있었다.

"아이고, 오래 기다리셨죠? 죄송합니다. 제가 자리를 드렸어야 했는데 다른 손님들도 다 보고 있다 보니…"

"아닙니다, 허 대표님. 저도 같은 손님인데 특별한 대우를 받을 일은 없죠."

"네. 이해해주셔서 감사합니다."

"그러면 허 대표님 매장의 시그니처 메뉴로 부탁드립니다."

그 이후로 윤 대부는 주변의 아는 사람들과 함께 허 대표의 매장을 일주일에 2~3번씩 다녀갔다. 얼마나 많은 사람과 함께 방문하면서 응원을 했는지 허 대표는 윤 대부가 정말 대부처럼 든든하게 느껴졌다. 풍부한 인적 네트워크를 활용해 난처한 상황을 해결해주기도 해서, '사업을 크게 하는 사람은 뭐가 달라도 다르구나, 이렇게 다른 사람의 일을 손수 도와주다니' 싶기도 했다.

그렇게 시간이 흘러 허 대표의 매장은 완전히 자리 잡았다. 윤 대부는 물론 권 대표와도 관계가 좋아져 허물없는 사이가 되었다. 어느 날, 윤 대부와 권 대표를 만나 술을 한잔 하는 자리가 만들어졌다.

"허 대표. 아니, 이제 아우님이라고 불러도 될까?"

"네, 대부님."

"대부는 무슨, 형이라고 부르게."

"그래, 허 대표, 윤 대부님은 큰형, 난 작은형 이렇게 불러. 하하" 권 대표가 슬쩍 분위기를 띄웠다.

"아… 아… 네네."

그렇게 술자리가 이어지던 중, 갑자기 윤 대부가 이런 말을 던졌다.

"아우님, 자네 집 시그니처 메뉴 그거 정말 죽여줘."

"네. 그 메뉴는 제가 전 회사에서 프랜차이즈화하자고 제안했던 것이었는데… 다들 소상공인용이라고 반대해서 더 진행하지 못했었습니다. 그래서 제가 퇴사한 거고요."

"회사에서 인재를 놓쳤군, 놓쳤어. 그래서 말인데, 아우님. 그 레시피 나도 좀 알려줄 수 있을까?"

"네?" 놀라는 사이 권 대표가 불쑥 끼어들었다.

"큰 형님이 다른 지방에 매장이 있잖아. 거기가 요즘 많이 힘든가 봐. 그래서 내가 허 대표 메뉴를 활용하면 어떨까 해서 큰 형님한테 말씀드렸지. 어때? 좀 알려 줄 수 있잖아, 지역도 다르고."

"내가 사례는 함세. 아니면 자네 브랜드 이름을 써도 되고."

"아… 그건 좀…"

"그… 그래. 그럼 어쩔 수 없지."

좋았던 분위기가 일순간에 싸늘하게 식었다. 거절에 익숙하지 않은 허 대표는 이 분위기가 견디기 어려웠다.

"그럼 절대로 다른 사람과 공유하지 마시고 그곳에서만 하셔야 됩니다. 약속할 수 있으시죠?" 허 대표는 자신도 모르게 이런 말을 내뱉었다.

"하하. 당연하지, 당연해. 여기 권 대표도 있고 내가 맹세함세. 고맙네, 아우님. 내 잔 받게나!"

그렇게 시그니처 메뉴의 레시피가 윤 대부에게 넘어갔다.

그로부터 몇 달 후, 상권이 겹치지 않는 그 지방에서 윤 대부가 대박을 친다는 소문이 들렸다. 사례금 얘기는 온데간데없었고, 참새가 방앗간 드나드는 것처럼 드나들던 윤 대부와 권 대표는 언제 그랬느냐는 듯 얼굴 보기가 힘들었다. 윤 대부가 다른 곳에서 사업을 하는데도 허 대표는 시간이 갈수록 불안한 마음이 커져 갔다. 불안이 현실로 닥쳐온 걸까? 윤 대부가 바로 윗동네 갈빗집을 대대적으로 리뉴얼해서 허 대표 메뉴를 똑같이 베낀 매장, 아니 그보다 더 멋진 매장으로 개업한다는 얘기가 들려왔다. 허 대표는 목 뒷덜미가 뻣뻣해졌다.

'어떻게 이럴 수 있단 말인가? 이제 사회에 나와서 먹고살겠다고 시작한 초보 외식업자, 그것도 소규모 매장을 결국 힘으로 죽이겠다는 것인가?' 그것도 자신이 준 레시피로 말이다.

허 대표는 막막했다. 그때 술자리에서의 선심과 약속이 이렇듯 자신에게 비수가 되어 돌아올 줄 어떻게 알았겠는가. 주변에서 허 대표의 성공을 칭찬해 줬던 이들 중, 누구 하나 허 대표의 편이 되어 주는 사람이 없었다.

대대적인 리뉴얼로 동네가 시끌벅적했고, 얼마 후 윤 대부의 새 매장이 오픈을 했다. 주변 사람들은 대부분 다 다녀온 것 같았다. 매장의 시설이나 인테리어, 식기 등을 칭찬하는 사람, 레시피를 가져간 걸 알고도 지난 일이니 어쩔 수 없다고 말하는 사람, 많은 말이 들려왔지만 누구 하나 진정으로 위로해주는 사람이 없었다. 사정을 뻔히 아는 사람들이 더 무섭고 싫어진 적은 처음이었다. 허 대표의 성공에 칭찬 일색이던 동네였는데, 그동안 허 대표의 작은 성공이 얼마나 배가 아팠던 것일까.

허 대표는 리뉴얼 소식을 들은 이후 술 없이 잠을 이룰 수 없었다. 일도 손에 안 잡히고 돈을 떠나서 사람에게 당한 배신이 얼마만큼 아픈 것인지를 뼈저리게 느끼고 있었다. '저렇게 해서 저만큼 큰돈을 번 것인가? 아니면 저런 사람들만 돈을 버는 세상인가?'

매일 그 매장에 가서 휘발유를 뿌리고 불을 지르는 상상을 했다. 윤 대부가 나타나서 자신을 비웃는 꿈을 꾸기도 했다. 꿈인지 생시인지 매일이 지옥 같았다. 시간이 갈수록 가족과 직원들이 허 대표의 예민해진 모습과 좌절감에 함께 힘들어했다. 결국, 이러다가 폐인이 될 것 같아서 윤 대부를 찾아갔다.

"큰형님, 어찌 이러실 수 있습니까?"

"허 대표, 아니 아우님, 나도 이럴 생각은 아니었네. 그런데 어쩔 수 없었어."

"그게 무슨 소립니까? 그 메뉴가 제게 어떤 레시피인지 아시잖아요? 큰형님이 약속 지키시겠다고, 제 사업에 영향이 없게 하시겠다고 했잖습니까? 그때 작은형님도 계셨고요."

"큰아들 녀석이 미국에서 들어와서 놀고 있는데, 그걸 꼭 하고 싶다고 하는 걸 어쩌겠나? 내가 사례는 하겠네."

"됐습니다. 그게 말이나 되는 소립니까? 그걸 꼭 제가 있는 여기서 하셔야 된다는 말씀이십니까? 이 넓은 한국 땅에서…"

"그놈이 여기서 해야 한다는 걸 어쩌겠나?"

허 대표는 윤 대부의 눈빛을 보고 알 수 있었다. 그 말이 진실이 아님을. 그는 가장 좋은 상권에서 아들을 앞세워 더 큰돈을 벌고 싶었던 것이다.

▲

"실례하겠습니다. 메인 메뉴 나왔습니다."

문이 열리면서 애피타이저에 뒤이어 코스 요리가 들어오고 있었다.

"그래서 그 다음에는요? 그걸 가만히 두셨어요? 아, 피가 거꾸로 솟네요."

허 대표도 이제 괜찮은 줄 알았는데 기억을 다시 떠올리니 그 당시의 감정이 생생하게 느껴져 자신도 모르게 주먹을 불끈 쥐었다.

"맞아, 피가 거꾸로 솟지, 그런데 말이야. 거기서 내가 힘들어 하고 무너지면 누가 가장 좋아할까?"

"뭐… 맞네요. 윤 대부, 권 대표, 그들의 추종자들이겠죠."

"그래. 시간이 흐르면서 자기들 잘못을 내 탓으로 돌리려고 온갖 소문을 만들어서 퍼뜨렸어."

"아 진짜, 나쁜 사람들이네요."

"언제까지 패배자 코스프레를 할 순 없었어. 그래서 내가 생각을 바꿨어. 그리고 행운이 찾아왔지."

"행운이요?"

"그래, 우선 음식부터 먹어 가면서 천천히 얘기하자고."

얼마나 얘기에 집중했던지 두 사람의 자리에는 먹지 않은 코스 요리가 가득했다. 오 대표는 허 대표의 이야기에 속이 상해 음식을 먹는 둥 마는 둥 했다.

"그럼 이제부터 잘 들어보라고. 어떻게 내가 어려운 상황을 극복했는지. 이건 자네가 짝사랑을 안 할 수 있는 꿀팁이야."

허 대표는 견디기 힘든 나날을 보내고 있었다. 그때 가장 큰 힘을 준 것은 바로 아내였다. "힘든 거 잘 알아, 많이 힘들 거야. 이건 하느님이 오빠에게 더 큰 열매를 주시려고 내린 선물이라고 생각하자. 시련은 견딜 수 있는 만큼만 주신다고 하잖아. 우리 기운 내자, 우리 아이들을 위해서라도, 응?"

아내의 말에 허 대표는 가슴이 너무 아프고, 미안했다. '그동안 나를 보면서 얼마나 속상했을까? 그래 언제까지 이렇게 주저앉아 있을 순 없지.'

허 대표는 다시 새출발을 하기로 결심했다. 정신을 차리고 보니 모든 것이 자신의 탓이란 생각이 들었다. 레시피를 알려준 것도, 매장이 안정됐다고 일찍 샴페인을 터트린 것도 다 자신이 선택한 일이었다. 내 탓임을 자각하면서, 일상을 찾기 위해 노력했다. 가끔 윤 대부와 그 측근들이 생각날 때면 머릿속 스위치를 리셋하며 정신을 차렸다. 힘들 때마다, 이곳에서 사업을 시작하기 전 아이디어를 찾고 대박집을 방문하고 메뉴를 개발하던 초심을 생각했다.

'그래, 그땐 정말 아무것도 없었잖아? 회사에서 프랜차이즈가 안 된다는 걸 되게 만들겠다고 뛰어다녔던 그때… 맞다! 블로그!' 불현듯 떠오른 블로그에는 초심의 흔적들이 고스란히 담겨 있었고, 덕분에 당시를 회상할 수 있었다. 블로그 글들을 다시 보던 허 대표는 개업 한 달 즈음에 했던 이벤트를 발견했는데, 그것을 보자마자 머리에서 번득하고 아이디어가 떠올랐다. "이벤트로 확보한 고객 리스트가 있었지?"

그랬다. 매장을 오픈하고 직원들과 손발이 맞아갈 무렵, 더 적극적으로 매장을 알리기 위해 처음으로 기획한 마케팅이 '100% 당첨, 꽝 없는 이벤트!'였다. 지역의 주 고객층인 30~40대, 특히 이벤트에 민감한 여성들을 대상으로 1등부터 5등까지 꽝 없는 이벤트를 실시한 것인데, 이 마케팅의 핵심 포인트는 관심 고객의 리스트를 확보하는 것이었다.

먼저 포스터와 테이블에 비치된 QR코드로 매장에 방문한 고객들의 이벤트 참여를 유도했다. 더불어 블로그에 신규 오픈한 매장 정보와 이벤트 내용을 홍보했다. 이때 회사 유통 부서에 있을 때 사용했던 자동화 프로그램이 큰 도움이 되었다. 이벤트 참가자에게 3초 이내에 당첨 결과를 알려주고, 자동으로 고객 리스트를 수집하여 관리하는 기능이었다. 개인 사업을 하면 언젠가 시도해보리라 마음먹었었는데, 첫 번째 이벤트에서 활용해본 것이다.

2
마케팅의 핵심은
가망 고객의 전화번호

"목표는 수요를 창출한다."

이벤트 당일 반응이 얼마나 올지 기대가 되기도 했지만, 잘 알려지지 않은 브랜드의 초보 사장이 하는 매장이었기에 큰 기대는 하지 않았다. 그런데 웬걸, 이벤트를 시작하고 몇 시간 되지도 않았는데 문자와 문의 전화가 폭주했다. 계속된 문의 폭주로 문자가 마비될 정도였기에 '뭐지? 프로그램에 문제가 있는 걸까?' 하는 생각이 들어, 문자 마케팅 자동화 프로그램 업체에 전화를 하기도 했다. 그러나 정말로 이벤트에 대한 반응이 뜨거웠던 것이었다.

신규 매장이라는 약점에도 불구하고, 타깃에 맞춘 메뉴와 인테리어, 지역 상권의 동종 업계 대비 약간 높은 가격대가 고객들로 하여금 '한 번 가봐야지' 하는 관심을 불러일으켜 이벤트에 불이 붙었다. 외식업에서는 처음 적용하는 꽝 없는 이벤트와, 신규 오픈 매장의 홍보 효과가 맞물리며 큰 성과를 만들었다. 특히 지역 네이버 카페에 이벤트 링크가 공유되면서, 주변 상권은 물론 반경 5킬로미터가 넘는 곳의 관심까지 끌 수 있었다.

허 대표에게는 바로 이 초기 이벤트에서 확보한 관심 고객의 전화번호가 있었던 것이다. 그것도 '2년간 광고 수신'에 동의한 고객, 우리 매장에 대한 관심과 경험이 있는 몇 천 명의 고객 리스트가. 이 리스트는 지금같이 침체된 상황에서 고객들에게 직접 어필할 수 있는 엄청난 보물과도 같은 존재였다.

허 대표는 고객 리스트 파일을 열었다. 그리고 매장에 다녀간 고객과 이벤트에 참여만 하고 다녀가지 않은 고객을 분류했다. 그리고 그들에게 맞는 이벤트를 기획해서 모바일 초대장을 보냈다. 얼마 후 초대장의 효과가 나타났다. 당시 방문했던 고객은 물론, 오픈 이벤트 당시 사람이 너무 많아서 못 왔던 고객들까지 다시 매장을 찾아 활기를 불어넣었다.

"어때, 전에 말한 짝사랑하지 않는 비법의 첫 번째를 알겠어?"

"네, 형님. 아무리 내가 상대방에게 마음이 있더라도 그 사람의 전화번호를 모르면 저를 어필할 기회조차도 없다는 거죠? 자연스럽게 이성의 전화번호를 먼저 확보하는 게 중요한 것처럼, 우리 매장에 관심 있는 가망 고객의 전화번호나 정보를 획득하는 게 짝사랑을 안 하는 비법이라는 것이죠?"

"맞아. 단, 고객의 전화번호를 받기 위해서는 내가 먼저 준다고 생각해야 돼. 외식업계에 이런 얘기도 있잖아? 오픈 첫 해는 퍼주고, 둘째 해는 본전이고, 삼 년째부터 이익을 낸다는 말. 지금은 시대가 변했으니, 햇수보다는 고객의 방문 횟수로 따져 보는 것이 더 효과적이야. 초기부터 무리하게 이익을 내려 하기보다는 고객 관리를 잘해서 방문이 이어지게끔 유도하고 거기에서 수익을 창출할 수 있도록 설계하는 것이 중요해. 예를 들어 고객 1000명의 예상 방문율을 10~15%로 잡는다면 몇 명이지?"

"100~150명이 되겠죠."

"잘 생각해 봐. 100~150명인지, 100~150팀인지?"

"아~ 맞네요. 최소 100팀은 예상할 수 있겠네요."

"그래. 100팀의 테이블 단가를 고려해서 테이블당 5만원이라고 하면 500만원의 신규 고객 매출을 만들 수 있는 거야. 만족한 고객은 재방문을 하게 되고 단골 고객이 될 수도 있지. 그리고 방문 고객의 리뷰, 이용 후기, 방문 사진 등을 활용해서 아직 방문하지 않은 고객의 방문을 유도하고 방문율을 높이는 거야."

"고객 전화번호를 확보하는 게 엄청난 효과가 있네요."

허 대표와 헤어지고 돌아오는 길, 오 대표는 허 대표의 고객 리스트 활용법을 곱씹었다. 기존 방문 고객은 물론, 이전 이벤트 때 사람이 많아서 오지 못했던 고객들까지 다시 매장을 찾게 한 아이디어는 놀라웠다. 고객을 많이 오게 하는 것도 중요하지만 더 중요한 것은 고객 정보를 획득하고 그 정보를 통해 고객과 더 좋은 관계를 만드는 것, 즉 고객 관리와 관계 관리임을 실감했다.

그리고 깨달았다. 광고·홍보 없이도 우리 매장을 이용해주는 단골 고객, 충성 고객이 많아져야 어떤 어려움에도 흔들리지 않는다는 것을. 허 대표처럼 고객 정보를 체계적으로 관리하고 맞춤형 소통을 할 수 있다면 충성 고객이 많아질 것이고, 그러면 그들에게 더 집중해서 더 좋은 재료와 더 좋은 서비스로 보답할 수 있는 선순환이 만들어진다는 것을.

3
팔고 싶은가?
팔지 마라

비즈니스는 매출이 발생해야 유지될 수 있습니다. 그래서 팔기 위해 모두들 전력투구를 합니다. 마치 '판매'에 혈안이 된 영업 사원처럼 집요하게 수단과 방법을 가리지 않는 경우가 많습니다. 고객의 기분은 아랑곳하지 않습니다. 이런 모습 때문에 영업 사원은 껄끄러운 상대로 여겨질 때가 많습니다. 그런데 모든 영업 사원이 기피 대상일까요? 아닙니다. 분명 우리가 반가워하는 영업 사원도 있습니다.

우리가 영업 사원을 필요로 하는 순간

우리가 살면서 영업 사원을 필요로 하는 때는 언제일까요? 우리는 고가의 상품을 구매하거나, 접대나 상견례를 위한 장소를 알아볼 때 많은 고민을 하게 됩니다. 구매할 상품이 있는데 정보가 없거나, 여러 상품 중 하나를 고르지 못해 망설이고 있을 때 상품에 대한 지식이 많은 직원을 만나서 반가웠던 적이 있지 않나요?

이런 때를 노리는 것이 바로 영업의 핵심입니다. 소비자는 누구나 현명하게 구매하고 싶어 합니다. 이런 순간에 영업 사원이 고객의 상황을 정확히 파악하고 필요한 정보를 제공해서 '정말 잘 구매했다'는 확신을 심어주면 고객은 고마움을 느낍니다. 이러한 전략을 아는 것과 모르는 것의 차이를 외식업의 사례로 살펴보겠습니다.

판매 중심의 식당

한 가족이 동네 식당에 방문했습니다. 주문을 하려는데 직원이 "오늘 특선 메뉴가 있는데 추천해 드릴게요" 하면서 가장 비싼 메뉴만 집중적으로 권유합니다. "이 메뉴는 인기가 많아서 곧 품절될 수 있어요"라며 압박하고, 식사 중에도 "음료나 사이드 메뉴 추가하시겠어요?"라고 거듭 물어봅니다.

고객은 불편함을 느끼고, 식사가 끝나자마자 빨리 나가고 싶어 합니다. 직원이 "포인트 적립해 드릴 테니 다음 방문 때 쓰세요"라고 말하지만, 이 가족은 이미 재방문 의사가 없습니다.

가치 제공 중심의 식당

같은 가족이 다른 식당을 방문했습니다. 메뉴판을 살펴볼 시간을 충분히 준 후, 직원이 "처음 방문하셨나요? 특별히 선호하시는 맛이 있으신가요?"라고 물어봅니다. 가족 중 한 명이 매운 음식을 피한다고 하자, "이 메뉴는 매운 정도를 조절할 수 있고, 이 메뉴는 아예 맵지 않습니다"라고 유용한 정보를 제공합니다.

주문한 음식이 나왔을 때는 각 메뉴에 대한 간단한 설명과 함께 "천천히 드시고, 더 필요한 것이 있으면 말씀해주세요"라고 이야기합니다. 만족스러운 경험을 한 이 가족은 계산할 때 직원이 권유하지 않았음에도, 다음 방문을 위해 혹시 포인트 카드가 있으면 만들어 달라고 요청합니다.

외식업에서 '팔지 않고 팔리게 하는' 전략

누군가 팔고자 하면서 팔지 못할 때, 팔려고 하지 않으면서 파는 사람이 있습니다. 이런 차이는 어디서 생기는 걸까요? 바로 타이밍과 가치 제공에 있습니다.

고객 선호도 먼저 파악하기

"어떤 종류의 음식을 좋아하세요?", "특별히 피하시는 재료가 있나요?"와 같은 질문으로 고객의 니즈를 먼저 파악하는 것이 시작입니다.

메뉴 이야기 들려주기

"이 메뉴는 저희 주방장이 20년 전통 레시피로 만드는 시그니처 요리입니다"와 같은 이야기는 판매 압박 없이 자연스럽게 메뉴의 가치를 전달합니다.

기본 서비스 강화

주문한 메뉴와 함께 제공되는 기본 반찬이나 서비스의 품질을 높이는 것은 고객 만족도를 높이는 좋은 방법입니다.

적절한 타이밍의 서비스

너무 자주 테이블에 가는 것은 부담을, 너무 적게 가는 것은 방치된 느낌을 줄 수 있습니다. 고객이 필요로 하는 순간에 나타나는 것이 핵심입니다.

이 원리는 온라인 마케팅에서도 동일합니다. 온라인 마케팅은 블로그, 인스타그램, 유튜브 등을 통해 매장의 콘텐츠를 꾸준히 노출시켜 고객에게 매장을 인식시키는 것이 첫 번째 단계입니다. 그리고 주기적인 이벤트를 통해 고객과의 접점을 만들어 관계를 형성합니다. 핵심은 타이밍입니다. 고객의 필요나 욕구를 불러일으키고 그때 파는 것입니다.

가망 고객 중심의 전략이 필요한 이유

대부분의 캠페인은 신규 고객 확보나 매출 향상을 목적으로 진행됩니다. 하지만 물건을 팔려는 의도가 다분히 드러나는 판매 일변도의 광고나 이벤트는 구매로 잘 이어지지 않을뿐더러 안 좋은 인상만 주는 경우가 다반사입니다.

그래서 다른 접근이 필요합니다. 당장 구매할 신규 고객이 아닌 가망 고객을 모으는 단계부터 기획하는 것입니다. 이는 브랜드를 인지한 고객과의 지속적인 관계를 만들고 나아가 이들을 충성 고객으로 성장시키겠다는 전략입니다.

성공적으로 가망 고객을 모으는 가장 효과적인 방법은 '그들이 필요로 하는 것을 먼저 주는 것'입니다. 기대를 뛰어넘는 가치를 먼저 제공하고, 그 경험이 구매로 이어지도록 하는 방식은 오프라인 영업에서도 입증된 성공 전략입니다. 온라인은 채널만 달라진 것일 뿐, 구매하는 사람의 심리는 변하지 않는다는 것을 기억해야 합니다.

4
페인 포인트:
고객이 진짜 원하는 것을 찾아라

'상품과 서비스만 좋으면 팔리겠지'라는 생각으로는 더 이상 성공할 수 없습니다. 이는 마치 과녁 없는 하늘에 화살을 쏘는 것과 같습니다. 현대 소비자들은 정보에 목마릅니다. 언제, 어디서, 어떻게, 왜 이 상품이 필요한지에 대해 모든 것을 알고 싶어 합니다. 하지만 대부분의 판매자는 소비자의 페인 포인트를 파악하지 않고 "지금 바로 구매하세요"만 외칩니다. 결과는 뻔합니다. 가치 제공과 문제 해결 없이 비슷비슷한 상품을 늘어놓는다면 소비자의 선택 기준은 결국 저렴한 가격이 됩니다. 판매자들은 가격 경쟁에 빠지게 되고, 이는 수익성 하락과 품질 저하로 이어지는 악순환을 만듭니다.

고객은 정말 사고 싶지 않을까?

흥미로운 사실이 있습니다. '사고 싶지 않다'는 것이 상품이 팔리지 않는 진짜 이유가 아닐 수도 있다는 것입니다. 경기가 안 좋고, 장기 침체에 빠진 상황에서도 예약을 해야만 들어갈 수 있는 식당이나 한 시간 이상 줄 서는 매장이 존재하는 이유는 무엇일까요? 이들은 모두 고객의 페인 포인트를 정확히 파악하고 그에 맞는 해결책을 제시했기 때문입니다. 예를 들어, 코로나19 시기에 가정 간편식이 인기를 끈 것은

'맛있는 음식을 안전하게 집에서 먹고 싶다'는 소비자의 페인 포인트를 정확히 공략했기 때문입니다. 줄 서는 맛집은 '특별한 경험과 맛을 즐기고 싶다'는 소비자의 욕구를 충족시켰기 때문에 성공한 것입니다.

상품에 반하지 말고 고객에게 반하라

대부분의 정직한 사업가는 자신의 상품을 사랑합니다. 하지만 당신이 상품에 반해 있을수록 판매는 저조할 것입니다. 이유는 당신이 반해야 하는 대상은 상품이 아니라 고객이기 때문입니다. 고객에게 반해야 그들의 페인 포인트를 파악할 수 있습니다. 그들의 문제, 욕구, 목표, 꿈에 다가갈 수 있을 때 고객은 만족하고 당신의 상품을 구매하게 될 것입니다.

고객은 무엇을 두려워할까?

고객은 구매하기 전에 늘, 구매가 실패로 이어질까 두려워합니다. 이미 실패를 맛본 경험이 많기 때문입니다. 특히 충동구매는 그들이 가장 회피하고 싶어 하는 구매 행동 중 하나입니다. 상품을 써보지 않은 고객은 기본적으로 정보부터 찾게 됩니다. 그들은 네이버나 구글에 검색하고, 리뷰를 읽고, 유튜브 영상을 보며 정보를 수집합니다. 나아가 같은 고민과 불안을 안고 있는 다른 고객의 구매 사진이나 영상, 체험담, 이용 후기를 찾아봅니다.

고객은 자신의 페인 포인트를 해결할 수 있는 정보가 충분할 때 그 매장이나 상품, 운영자를 신뢰하고, 링크를 즐겨찾기에 추가하거나 방문하기 위해 매장 위치를 저장할 것입니다. 이처럼 고객이 스스로 정보를 저장하고 다시 찾으려는 행동은 이미 구매 과정에 진입했다는 신호입니다. 이 정도에 이르렀으면 이미 당신의 상품은 판매된 것과 다름없습니다.

5
가망 고객:
성공의 열쇠를 쥔 사람들

가망 고객은 단순히 '잠재적으로 구매할 가능성이 있는 사람'에 그치지 않습니다. 가망 고객은 이미 당신의 제품이나 서비스에 관심을 보이며, 정보를 요청하거나 플레이스를 방문하는 등의 행동을 통해 구매 의사를 어느 정도 표현한 사람들입니다. 가망 고객 확보가 안 된다면 아무리 좋은 상품도 빛 좋은 개살구일 수밖에 없습니다.

가망 고객이 가져다주는 4가지 장점

가망 고객 확보 능력은 사업의 핵심 역량입니다. 그 이유는 가망 고객 확보에 다음과 같은 장점이 있기 때문입니다.

첫째, 타사와의 경쟁에서 비교적 자유롭습니다. 대부분의 경쟁사들은 당장 구매할 고객에게만 집중합니다. 가망 고객은 아직 구매하지 않은 상태이기 때문에 경쟁사들이 크게 신경 쓰지 않는 영역입니다. 이는 여러분에게 비교적 적은 경쟁 속에서 우수한 가망 고객을 확보할 수 있는 기회를 제공합니다.

둘째, 고객 확보 비용이 저렴합니다. 가망 고객에게는 아직 직접적인 구매 유도를 하지 않아도 되기 때문에 상대적으로 저렴한 비용으로 접근할 수 있습니다. 유용한 정보나 작은 혜택을 제공하는 것만으로도 충분히 관심을 끌 수 있어 투입 비용 대비 효과가 매우 높습니다.

셋째, 경기와 상관없이 구매가 이루어집니다. 정보가 충분히 제공된 가망 고객은 시간이 지나면서 자연스럽게 구매 고객으로 전환됩니다. 경기가 좋지 않아도, 이미 당신의 제품이나 서비스에 대해 충분히 알고 있고 신뢰가 있는 고객들은 필요한 순간에 구매 결정을 내립니다.

넷째, 충성 고객으로 전환되기 쉽습니다. 정보가 충분히 입력된 가망 고객은 구매 후에도 만족도가 높습니다. 이미 제품이나 서비스에 대해 잘 알고 있기 때문에 기대와 현실의 괴리가 적고, 자연스럽게 주변 사람들에게 당신의 상품을 소개하고 추천하게 됩니다.

가망 고객 확보 전략

- **콘텐츠 마케팅** 유용한 정보를 제공하여 자연스럽게 관심 유도
- **소셜 미디어** 공감대를 형성하며 관계 구축
- **이벤트 마케팅** 지속적인 관계 유지

이 전략들은 모두 고객의 페인 포인트를 이해하고 해결책을 제시하는 것에서 시작합니다. 고객의 고통과 고민, 요구 사항에 귀 기울여 주세요. 가망 고객의 페인 포인트를 충족시키지 못한다면, 이들은 다른 상품(서비스)으로 옮겨 갈 것입니다. 고객은 자신의 문제를 가장 잘 이해하고 해결해주는 브랜드를 선택합니다.

패러다임의 전환

당신의 비즈니스가 성장하고 번창하기를 원한다면, 이제는 상품 중심에서 고객 중심으로, 판매 중심에서 문제 해결 중심으로 패러다임을 전환해야 할 때입니다. 가망 고객의 페인 포인트를 찾아내고, 그들의

문제를 해결해주며, 그들과의 관계를 지속적으로 유지하는 것이 현대 비즈니스의 성공 열쇠입니다. 고객이 성공할 때, 당신의 비즈니스도 성공합니다.

지금 마케팅 전략의 핵심은 가망 고객을 확보하고 그들의 페인 포인트를 해결함으로써, 내 상품과 서비스를 인식시키고 인지도를 높이는 것임을 기억하세요.

1
고객이 원하는
정보를 제공하라

오 대표는 허 대표를 통해 '고객 확보 능력'이야말로 사업의 핵심이라는 것을 깨달았다. 고객을 확보할 수 있다면 '더 좋은 재료를 쓰고 싶다', '고객이 원하는 인테리어를 하고 싶다', '매달 돌아오는 인건비 등 고정비가 부담스럽지 않을 정도로 매출이 나오면 좋겠다', '능력 있는 직원을 채용하고 싶다' 등 자신의 고민거리 대부분을 해결할 수 있을 것 같았다. 문득 며칠 전 허 대표를 만났을 때 그가 이야기 말미에 해주었던 말이 떠올랐다. "어때? 내가 얘기했던 짝사랑하지 않는 첫 번째 비법을 알겠어?"

'그래. 형님 매장이 마니아가 많은 이유가 또 있을 거야. 두 번째 노하우가 있다면 무엇일까?' 허 대표에게 전화를 걸어 짝사랑을 하지 않는 두 번째 비법을 알려 달라고 졸랐다.

오늘도 약속 장소에서 허 대표가 먼저 손을 흔들고 있었다.

"형님. 오늘도 먼저 와 계셨네요."

"그런가? 내가 왜 그러는지 궁금해?"

허 대표는 잠시 생각에 잠겼다가 이야기를 시작했다.

"지난번에 만났을 때 내가 힘들었던 시절 이야기했던 거 기억하지? 그때 예전 회사 선배를 보고 깨달은 게 있어. 회사 다닐 때 따르며 친하게 지낸 선배가 있었는데 정작 내가 어려울 때는 별로 도움을 안 주더라. 그런데 생각지도 못했던 다른 선배가 매장에 자주 방문하면서 약속이나 접대를 모두 우리 집에서 해주는 거야."

"왜 그렇게 해주셨을까요?"

"그 선배에게 물어봤더니, 다른 건 없고 그냥 내가 힘든데 자기가 도움을 줄 수 있는 게 그거라고 생각해서 온다는 거야. 본인도 그러면 마음이 좋다고 하더라고."

허 대표는 잠시 멈춘 후 핵심을 말했다. "그때 깨달았어. 진짜 배려하는 사람과 그냥 가까운 사람의 차이를 말이야. 친했던 선배는 내가 따라다니면서 밥 사고 술 사도 본인 돈은 안 쓰더라고. 늘 자리에 늦게 오고. 그런데 나를 도와준 선배는 반대였어. 일찍 오고, 본인이 먼저 전화하고, 밥도 사주고… 그게 바로 진심으로 배려하는 거였지."

"그래서 형님도 항상 먼저 오시는 거군요."

"맞아. 고객도 마찬가지야. 고객에게 진심으로 다가가려면 먼저 배려해야 해. 고객이 원하는 걸 미리 생각하고, 고객이 필요로 하는 정보를 먼저 제공하고… 그게 바로 고객을 육성하는 시작이야. 단순히 '좋은 음식 해놓고 기다리기'가 아니라 말이지."

허 대표의 말에 오 대표는 고개를 끄덕였다. 고객과의 관계도 사람과 사람 사이의 관계와 다르지 않다는 것을, 진심 어린 배려가 진정한 관계의 시작이라는 것을 깨달았다.

고객이 다시 찾아와 주면서 허 대표의 매장은 전처럼 활기를 띠었다. 정신없이 바쁜 와중에도 허 대표는 매장이 다시 살아난 이유를 복기했다. 시작은 자신이 사업을 준비하면서 작성했던 블로그를 다시 뒤적거렸던 것이었다. 블로그에는 초심이 담겨 있는 진솔한 기록들이 남아 있었다. 매장 자리를 찾고 사업을 시작하던 시기에 어떤 준비를 했는지, 상권의 목표 고객을 어떻게 분석했는지, 그들을 위해 어떤 메뉴를 정하고 그들이 좋아할 분위기를 만들기 위해 어떤 인테리어를 고민했는지… 블로그 곳곳에 당시의 열정과 노력이 고스란히 담겨 있었다.

아무리 매일매일 반성하고 더 발전하려고 해도 시간이 지나면 그 다짐이 옅어진다. 허 대표도 그래서 블로그 기록을 그동안 멈췄던 것이다. 그런데 이번 일을 계기로 그는 기록의 힘을 깨달았다. 기록은 당시의 상황으로 돌아가 그때의 감정을 되살릴 수 있게 해준다. 그것이 새로운 시발점이 될 수도 있다. '호랑이는 죽어서 가죽을 남기지만 나는 매장의 성장기를 남기리라.' 허 대표는 다시 초심으로 돌아가 블로그에 자신의 생각을 기록했다.

"안녕하세요, 허 대표님." 어느 날 한 통의 전화가 걸려왔다.

"네, 누구시죠?"

"외식 ○○ 경영 유한준 기자입니다."

"네, 안녕하세요. 무슨 일로…"

"허 대표님 블로그를 보다가 이 사연을 기사로 싣고 싶어서요."

"네?"

"제가 듣기로 지금 성업 중인 윤 대부의 아이템이 허 대표님의 레시피라던데요?"

"… 그 얘긴 별로 안 하고 싶네요."

"네. 마음은 이해됩니다만 그냥 지나칠 일이 아닙니다. 그동안 윤 대부가 허 대표님에게 했던 것과 비슷한 식으로 많은 사람들의 레시피를 자기 것인 양 사용했거든요, 진실을 알려야 하지 않겠습니까?"

"저도 물론 더 이상 억울한 사람이 없어야 된다고 생각합니다. 하지만 이곳 사람들 분위기나 상황이… 법적인 계약 관계도 아니었고 되레 다시 제 매장이 영향을 받을까 봐 걱정됩니다."

"제 생각을 들어 보시고 괜찮거든 수용해주시면 됩니다. 지금까지 제가 취재를 한 바에 따르면…"

그랬다. 황 기자는 그동안 윤 대부가 외식 관련 소상공인의 레시피를 인맥으로 얻고 자기 것처럼 편취해서 이용하는 행태에 관해서 취재하고 있었다. 윤 대부와 관련된 모든 업체는 아니지만, 맛 전수 계약서나 비용 지불 각서 등 기록이 명확한 곳은 취재가 가능했다. 허 대표와는 달리 객관적인 자료로 검증 가능한 기록들이 남아 있는 업체들이 있었던 것이다.

"외식업 대부의 성장과 소상공인의 덫"

유 기자의 보도가 나가면서 허 대표와 허 대표의 매장에 대한 사람들의 관심이 커졌다. 기사와 맞물려서 허 대표가 블로그에 남긴 기록의 확장성과 파급력 또한 시간이 갈수록 커져 갔다.

같은 어려움을 겪었던 당사자들부터 동종 업계의 소상공인들, 특히 MZ세대라고 불리는 젊은 사람들의 관심이 뜨거웠다. 한편의 드라마처럼 이야기가 전국적으로 퍼지기 시작했다. 권선징악의 구도도 있었지만 무엇보다 약자를 지키겠다는 소수의 사람들이 성지순례하듯 하나둘씩 허 대표의 매장과 제2, 제3의 허 대표 매장을 온라인에서 찾아내기 시작한 것이다. 물론 자본과 영향력을 앞세운 윤 대부와 제2, 제3의 윤 대부가 당장 온라인의 영향으로 망한 것은 아니었다. 그들은 그들 나름대로 자본을 통해 눈먼 고객을 만들고 있었다. 하지만 자본으로 만든 고객들의 숫자는 약자에 대한 위로와 격려, 응원으로 그 매장을 방문하는 고객들의 물결에 상대가 되지 못했다.

허 대표는 물로 목을 축인 후 이야기를 이어갔다. "나도 처음엔 내가 써놓은 글이나 사진이 고객에게 진정성 있게 비칠 줄은 몰랐어. 그냥 내가 준비한 과정을 기록하고 남겼던 것뿐인데… 처음엔 부족하다고 느껴서 남들에게 보이기 부끄러웠을 정도니까. 그래도 내 업에 대한 진정성, 내 주변 사람에 대한 마음을 담아보려 했던 노력이 좋은 결과로 돌아왔던 것 같아."

▲

허 대표와 헤어지고 돌아오는 길, 오 대표는 자신이 다른 사람을 대할 때 얼마만큼 진정성을 가지고 대했는지를 생각해 봤다. 그때그때 이익이나 계산적인 생각으로 필요할 때만 사람들을 찾고 만나지 않았었나? 그리고 반성하게 됐다. 꼭 외부 사람에 대해서만이 아니라, 가족들, 직원들의 입장에서 생각하고 있었는지, 고객 입장에서 매장을 생각하고 있었는지를 말이다.

   삶 속에서 주변을 돌아볼 여유를 갖지 못한 적이 많았던 것 같다. 내 가족, 친구, 고객. 그들과의 만남과 인연이 기적과도 같다는 생각이 들었다. 그리고 그것을 이제부터라도 잘 정리하고 기록으로 남겨 보리라 다짐했다.

2
고객에게 무엇을
알릴 것인가?

오 대표는 바쁜 나날을 보내고 있었다. 손님 많이 와서 바쁜 것도 있었지만, 신 메뉴 개발과 홍보, 신 메뉴에 대한 온·오프라인 홍보와 마케팅에 재미를 느끼기 시작한 것이다. 이전에는 돈을 주고 맡기는 온라인 마케팅에만 의존했는데, 지금은 자신이 무언가를 고민하고 직접 만들어내는 것에 뿌듯함을 느꼈다. 더 잘해야 한다는 생각에 마음이 급하기도 했지만 언제든 믿고 물어볼 수 있는 허 대표가 있기에 든든했다. 그리고 허 대표의 온라인 활동을 보면서 자신도 한발 한발 따라 하면 되겠다는 생각이 들었다. 오 대표는 지난번에 허 대표를 만난 이후로 블로그에 글을 쓰고 있었다. 처음에 글을 쓸 때 허 대표가 조언을 해줬다.

"지치지 않고 꾸준히 쓰는 게 가장 중요해."

전에 블로그를 만들어 놓고 맛집 탐방 후기를 몇 개 쓴 적이 있었다. 그러고는 이런저런 핑계로 블로그를 던져두다시피 했다. 솔직히 소재가 바닥이 나서 지속적으로 글을 쓰기 어려웠다는 것이 맞는 표현이었다. 다시 블로그에 글을 쓰고는 있는데 '지금 잘하고 있는 건가?' 하는 생각이 떠나질 않았다. 글쓰기를 체계적으로 알려주는 교육도 없고, 검색을 하면 다들 '카더라' 식으로 서로 다른 이야기만 할 뿐이었다.

더욱이 오후에 다녀간 장 대표와 얘기를 나눈 후 덜컥 걱정이 되기 시작했다. 장 대표는 직접 블로그를 운영하고 있는 데다 교육도 많이 받으러 다녀서, 나름 네이버 블로그 관련 조언을 해줄 수 있었던 사람이다.

"블로그는 결국 상위 노출이 중요한데, 오 대표님은 지금 시작했기 때문에 C-랭크가 안 돼서 큰 키워드 상위 노출은 절대 안돼요."

"그래, 근데 꼭 상위 노출이 되어야 하나?"

"상위 노출 안 되면 블로그 글이 무슨 의미가 있어요? 블로그 쓰는 건 시간도 많이 걸리고, 괜히 헛수고하실 가능성이 높아요."

"허 대표님도 블로그 다시 하시는데 그런 말씀은 없으셨는데…"

"아, 그분은 잘 모르시나 본데… 블로그가 상위 노출되려면 지수도 높아야 하고요. 우선 상위 노출 로직이 따로 있어요. 일단 2000자 이상은 기본이고요, 사진도 기본 15장 이상, 동영상도 들어가야 하고, 최근에는 로직이 바뀌어서 맞춰야 할 게 한두 가지가 아니에요, 그러니깐 그 자리 차지하려고 돈 주고 맡기는 거 아니겠어요."

장 대표가 다녀간 후 블로그 상위 노출이나 블로그 지수, C-랭크 등이 뭐가 뭔지도 잘 모르는 자신이 좀 한심스러웠다. "이렇게 몰랐나?" 어려운 건 둘째 치고 장 대표가 돌아가면서 마지막에 남기고 간 말이 오랫동안 귓가에 맴돌았다.

"오 대표님, 아마추어가 잘못 운영하면 저품질이 돼서 블로그 글이 하나도 안 보일 수 있어요. 괜히 헛수고하지 마시고요."

그 말을 듣는 순간 걱정해서 해주는 말이겠거니 하면서도 기분은 썩 좋지 않았다.

'그래, 이럴 땐 형님한테 SOS를 쳐야지.' 오 대표는 허 대표에게 망설임 없이 전화를 걸었다. "형님, 블로그 운영 노하우 좀 알려주세요."

"어, 노하우가 특별할 게 있나? 근데 시간은 오늘 저녁밖에 안 되는데 괜찮아?"

"잘 됐네요. 빠르면 빠를수록 좋죠!"

전화를 끊고, 오 대표는 다시 한번 허 대표의 따뜻함을 느꼈다. 바쁜 와중에도 자신의 고민을 들어 주고 해결책을 함께 찾아주려는 모습에서 진정한 선배의 마음을 읽을 수 있었다.

▲

"형님, 제가 사사건건 너무 괴롭히죠? 아까 약속하고 나서 그런 생각이 들더라고요."

"아냐. 나도 전문가라서 알려주는 게 아니고 내가 해보고 느낀 점을 알려주는 거잖아. 그래도 스스로 부족한 걸 느끼고 문제를 해결하려는 자네 태도가 맘에 드는데."

"그렇다면 당당하게 물어보겠습니다. 하하하"

오 대표는 오늘 낮에 장 대표에게 들은 이야기와 며칠 블로그를 운영하면서 생긴 의구심을 허 대표에게 털어놓았다.

"그래서 장 대표 말 듣고 의기소침했어?"

"아니요, 그래도 좀 한다는 사람이 겁을 주니까 걱정되더라고요."

"오 대표는 블로그 운영을 왜 하려는 거야?"

"정보를 주려는 거죠. 저희 매장과 메뉴, 그리고 저에 관한 내용에 대해서요."

"왜?"

"저도 다른 매장을 볼 때 그런 게 궁금하거든요. 누가, 왜 그 매장을 만들었는지. 특히 운영하는 사람이 제일 궁금해요."

오 대표는 잠시 생각하다가 말을 이었다.

"음식점을 방문하기 전에 그 집이 과연 무엇을 팔려고 하는지 파악

4장 가망 고객을 육성하라

하고 가려고 해요. 음식 만드는 사람의 전문성, 메뉴 특징, 매장 분위기까지요."

"왜 그렇게 하지?"

"구매에 실패하지 않으려고요. 모처럼 가족과 외식하는데 잘 모르고 갔다가 낭패 보면 안 되잖아요."

허 대표가 고개를 끄덕였다.

"맞아. 고객은 사전에 매장에 대해 알아보고 싶어 하지. 예전엔 입소문으로, 지금은 검색을 통해서. 그런데 최근 상위 노출되는 글들을 잘 봐봐."

"네?"

"대부분 광고성 문구로 채워져 있잖아? 진짜 다녀간 건지 의구심이 들 정도야."

"맞아요. 분명 다른 블로그인데 사진이나 내용은 복사 붙여넣기를 했는지 똑같은 글들이 있어요."

"그걸 보는 소비자는 무슨 생각이 들까? 믿지 못하겠다거나 부정적인 생각이 들 거야. 자네는 그런 글 보면 가고 싶은 마음이 들어?"

"저는 상위 노출된 글도 보지만, 진짜 방문한 것 같은 글이 나올 때까지 2~3 페이지를 넘겨서 꼼꼼히 봐요."

"나도 그래. 광고가 나쁘다는 말이 아니라 소비자는 진정성 없는 글을 보고 마음이 움직이지 않아. 소중한 사람과의 시간을 손해보기 싫으니까."

"그래서 젊은 층일수록 네이버보다 인스타그램이나 유튜브를 더 신뢰하더라고요."

"맞아. 어떤 채널에서 주로 검색하는지만 봐도 그 음식점의 주 고객층을 알 수 있어. 그런데 검색한 내용에 '맛있다' 일색의 단순한 칭찬만 있다면 고객은 식상하다는 생각이 들겠지. 결국 고객에게 줄 만한 특별한 경험이나 가치를 어떻게 알릴 것인지가 중요해."

"그러니까 우리 매장만의 특별한 가치를 알릴 방법을 찾아야 한다는 거군요."

"그게 핵심이야. 자네도 다른 음식점에 갈 때 거기서만 경험할 수 있는 걸 찾잖아? 블로그 운영도 고객 가치를 높이기 위한 소통 방식이지."

오 대표는 조금 정리가 된 듯했다.

"대충 알겠는데… 무엇부터 알리는 것이 좋을까요?"

"자네가 모르는 매장을 검색하면서 궁금해 했던 부분이 힌트야."

"아, 매장을 운영하는 사람과 메뉴, 서비스 특징, 이런 거요?"

"그래. 마케팅 믹스에서 이야기하는 4P 알지?"

"4P는 제품, 가격, 입지, 촉진인가요?"

"맞아. 서비스업인 음식점은 거기에 3P를 더해서 7P야. 서비스 프로세스process, 물리적 환경physical evidence, 사람people이 추가되지. 서비스업은 서비스가 전달되는 과정, 분위기, 그리고 전달하는 사람이 서비스의 만족도를 결정하거든."

"아~ 이제 알겠네요! 그냥 '맛있어요' 이런 말보다는 7P에 입각해 우리 가게만의 특징을 확실히 보여줘야 하는 거군요."

"그래. 그리고 당장 상위 노출에 목맬 필요는 없을 것 같아."

"근데 형님, 왜 지금 시작하면 상위 노출이 불가능한 거죠?"

"예전에는 최적화 블로그를 누구나 쉽게 만들 수 있었어. 당시에는 블로그 공장이란 말이 있을 정도로 상위 노출되는 블로그를 대행사에서 대량 생산할 수 있었지."

"정말요?"

오 대표는 놀라움을 금치 못했다.

"그런데 무분별하게 최적화 블로그가 생겨나니까 소비자들이 불만을 갖게 된 거야. 네이버는 검색 이용자가 다른 검색엔진으로 이탈하는 것을 가장 걱정해. 그래서 C-랭크라는 알고리즘을 만들어서 전문성과 출처의 신뢰도를 반영하고, 다이아 로직으로 정보 충실성과 독창성이 높은 글을 노출하게 한 거야."

"마치 전쟁처럼 한쪽은 뚫고 한쪽은 막는 현상이 반복되는 거네요."

"그래. 상위 노출 대행사는 네이버 검색 로직을 활용해서 돈을 버는 거고, 네이버는 대행사의 마케팅에 검색 결과가 오염되지 않도록 로직을 더 정교하게 발전시키는 거지."

허 대표가 씁쓸한 미소를 지었다.

"그럼 어떻게 해야 하나요? 상위 노출이 안 되면 효율이 떨어지는 거 잖아요?"

"꼭 그렇게 생각할 필요는 없어. 자신의 전문성에 근거해서 지속적으로 글을 쓰면 C-랭크에 반영되거든. 꾸준히 글을 쓰면 언젠가는 자네 글도 상위에 노출될 거야."

"아마추어는 저품질 블로그가 될 가능성도 크다던데…"

"저품질이 되는 건 네이버에서 원하지 않는 콘텐츠를 만들기 때문이야. 그것만 피하면 괜찮아."

"그게 뭔데요?"

"크게 보면 유사 문서와 유사 사진이야. 다른 사람의 글이나 사진을 베껴 쓰는 거지."

"그렇군요…"

"정리하자면 블로그는 자신의 얘기를 쓰는 것이고, 꾸준한 기록을 남기는 것이 더 중요해. 우선은 자네의 출사표를 써 보시게."

"출사표요? 나는 이 매장을 이런 마음으로 만들었다, 이렇게 운영해나갈 것이다, 이렇게요?"

"맞아. 앞으로 오랫동안 매장을 운영할 거잖아. 혹시 나중에 매장 운영에 어려움을 겪게 될 때 내가 선언한 핵심 가치가 의사 결정의 기준점이 되거든. 뭔가 처음부터 엄청난 걸 하려고 하기보다 한발 한발, 우선 블로그를 어떤 방향성을 가지고 운영할지 정리해 봐."

▲

집으로 돌아온 오 대표는 노트를 꺼내 블로그에 담을 내용을 정리하기 시작했다. 허 대표와 이야기를 나누면서 블로그에 무엇을 알려야 할지 명확한 그림이 그려졌다. 단순히 '맛있는 음식'이라는 광고성 문구가 아니라, 매장을 시작하게 된 진솔한 이야기, 메뉴 개발 과정과 메뉴의 특징, 직원들 이야기, 그리고 고객들에게 제공하고자 하는 특별한 가치와 경험을 차근차근 담아내기로 했다.

첫째, 내가 이 음식점을 시작하게 된 이유와 비전
둘째, 우리 매장만의 특별한 메뉴와 그 스토리
셋째, 고객이 우리 매장에서 경험할 수 있는 특별한 가치
넷째, 직원들과 함께 만들어 가는 매장 문화

오 대표는 이런 내용들을 꾸준히 블로그에 기록하면 당장 상위 노출이 되지 않더라도, 진정성 있는 매장의 이야기가 언젠가 매장을 찾을 이들에게 닿을 거라 믿었다.

3
콘텐츠 생산자가
돼라

미래에는 콘텐츠를 생산하는 사람이 비즈니스에서 승자가 될 가능성이 높습니다. 과거에는 제조업을 통해 제품을 생산한 사람이 부를 창출했다면 미래에는 콘텐츠를 생산하는 사람이 부를 창출할 것입니다. 아니 이미 입증되었습니다. 유튜브를 하는 여섯 살짜리 아이가 건물주가 되었고, 일흔 살이 넘는 할머니가 130만 구독자를 확보한 대형 미디어가 되어 상상할 수 없는 부를 만들고 있습니다.

이는 요식업계에서도 예외가 아닙니다. 맛있는 음식만으로는 경쟁력을 갖추기 어려운 시대가 되었습니다. 치열한 경쟁에서 살아남기 위해서는 맛과 서비스뿐만 아니라 '콘텐츠'에 차별점을 두어야 합니다.

왜 음식점에 블로그가 필요한가?

블로그는 음식점 홍보의 기본이자 효과적인 콘텐츠 채널입니다. 소비자의 대부분이 음식점을 방문하기 전에 온라인에서 정보를 검색하며, 이 중 상당수는 블로그 리뷰를 참고합니다. 또한 국내 소비자들은 광고성 홍보보다 진정성 있는 콘텐츠에 더 신뢰를 보냅니다.

네이버 블로그는 여전히 강력한 정보 검색 플랫폼입니다. 특히 30~50대 소비자들은 음식점 정보를 찾을 때 네이버 블로그를 가장 많이 활용합니다. 젊은 층에게는 인스타그램이 더 강세이지만, 블로그를 운영하면서 생산한 콘텐츠는 인스타그램이나 유튜브 등 다양한 채널에 활용할 수 있어 효율적입니다.

혹자는 블로그가 끝났다고 하지만, 최근 블로그는 MZ세대들에게도 '힙한 플랫폼'으로 주목받고 있으며, 숏폼 콘텐츠의 피로감이 증가하면서 블로그의 가치가 더욱 주목받고 있습니다.

음식점 블로그, 무엇을 담아야 할까?

일반 블로그와 달리, 음식점 블로그는 명확한 목적이 있습니다. 바로 고객이 매장을 방문하도록 유도하는 것입니다. 성공적인 음식점 블로그가 갖춰야 할 요소들은 다음과 같습니다.

- **매장의 스토리텔링** 왜 이 음식점을 시작했는지, 어떤 가치와 철학을 가지고 있는지 진솔하게 이야기하세요. 비즈니스의 비하인드 스토리는 고객에게 진정성과 신뢰를 줍니다.
- **메뉴의 스토리텔링** 단순히 '맛있다'가 아닌, 메뉴 개발 과정, 재료 선택의 이유, 요리사의 노하우 등을 담아내세요. 레시피의 일부를 공개하는 것도 전문성과 신뢰도를 높이는 방법입니다.
- **현장의 생생함** 주방에서 일하는 모습, 재료 준비 과정, 손님 응대 장면 등 매장의 일상을 담아내세요. 이는 투명성을 높이고 고객의 호기심을 자극합니다.
- **정확한 정보 제공** 영업시간, 위치, 주차 정보, 예약 방법 등 실용적인 정보를 명확히 제공하세요. 이는 검색에도 유리하고 고객의 실패 가능성을 줄여 줍니다.
- **고객에 대한 피드백과 소통** 고객 후기나 질문에 적극적으로 응답하

세요. 이는 고객과의 관계 강화 및 서비스 개선의 기회가 됩니다.

음식점 블로그 실전 전략

효과적인 음식점 블로그 운영을 위한 구체적인 전략은 다음과 같습니다.

키워드 전략 수립하기

방문자가 검색할 만한 키워드를 파악하는 것이 중요합니다. '지역명+음식 종류(예: 강릉 메밀집, 경주 브런치)', '동네명+키워드(예: 북촌 맛집, 강남역 초밥)', '가치+음식 메뉴(예: 가성비 좋은 참치 코스, 상견례 일식집, 가족모임 룸식당)'처럼 조합을 다양화하세요. 실제 고객은 '목포 가성비 참치'처럼 구체적인 상황을 담아 검색하는 경우가 많으므로, 이들이 어떤 맥락에서 검색하는지를 미리 파악하고 반영해야 노출 가능성이 높아집니다.

네이버 검색어 트렌드, 구글 키워드 플래너 등의 도구를 활용하면 효과적입니다. 이를테면 네이버에서는, 한 주제와 관련된 다양한 글을 발행할 경우 '신뢰도'가 있는 블로그로 인정합니다. 검색 이용자가 믿을 만한 정보를 찾고 있는데 하나의 주제로 지속적인 포스팅을 했다면 이용자가 오랫동안 머물게 되고, 노출에도 유리해집니다. 키워드 분석을 통해 글의 검색량(수요), 콘텐츠 포화도(공급), 트렌드 차트(수요 그래프) 등의 필수 정보와 연관 키워드 등을 파악하고, 이를 포스팅에 반영하면 블로그를 효과적으로 운영할 수 있습니다.

일관된 콘텐츠 업로드 주기 유지하기

주 1~2회 정도 규칙적으로 포스팅하는 것이 좋습니다. 일상적인 음식 사진이나 간단한 요리 과정만으로도 충분히 글을 쓸 수 있고, 가끔 새

로운 메뉴 개발이나 이벤트 소식을 더하면 블로그가 더 풍성해집니다. 처음에는 주 1회, 30분 정도 투자하는 것부터 시작하세요. 매주 월요일 아침 30분을 블로그 글쓰기 시간으로 고정하는 등 루틴을 만들면 습관화하기 쉽습니다.

그리고 효율적인 블로그 운영을 위해 콘텐츠 카테고리를 미리 설계하는 것이 좋습니다. 예를 들면 다음과 같은 카테고리를 정해둘 수 있을 것입니다.

- 메뉴 소개 및 추천 조합
- 식재료 이야기 및 원산지 소개
- 매장 이용 가이드 및 예약 정보
- 셰프/사장님의 일상과 요리 철학
- 시즌별/월별 스페셜 메뉴 소개
- 고객 후기 및 감사 인사
- 지역 정보 및 주변 볼거리

시각적 콘텐츠 강화하기

음식은 시각적 요소가 매우 중요합니다. 음식 사진은 자연광에서 찍고, 여러 각도에서 촬영하세요. 영상 콘텐츠도 적극 활용하되, 15초 내외의 짧은 요리 과정이나 플레이팅 영상이 효과적입니다.

소비자 대부분은 SNS나 블로그에서 본 음식 사진이 방문 결정에 영향을 미쳤다고 응답합니다. 스마트폰으로도 좋은 사진을 찍을 수 있는 간단한 팁을 익히거나, 월 1회 정도는 전문 사진작가를 고용해 품질 높은 메뉴 사진과 매장 이미지를 확보하는 것이 좋습니다.

고객 참여 유도하기

방문한 고객들에게 해시태그를 안내하거나, 고객들이 인증샷을 찍을 수 있는 포토존을 마련해보세요. 고객이 생성한 콘텐츠UGC는 가장 신뢰도 높은 홍보 수단이 됩니다.

고객이 작성한 리뷰나 SNS 태그를 활용한 콘텐츠는 진정성을 높이고 잠재 고객의 신뢰를 얻는 데 매우 효과적입니다. 고객이 직접 찍은 사진이나 후기를 허락을 받아 블로그에 공유하고, 월별 베스트 고객 선정, 포토 콘테스트 등 참여를 유도하는 이벤트를 정기적으로 진행하세요.

채널 연계 전략 세우기

블로그 콘텐츠를 인스타그램, 유튜브 쇼츠, 카카오톡 채널 등 다양한 플랫폼으로 확장하세요. 각 플랫폼의 특성에 맞게 콘텐츠 형식을 조정하되, 핵심 메시지는 일관되게 유지하는 것이 중요합니다.

블로그는 깊이 있는 정보를 담는 허브 채널로, 인스타그램이나 틱톡은 짧고 강렬한 인상을 주는 채널로 활용하세요. 블로그에 작성한 콘텐츠를 다른 SNS용으로 재가공하여 크로스 포스팅하면 콘텐츠 제작 시간을 절약하고 시너지 효과를 얻을 수 있습니다.

블로그 시작이 어려운 음식점 사장님을 위한 팁

많은 음식점 사장님들이 블로그의 필요성은 알지만, 막상 어디서부터 시작해야 할지 모르겠다며 막막해합니다. 그러나 몇 가지 기본 원칙만 알면 어렵게 느껴지는 블로그 운영도 훨씬 수월해지고, 실제 매출 증대와 단골 확보로 이어질 수 있습니다.

명확한 목적 설정하기

왜Why가 명확해야 스스로에게 동기 부여가 되고 그것이 지속성을 갖게 됩니다. 블로그를 통해 달성하고자 하는 목표(예약 증가, 인지도 향상, 단골 확보 등)를 구체적으로 설정하세요. 이는 자신과 공감할 수 있는 사람을 찾고 신뢰를 얻게 되는 첫걸음입니다.

네이버 검색 알고리즘 이해하기

네이버 검색 알고리즘은 특정 주제에 대해 지속적으로 양질의 콘텐츠를 발행하는 블로그에 높은 '신뢰도'를 부여합니다. 주 1~2회 이상 정기적으로 콘텐츠를 업데이트하고, 새로운 메뉴 소개, 시즌 이벤트, 잘 써준 고객 리뷰 등 다양한 주제로 콘텐츠를 확장해나가세요.

분석과 개선의 사이클 만들기

네이버 블로그 통계, 구글 애널리틱스 등을 활용해 방문자 데이터를 정기적으로 분석하세요. 어떤 유형의 콘텐츠가 고객 반응이 좋은지, 방문자가 많은 시간대는 언제인지 등을 파악하여 콘텐츠 전략을 지속적으로 개선해나가는 것이 중요합니다.

마케팅 채널의 전략적 접근

앞서 살펴본 블로그 운영에는 단순한 정보 공유 이상의 전략적 접근이 필요합니다. 이것은 블로그에만 해당되는 말이 아닙니다. 인스타그램, 유튜브 등 어떤 채널을 운영하든 마케팅 채널의 운영 목적을 명확히 하시길 바랍니다.

마케팅 채널의 진정한 목적

마케팅 채널의 운영 목적은 무엇이 되어야 할까요? 그것은 단순히 메뉴 사진을 올리고 할인 정보를 공유하는 것을 넘어, 채널을 통해 가망 고객을 발굴하고 육성하고 유지하는 것에 있습니다.

즉 고객을 확보하기 위해 첫째, 판매가 아니라 철저하게 정보(문제해결)를 전달할 목적으로 가망 고객을 발굴하고, 둘째, 모집된 가망 고객을 육성해서 브랜드에 대한 친밀도(신뢰)를 높이는 것입니다. 그리고 운영 채널을 통해 고객 매출로 이어지는 흐름이 일어나도록 설계하는 것이 중요합니다.

콘텐츠는 디지털 시대의 자산

음식점 블로그를 통한 콘텐츠 생산은 단순한 홍보를 넘어 디지털 자산을 구축하는 과정입니다. 이는 당장의 매출 증대뿐 아니라, 장기적으로 브랜드 가치를 높이고 충성 고객을 확보하는 중요한 전략입니다. 모든 콘텐츠의 핵심은 진정성입니다. 화려한 기술보다 진심 어린 이야기가 고객의 마음을 움직이는 법입니다.

블로그와 SNS를 통한 콘텐츠 생산은 음식점 마케팅의 일부분일 뿐입니다. 이러한 온라인 채널이 비즈니스 목표에 효과적으로 기여하기 위해서는 철저한 전략과 체계적인 실행이 필요합니다.

콘텐츠를 통해 고객의 마음을 움직이고, 이를 실제 방문과 매출로 연결하는 전체 프로세스를 설계하세요. 무작정 콘텐츠를 생산하기보다는, 무엇을 What, 왜 Why, 어떻게 How 전달할 것인지에 대한 명확한 계획을 세우는 것이 성공의 열쇠입니다. 지금 바로 매장의 이야기를 담은 첫 글을 시작해보세요.

마케팅 채널 설계를 위한 핵심 질문들

마케팅 채널을 효과적으로 운영하려면 단순히 콘텐츠를 쌓는 것만으로는 충분하지 않습니다. 채널이 어떤 목적을 가지고 있으며, 누구를 위해, 어떤 방식으로 운영될지를 먼저 분명히 해야 합니다. 다음과 같은 몇 가지 핵심 질문에 답하며, 스스로를 점검하는 것은 좋은 시작이 될 것입니다.

① 채널을 통해 얻고자 하는 것은 무엇인가?
- 셰프의 전문성이나 요리 철학 알리기
- 식재료나 레시피 이야기로 방문자의 흥미 유발하기
- 매장의 분위기와 서비스를 강조하여 브랜드 홍보하기
- 고객 소통 창구로 활용

② 상품과 서비스의 특별함은 무엇인가?
- 다른 음식점에서 찾을 수 없는 자신만의 콘텐츠는 무엇인가?
- 내 음식점은 경쟁 음식점과 무엇이 다른가?
- 고객이 정말 궁금해하는 것이 무엇인가?

③ 운영의 주체는 누구인가?
- 셰프가 직접 운영하는 전문가형 채널
- 사장이 운영하는 친근한 이웃형 채널
- 직원들이 함께 참여하는 팀워크형 채널

④ 고객에게 무엇을 알릴 것인가?
- 셰프의 전문성과 요리 철학
- 신선한 식재료 선택과 준비 과정
- 시그니처 메뉴의 개발 스토리
- 매장 인테리어와 분위기의 특별함

⑤ 어떻게 고객과 지속적으로 소통할 것인가?
- 정기적인 콘텐츠 발행으로 일상적인 접점 만들기
- 고객 참여형 이벤트로 고객 경험 확장하기

- 채널 특성에 맞는 콘텐츠 제공하기
- 온라인과 오프라인을 연결해 실제 방문 유도하기
- 고객 피드백을 수집해 개선에 반영하기

만약 첫 번째 질문 '채널을 통해 얻고자 하는 것은 무엇인가?'에 대한 답이 '고객 소통 창구로 활용'이었다면 더 세부적으로 내 음식점만의 커뮤니케이션 전략을 수립할 수 있습니다.

주기적인 콘텐츠 일정 수립
- 월요일: 이번 주 추천 메뉴 소개
- 수요일: 셰프의 요리 팁 공유
- 금요일: 주말 스페셜 메뉴 미리보기
- 월 1회: 단골 고객 인터뷰 또는 플레이스 리뷰 중 좋은 리뷰를 정기적으로 소개

고객 참여형 이벤트 기획
- '우리 가게 포토존에서 찍은 사진' 공유 이벤트
- 시즌 메뉴 네이밍 공모전
- 고객 레시피 콘테스트(우리 식당 메뉴를 활용한 홈쿠킹)
- 단골 고객 대상 시식회 초대

채널별 특성에 맞는 소통 전략
- 블로그: 깊이 있는 스토리텔링과 정보 제공
- 인스타그램: 시각적 임팩트가 강한 음식 사진과 짧은 스토리
- 유튜브: 주방 비하인드 스토리, 요리 과정, 셰프 인터뷰
- 카카오톡 채널: 예약 및 할인 정보, 1:1 문의 응대

온라인에서 오프라인으로 연결하기
- 온라인 예약 시스템 구축
- 블로그 구독자 전용 스페셜 메뉴 개발
- 온라인 쿠폰 발행(블로그 방문자 전용)
- 블로그에서 소개한 '오늘의 추천 메뉴' 실제 매장에 강조 표시

고객 피드백 수집 및 반영 시스템
- 정기적인 온라인 설문조사

- 댓글과 리뷰에 대한 신속한 응답
- 고객 제안을 실제 메뉴나 서비스에 반영한 사례 공유
- 부정적 리뷰에 대한 진정성 있는 대응과 개선 노력 공유

이러한 구체적 계획을 통해 단순한 일회성 방문이 아닌, 지속적인 고객 관계를 구축할 수 있습니다. 만약 동네에서 베이커리를 한다면, 다음과 같은 방식으로 채널을 운영해보는 것은 어떨까요?

- **채널:** 인스타그램, 블로그
- **채널 운영 목적:**
  1) 메뉴 및 베이킹 이야기로 방문자의 흥미 유발
  2) 고객 소통 채널로 활용
- **콘텐츠 일정:**
  1) 매일 아침 '오늘의 빵'을 인스타그램 스토리로 공유
  2) 주 2회 '베이킹 과정 비하인드' 블로그 포스팅
- **고객 소통 이벤트:**
  1) 월 1회 '우리 동네 단골 고객 인터뷰'
  2) 분기별 '계절 특별 메뉴 시식회' 초대 이벤트

1
고객의 욕구가 담긴 단어, 키워드

오 대표는 블로그 운영 계획을 세우고 자신의 생각, 메뉴 기획, 관심, 취미에 관한 글을 마케팅 믹스를 적용하여 지속적으로 포스팅했다. 또한 거의 매일 허 대표의 블로그를 보면서 영감을 얻고 소재를 벤치마킹했다. 오 대표는 허 대표가 있다는 게 든든했다. 어려운 상황에서 의지할 수 있는 좋은 친형이 생긴 것 같았다. 형이 없던 오 대표는 어릴 적 형이 있는 친구들이 무척 부러웠다. 가끔 형이라는 뒷배경을 믿고 거드름을 피우는 모습이 보기 싫을 때도 있었지만, 그럴 때조차 부러운 마음이 더 컸다. '형이 없다고 그렇게 아쉬워했는데 이렇게 좋은 형을 만나게 되다니.'

오 대표는 오늘도 궁금증을 해결하기 위해서 스마트폰을 집어 들었다. "형님, 요즘 블로그 글 보니까 형님이 쓰는 글은 '평창 맛집' 첫 페이지에 노출되던데, 저는 왜 안 되는 거죠? 전에 쓰신 글이 있다고 해도 한동안 안 쓰셨잖아요? 저랑 비슷한 시기에 다시 시작했는데, 네이버가 형님만 편애하는 거 아니에요?"

"하하, 무슨 소리! 네이버가 나만 좋아할 리가. 아마 제목의 키워드를 신경 써서겠지."

"키워드요? 저도 조회 수 높은 키워드를 이용해서 쓰는데요?"

"그럴 줄 알았어. 전화로는 다 설명하기 어려워. 영업 마치고 우리 가게로 와."

마지막 주문이 들어간 후, 오 대표는 직원에게 허 대표 매장에 공부하러 간다는 말을 전하고 나왔다. 허 대표 매장은 아직 영업 중이어서 오 대표는 한쪽 구석에 자리를 잡고 앉았다. 그때 단아한 여직원이 미소를 지으며 다가왔다. "어서 오세요, 손님. 혼자 오셨나요?"

"허 대표님을 뵈러 왔습니다."

"아, 오늘 블로그 컨설팅 받으러 오시기로 한 오 대표님이신가요?"

"네, 그렇습니다."

"저희 대표님께서 오늘 마무리하실 일이 있으니 잠시 기다리라고 하셨습니다. 애피타이저라도 드시겠어요?"

"괜찮습니다." 오 대표는 앉아서 좀 전에 응대한 직원을 주의 깊게 살펴보았다. 그 직원은 여러 테이블을 동시에 챙기면서도 모든 상황을 완벽하게 통제하고 있었다. 손님이 물을 찾기도 전에 먼저 가져다주고, 계산하려는 테이블을 재빨리 알아채 영수증을 준비하는 모습이 인상적이었다. 영업이 끝나갈 시간인데도 긴장을 풀지 않고 프로페셔널한 태도를 유지하고 있었다.

마지막 손님이 나가고 영업이 끝나자, 허 대표가 오 대표의 자리로 와서 앉았다.

"형님, 저기 직원분 정말 대단하네요. 손님 표정만 봐도 뭘 원하는지 아는 것 같아요. 손님 응대부터 직원들과의 협업까지, 모든 과정이 물 흐르듯 자연스러워요."

"역시 보는 눈이 남다르군. 그 직원은 우리 김 실장이야. 전 직장에서 같이 일했던 동료였어. 내가 독립할 때 함께 오자고 설득했지. 김 실장,

잠깐 와 봐요."

"네 대표님." 김 실장이 자리에 앉았다.

"인사해요. 여긴 내가 아끼는 대한민국 면 요리의 신성 오 대표님. 그리고 이쪽은 우리 매장의 서비스 프로세스와 마케팅을 맡고 있는 김 실장."

"안녕하세요, 김 실장님. 오서준입니다."

"김수아입니다. 반갑습니다."

"그래, 다음에 제대로 인사하는 자리를 만들지. 김 실장은 먼저 들어가. 오늘은 오 대표랑 매장 온라인 마케팅 얘기를 해야 해서."

"온라인 마케팅 이야기라면… 실례가 안 된다면 같이 들어도 될까요?"

"그래? 좋지. 김 실장은 키워드 관련 교육도 많이 받았고 운영도 잘하고 있으니. 오 대표도 괜찮지?"

"네, 괜찮아요."

"그럼 잠시만 기다려주세요. 노트북을 갖고 오겠습니다."

'처음 보는 사람 앞에서 자신의 생각을 거침없이 얘기하다니 김 실장이란 사람은 참 당차군.' 오 대표는 김 실장이 자신과는 다른 부류라고 생각했다. 오 대표는 잘 모르는 사람 앞에서나 확실한 요청이 없을 땐 먼저 나서지 않았다. 김 실장이 착석하자 허 대표가 이야기를 시작했다.

"그래, 아우… 아니, 오 대표. 내가 쓴 글이 노출이 잘돼서 궁금했다는 거지?"

"네, 분명히 상위 노출에는 시간이 걸릴 거라고 하셨잖아요?"

"그건 검색 키워드에 답이 있어."

"검색 키워드요? '평창 맛집', '평창 카페', '평창 고깃집' 이런 거요?"

"그래, 그런 검색어를 키워드라고 하는데, KEY+Word는 검색의 답을 찾는 단어라는 뜻이야."

"그렇군요. 열쇠+단어, 열쇠가 되는 단어."

"맞아, 네이버 검색을 통해 가망 고객이나 기존 고객을 우리 블로그로 유입시키려면 키워드 선택은 필수야. 키워드 중에도 조회 수가 높은 대표 키워드부터 조회 수가 낮은 세부 키워드까지 다양한 것들이 있지."

"그럼 조회 수가 높은 키워드부터 공략해야 하는 거 아닌가요?"

"그건 각자의 조건에 따라 달라. 블로그를 오랫동안 운영해서 지수가 높은 블로그일수록 조회 수가 높은 키워드를 활용하는 게 유리하지. 반면 자네처럼 이제 시작한 블로그는 조회 수가 높은 키워드를 활용해도 효율이 떨어질 수 있어."

"알 듯 모를 듯 아리송한데요?"

"그러니까 블로그 품질이 높으면 어떤 키워드에서도 상위 노출이 가능하지만 이제 시작한 블로그는 검색엔진이 품질을 인정할 때까지는 상위 노출이 어려워."

"좀 더 쉽게 설명해주시면 안 될까요?"

그때 김 실장이 끼어들었다. "쉽게 말해서, 이미 검증된 블로그와 이제 막 시작한 블로그는 노출되는 키워드의 규모가 다르다는 거죠. 큰 경기장과 작은 경기장의 차이랄까요? 인지도와 신뢰도가 높은 블로그는 경쟁이 치열한 메인 키워드에서도 승산이 있지만, 새로운 블로그는 틈새 키워드에서 먼저 인정받는 과정이 필요해요."

"아, 그럼 블로그 상황에 맞는 키워드를 찾아서 적용하는 것이 중요하다는 말이네요."

처음에는 호기심으로 대화에 참여했던 김 실장이 어느새 적극적으로 설명하고 있었다. 상냥한 목소리로 전달하는 친절한 해설이 귀에

쏙쏙 들어왔다. 그때 허 대표의 굵직한 목소리가 끼어들었다.

"맞아. 내가 늘 비유하듯, 연애 시장과 비슷해. 인기 많은 사람에게만 모두의 관심이 집중되면 경쟁은 심해지고, 정작 나에게 맞는 좋은 사람을 놓치는 경우가 많지. 틈새 키워드도 마찬가지야."

오 대표는 허 대표의 말에 고개를 끄덕이며 능숙한 손놀림으로 노트북에 무언가를 입력하는 김 실장을 바라봤다. 키보드 소리가 빠르면서도 경쾌하게 들렸다.

"김 실장님은 타자를 정말 빠르게 치시는군요."

"그럼. 김 실장이 분당 1000타 치지?"

"이젠 그렇게 못 쳐요. 대표님."

"김 실장님은 마케팅 전문가 같으세요. 저는 아직 이런 분석이 익숙하지 않아서요."

"별말씀을요. 저도 처음엔 다 어려웠어요. 매일 조금씩 해보면 금방 익숙해지실 거예요."

김 실장이 노트북을 들고 오 대표 옆으로 자리를 이동했다.

"여기를 보세요." 김 실장의 손가락이 노트북 화면을 가리켰다.

"네이버 광고 키워드 도구를 사용하면 검색량과 경쟁 정도를 한눈에 볼 수 있어요. 예를 들어, '평창 맛집'보다는 '강원도 평창 맛집'이나 '평창 카페 내돈내산'처럼 구체적인 키워드가 경쟁이 적죠."

"아, 이제 이해가 되네요. 마치 인기 많은 데이트 장소보다 숨겨진 명소를 아는 게 더 특별한 데이트가 될 수 있는 것처럼요."

"아, 예… 맞아요."

허 대표가 그 모습을 보고 웃음을 터트렸다.

"하하. 김 실장, 당황하지 마. 이 친구가 원래 모든 걸 연애와 연계해서 생각하는 버릇이 있어. 자, 그럼 이제 구체적으로 어떤 키워드로 시작할지 정해 볼까? 오 대표, 자네 매장의 특징은 뭐지?"

"저희는 특제 소스와 국내산 식재료로 만든 메밀 요리가 주력이에요."

"김 실장은 어떤 키워드가 좋을 것 같아?"

"음… '평창 메밀 맛집' 같은 키워드는 어떨까요?"

"네, 좋은 것 같아요, 실장님." 오 대표가 즉시 맞장구를 쳤다.

"저희 가게가 평창에서 메밀 요리를 전문으로 하니까요. 단번에 떠올리시다니 대단하십니다!"

오 대표가 칭찬했지만 김 실장은 대꾸가 없었다.

"왜, 김 실장. 뭔가 문제가 있나?"

"'평창 메밀'만 하면 너무 광범위해서요. 더 구체화하면 어떨까요? '평창 수제 메밀국수'나 '평창 메밀전문점'으로요."

오 대표는 눈을 반짝이며 말했다. "그거 정말 좋네요! 저희 가게의 특징을 정확히 담은 키워드 같아요."

김 실장의 표정도 그제서야 밝아졌다. 그때 허 대표가 자리에서 일어났다.

"내가 끼어들지 않아도 둘이 잘하네. 나 잠시 주방 좀 다녀올게. 김 실장, 오 대표에게 네이버 광고 키워드 검색 도구 사용법 좀 자세히 알려줘." 허 대표가 자리를 비운 사이, 오 대표와 김 실장은 키워드 분석에 집중했다.

"오 대표님 매장과 관련된 키워드 검색 결과를 분석해보니까, 사람들이 '평창+음식' 관련해서 가장 많이 찾는 키워드는 '평창 맛집'이에요. 구체적인 음식을 찾는 '평창 막국수', '평창 막국수맛집'도 많고, '평창 현지인맛집' 같은 키워드도 상당히 좋을 것 같아요."

"그렇군요. 저희 가게가 실제로 현지인들이 많이 찾는데, 그걸 강조하면 좋겠네요."

대화가 이어질수록 두 사람 사이의 어색함은 점점 사라지고 있었다.

◆

다음 날 아직 오픈하지 않은 매장 안. 오 대표는 테이블에 앉아 카톡 메시지를 보냈다. "안녕하세요. 김 실장님. 어제 덕분에 정말 많은 것을 배웠습니다. 감사합니다."

한동안 화면을 바라봤지만 '1'이 없어지지 않았다. '바쁜가 보군.' 오 대표는 김 실장을 데리고 있는 허 대표가 부러웠다. 매장 매니저, 고객 응대, 마케터까지 세 사람 몫을 해내는 그런 직원 한 명만 있다면 어떤 난국이라도 돌파할 수 있지 않을까? 아마 김 실장을 보고 오는 손님들도 꽤 있을 것이다. 그때 카톡 메시지가 도착했다.

"별말씀을요. 오 대표님께서 적극적으로 배우시려는 모습이 보기 좋았습니다. 궁금한 점 있으시면 언제든 편하게 물어보세요.^^"

"궁금한 점이라…"

2
고객의 마음을 찾는 구체적인 키워드 전략

영업이 끝난 오 대표의 매장 안, 세 남녀가 어깨를 나란히 하고 노트북 화면을 바라보며 이야기를 나누고 있었다.

"이거 좁아서 다음에는 내 매장에서 해야겠군. 화이트보드라도 있어야 하지 않겠나?"

허 대표가 그답지 않게 투덜댔다. 그에 아랑곳 하지 않고 김 실장이 설명을 시작했다.

"제가 분석한 데이터를 보면, 키워드는 크게 세 가지로 나눌 수 있어요." 김 실장이 노트북 화면을 천천히 스크롤했다. 화면에는 다양한 키워드와 그에 따른 검색량, 경쟁률이 정리되어 있었다.

"첫 번째는 '대표 키워드'로, 검색량이 많지만 경쟁도 심한 키워드예요. '평창 맛집' 같은 것들이죠. 두 번째는 '세부 키워드'로, '평창 메밀 맛집', '평창 올림픽 근처 맛집' 같이 간단한 세부 사항이 더해진 것들이에요. 세 번째는 '롱테일 키워드'인데, '평창 현지인 추천 메밀 맛집 주차장 있는'처럼 더 길고 구체적인 요구가 담긴 키워드죠."

허 대표가 덧붙였다. "네이버 검색 알고리즘은 블로그의 신뢰도를 평가해. 이걸 C-랭크나 파워블로그 지수라고도 하는데, 신규 블로그는 이 점수가 낮아서 대표 키워드에서 노출이 잘 안 돼. 그래서 경쟁이 덜한 세부 키워드부터 차근차근 신뢰도를 쌓아가는 게 중요해."

김 실장이 화면을 넘기며 계속 말을 이었다. "제가 실제로 A/B 테스트를 해봤는데요, 같은 블로그에서 같은 날 쓴 글인데도 키워드에 따라 두 경우의 노출 결과가 완전히 달랐어요. '평창 맛집'은 10페이지 밖으로 밀려났지만, '평창 현지인맛집'으로 쓴 글은 2페이지에 노출됐어요."

"음… 실장님, 그럼 우리 매장 블로그에 그런 원리를 적용한다면 '평창 메밀'로 시작하는 키워드가 좋겠네요?"

"맞아요, 오 대표님. '평창 메밀'은 경쟁이 덜한 키워드니까 좋은 시작점이 될 거예요."

허 대표는 두 사람의 대화를 잠자코 듣다가 화면을 가리켰다. "근데 더 재미있는 건, 네이버에서 어떤 키워드는 식당 플레이스가 바로 노출되고, 어떤 키워드는 광고 페이지가 먼저 나온다는 거야. 이건 네이버의 수익 모델과 관련이 있어."

김 실장이 고개를 끄덕였다. "맞아요. 제가 네이버 키워드 광고 담당자와 상담할 기회가 있었는데, '평창 맛집' 같은 상업성 높은 대표 키워드는 광고 입찰가가 높게 형성되어 있어서 네이버 입장에서는 수익성이 좋은 키워드에요. 그래서 의도적으로 광고를 먼저 노출시키는 전략을 쓰고 있다고 하더라고요."

오 대표가 심각한 표정으로 물었다. "그럼 블로그 글은 아무리 잘 써도 광고에 밀리는 건가요?"

"꼭 그렇진 않아요. 네이버는 검색 품질도 중요하게 생각하거든요. 광고가 너무 많으면 사용자 만족도가 떨어져요. 그래서 '식당 플레이스' 같은 정보와 품질 좋은 블로그 콘텐츠도 함께 보여주되, 수익성이 높은 키워드에서는 광고 비중을 좀 더 높이는 거죠."

"김 실장, 잠깐만." 허 대표가 실제 검색 화면을 보여주었다.

[그림6] 키워드별로 노출이 달라지는 검색 페이지

"여기 봐. '평창 맛집'을 검색하면 광고가 먼저 나오고, 지도 플레이스와 블로그는 광고 아래에 나오지. 반면 '평창 메밀막국수'는 광고 없이 플레이스가 나오고, '평창 메밀명인'은 바로 블로그가 나와."

김 실장이 덧붙였다. "이런 차이 때문에 키워드 전략이 중요해요. 모바일에서는 첫 화면에 노출되지 않으면 클릭률이 현저히 떨어져요. 그래서 상위 노출 가능성이 높은 세부 키워드를 찾는 게 핵심이에요."

오 대표는 노트에 열심히 메모를 하며 물었다. "그럼 어떻게 좋은 키워드를 찾을 수 있을까요?"

"몇 가지 방법이 있어요. 첫째, 네이버 검색창에 단어를 입력하면 나오는 자동완성 키워드를 활용하는 거예요. 이건 실제 사람들이 많이 검색하는 키워드거든요. 둘째, 연관검색어를 확인하는 거고요. 셋째…"

"잠깐만요. 김 실장님. 연관검색어가 뭐죠?"

"자네, 아직도 그걸 모르나? 마케팅 어떻게 하고 있는 거야?" 허 대표가 핀잔을 줬다. "사용자가 특정 키워드로 검색한 후 다른 키워드로 검색했을 때 그 두 키워드에 연관성이 있다고 판단하는 거야. 예를 들어 '평창 맛집'을 검색한 후 '평창 막국수'를 검색하면 그 둘을 연관된 키워드로 보는 거지."

"네이버 검색에서 못 보던 건데 키워드 광고 도구에서는 보이는군요."

"그건 PC 버전의 블로그나 카페 탭 등에서도 확인할 수 있어요."

김 실장이 직접 '평창 맛집'을 검색한 후 블로그 탭에서 연관 키워드를 보여줬다.

"아… 이런 걸 몰랐네요!"

"셋째, 지난번에 알려드린 네이버 광고 키워드 도구를 사용하면 검색량까지 확인할 수 있어요."

김 실장이 '평창 메밀'을 입력하자 '평창 메밀 맛집', '평창 메밀국수', '평창 메밀막국수' '평창메밀명인' '평창메밀장인' 등의 자동완성이 나타났다.

"여기서 우리가 주목할 건 '평창 메밀막국수'예요. 이걸 더 구체화하면…" 김 실장이 '평창 메밀막국수'를 입력하자 자동완성어로 '평창 메밀막국수 추천', 연관검색어로 '방림메밀막국수평창', '평창 메밀'이 나타났다.

"이런 키워드들이 오 대표님 매장에 맞는 틈새 키워드예요. 이런 키워드로 글을 쓰면 노출 가능성이 훨씬 높아져요."

오 대표의 눈이 반짝였다. 처음으로 키워드라는 것이 명확하게 이해되는 느낌이었다.

"아, 이렇게 좋은 키워드를 알 수 있는데 여태껏 몰랐다니…"

오 대표가 자신의 머리를 툭툭 치며 자책했다. 그런 오 대표를 보고 김 실장이 눈웃음을 지었다.

"너무 세게 때리지 마세요. 머리 나빠져요. 그런데 어떤 키워드가 최종적으로 좋은지는 결국 실제 노출 결과를 봐야 알 수 있어요. 저는 A/B 테스트라고 해서, 같은 내용의 콘텐츠를 사진과 글의 순서를 바꿔서 다른 키워드로 여러 개 올려보고, 어떤 방식이 가장 효과적인지 측정하는 방법을 써요."

허 대표가 말을 이었다. "그건 마치 소개팅에서 어떤 주제로 이야기하면 상대방이 더 반응이 좋은지 알아보는 것과 비슷하지. 자네 전공이지 않나?"

"제가 뭘요…" 오 대표가 얼굴을 붉혔고, 김 실장은 억지로 웃음을 참았다.

"어쨌든, 오 대표님 매장에 맞는 키워드를 몇 가지 정리해 봤어요. '평창 메밀 맛집', '평창 메밀막국수', '평창 메밀 현지인 추천', '봉평 메밀막국수'… 이런 키워드들이죠. 이걸로 먼저 시작해보세요."

김 실장이 A4 문서를 오 대표에게 건넸다. 오 대표는 김 실장이 준 목록을 보며 진심으로 고마운 마음이 들었다. 이런 전문적인 자료를 아무런 대가 없이 주다니.

"정말 감사합니다. 이렇게 자세히 알려주시고… 제가 어떻게 보답해야 할지…"

"괜찮아요. 저에게도 도움이 된 걸요."

"제가 빚지고는 못 사는 성격입니다."

"음… 그럼 오 대표님 매장의 메밀국수 평생 무료 식사권?"

김 실장이 말을 마치자 세 사람은 웃음을 터뜨렸다. 웃음을 그친 허 대표가 자리에서 일어났다.

"저기, 나 잠시 통화 좀 하고 올 게. 두 사람은 키워드 분석 마저 해봐."

허 대표가 자리를 뜨고, 오 대표와 김 실장은 키워드 목록을 다시 함께 검토했다. 골똘히 목록을 주시하던 오 대표가 입을 열었다. "그런데 참 신기하네요. 키워드를 찾는 과정이 사람의 마음을 얻는 과정과 비슷한 것 같아요."

김 실장이 고개를 갸웃했다. "어떤 점에서요?"

"너무 일반적인 접근보다는 구체적이고 진심 어린 관심이 더 효과적이라는 점에서요. '맛집'이라는 일반적인 말보다 '메밀 전문점'이라는 구체적인 키워드로 다가갈 때 사람들이 더 반응하는 것처럼…"

김 실장은 잠시 생각에 잠기더니 미소를 지었다.

"맞아요. 그리고 단번에 성과를 바라기보다는 꾸준히 신뢰를 쌓아가야 하는 것도 비슷하고요. 저희 대표님의 말씀이 맞네요."

"허 대표님이 뭐라고 하셨는데요…?"

"가르치는 보람이 있는 학생이래요."

"하하. 허 대표님이 제 칭찬을 하고 다니시나 보네요. 그런데 김 실장님, 메밀 요리 좋아하시나 봐요?"

김 실장이 살짝 놀란 표정이었다. "그걸 어떻게 아셨어요?"

"하하. 제가 학창시절부터 찍기를 잘했습니다. 좀 전에 메밀국수 평생 무료 식사권이라고 했잖습니까? 우리 매장에 비싼 메뉴가 수두룩한데 소박하게 메밀국수라니."

"아… 명탐정이시네요. 사실 제가 메밀을 정말 좋아하거든요."

"잘됐네요. 혹시 이번 주말에 시간 되세요? 제가 직접 메밀 요리를 대접해 드리고 싶은데요."

오 대표의 갑작스러운 제안에 김 실장은 잠시 망설였지만, 곧 환하게 웃었다. "좋아요. 주말에 시간 돼요."

"좋습니다. 우리 매장 메뉴의 특별한 점은 직접 기른 메밀을, 매일 아침 제가 손수 면으로 뽑는다는 겁니다. 그래서 쫄깃한 맛이 일품입니다. 김 실장님은 즉석에서 바로 뽑아서 드리겠습니다!"

"와, 정말요? 그런 내용도 블로그에 꼭 있어야겠어요. '평창 수제메밀', '매일 직접 뽑는 신선한 메밀' 같은 키워드와 함께요."

"매일 아침 직접 뽑는 신선한 메밀…"

혼자 USP를 찾으면서 이미 뽑아낸 키워드였지만 오 대표는 짐짓 모른 체했다. "굿 아이디어군요!"

둘의 대화는 자연스럽게 다시 키워드 마케팅으로 이어졌다

그날 이후, 오 대표는 김 실장의 조언대로 세부 키워드를 활용한 블로그 포스팅을 시작했다. 그리고 얼마 후 기적 같은 일이 일어났다. '평창 메밀'이라는 키워드로 네이버 첫 페이지에 그의 블로그가 노출된 것이다. 첫 번째 성과에 기뻐하며 오 대표가 김 실장에게 전화했다.

"실장님! 드디어 첫 페이지에 노출됐어요! 실장님 덕분이에요."

"정말요? 축하해요! 그렇게 하나씩 쌓아가는 거예요. 이제 조금씩 다른 키워드도 공략해보세요."

"네, 그럴게요. 그리고 이번 주말에 그 메밀, 실장님께 꼭 대접해 드리고 싶어요."

"기대하고 있을게요. 사실 계속 생각났거든요, 매일 직접 뽑는 신선한 메밀이요."

전화를 끊은 후 오 대표는 가슴이 설렜다. 블로그를 통해 사업적 성과도 얻고, 새로운 인연도 만나게 된 것이다. 매일 직접 메밀 면을 뽑는 일이 더 즐거워졌다. 주말에 특별한 손님맞이를 신경 써서 준비해야겠다고 생각하며, 오 대표는 다음 블로그 포스팅을 위한 키워드를 고민했다. "평창 데이트 코스'… 이건 아직 시기상조일까?"

3
광고를 해야 하는 이유

주말 만남 이후 오 대표와 김 실장의 관계는 한층 더 가까워졌다. 김 실장은 메밀국수를 먹겠다며 종종 오 대표의 매장을 방문했고, 오 대표는 신메뉴 개발이라는 명분으로 김 실장을 위한 다양한 메밀 요리를 대접했다. 김 실장에게 잘해주려는 마음도 있었지만, 김 실장이 메밀 마니아여서 훌륭한 '맛 감별사' 역할을 해줬기 때문이었다.

"김 실장님, 덕분에 블로그 노출이 정말 많이 좋아졌어요. 이제 '평창메밀'로 검색하면 첫 페이지에 꾸준히 노출이 돼요!"

"다행이네요. 하지만 블로그만으로는 한계가 있어요. 더 빠른 성장을 위해서는 추가적인 전략이 필요해요."

"어떤 전략이요?"

"키워드 광고와 같은 유료 마케팅도 병행하는 게 어떨까요? 블로그가 유기적 노출을 위한 장기 전략이라면, 광고는 즉각적인 효과를 볼 수 있는 단기 전략이에요."

허 대표가 커피를 들고 합류했다. "맞아. 키워드 마케팅만큼 중요한 게 광고 전략이지. 요즘은 플레이스 광고도 필수야."

"플레이스 광고요? 플레이스 상위 노출 마케팅은 해봤지만 플레이스 광고는 안 해봤어요."

오 대표가 떨떠름하게 반응하자 김 실장이 설명했다. "블로그도 중요하지만 네이버 플레이스에 노출되는 매장 정보도 중요해요. 사람들이 '키워드'를 검색했을 때 플레이스에 표시되는 정보를 적극적으로 관리해야 해요. 광고를 잘 활용하면 상위 노출이 되기 때문에 고객 유입에 유리하죠."

"근데 광고가 비용이 많이 들 텐데…"

김 실장은 노트북을 꺼내 자료를 보여주었다.

"마케팅 전문가들에 따르면, 유료 광고를 활용하는 식당들이 그렇지 않은 곳보다 신규 고객 유입에서 상당한 우위를 보인다고 해요. 특히 새로 오픈한 매장일수록 그 효과가 크다고 하네요."

허 대표가 고개를 끄덕이며 동의했다. "우리 매장도 초기에는 광고비를 아끼려고 했는데, 결국 광고를 활용하고 나서야 제대로 된 매출이 나기 시작했어."

오 대표는 메모를 하며 진지하게 물었다. "그럼 어떤 종류의 광고가 가장 효과적인가요?"

김 실장이 화면을 넘기며 설명했다. "키워드 광고는 상황에 따라 비용이 달라져요. 경쟁이 심한 키워드는 비용이 많이 들지만, 소상공인을 위한 다양한 마케팅 패키지를 활용하면 비용 부담을 줄일 수 있어요."

"소상공인을 위한 마케팅 패키지요?"

"네, 최근 여러 광고 플랫폼들이 소상공인을 위한 특별 패키지를 제공하고 있어요. 지역 맞춤형 광고가 가능하고, 일부는 정부나 지자체의 소상공인 지원 사업과 연계할 수도 있죠. 강원도에도 지역 소상공인을 위한 디지털 마케팅 지원 프로그램이 있다고 알고 있어요."

오 대표의 눈이 반짝였다. "그런 게 있었군요! 대략적인 비용은 어느 정도인가요?"

"보통 소규모 식당의 경우, 월 광고비가 5~10만원부터 시작하는 곳도 있어요. 초기에는 소액으로 시작하고 효과를 보면서 점점 늘려가는 게 좋아요."

허 대표가 자리에서 일어났다. "자, 나는 통화 좀 하고 올 테니 둘이 광고 전략을 좀 더 구체적으로 세워 봐."

허 대표가 자리를 비우자, 김 실장은 오 대표에게 더 가까이 다가앉아 조용한 목소리로 말했다. "사실 중요한 제안을 하나 드리고 싶었어요."

"어떤 제안인가요?"

"오 대표님 매장의 온라인 마케팅을 도와드리고 싶어요. 블로그부터 시작해서 키워드 광고, 플레이스 광고, SNS까지 체계적으로 관리하는 방법을 알려드릴 수 있어요."

오 대표는 놀라움과 설렘을 감추지 못했다. "정말요? 그렇게 해주시면 너무 감사하죠. 하지만… 부담스럽진 않으세요?"

김 실장이 살짝 얼굴을 붉혔다. "음… 저도 새로운 프로젝트가 필요했거든요. 그리고… 오 대표님은 긍정적인 에너지도 그렇고 실천도 엄청 빠르시고, 제가 오 대표님께 배울 점도 많아서요."

사실 김 실장은 오 대표 매장의 성장 잠재력이 크다고 확신했다. 메밀 마니아로서 오 대표 요리의 맛을 평가하자면 손가락에 꼽을 정도였다. 잘하면 프랜차이즈가 될 수도 있다고 생각했다. 두 사람의 시선이 마주쳤다. 오 대표는 가슴이 빠르게 뛰는 것을 느꼈다.

"저도… 김 실장님과 더 많이 배우고 더 많은 시간을 보내고 싶었어요."

김 실장이 별다른 말없이 미소를 지었다.

"그럼, 이제 본격적으로 시작해 볼까요? 광고 전략부터 세워봐요."

김 실장은 노트북으로 돌아가 화면을 보여주었다.

"광고를 해야 하는 이유는 크게 세 가지예요. 첫 번째로, 즉각적인 노

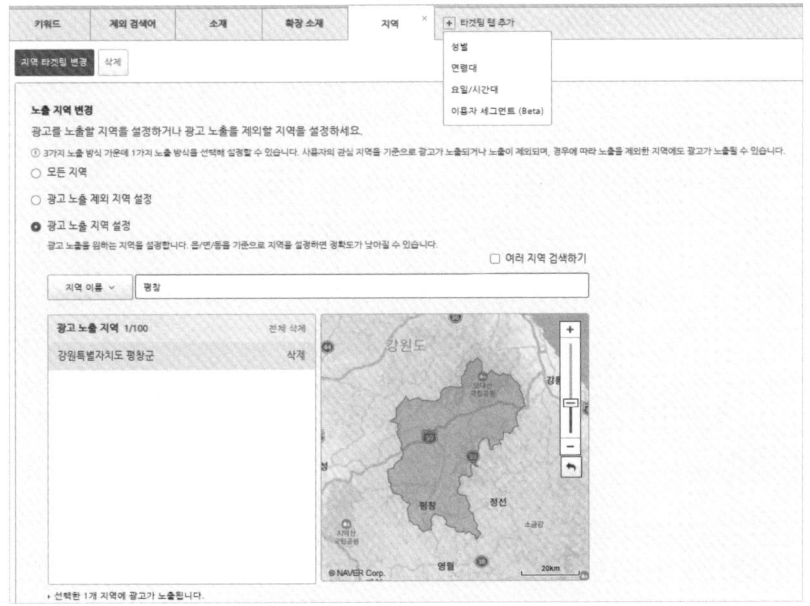

[그림7] 네이버 검색광고 지역 타기팅 설정창

출 효과가 있어요. 블로그는 검색 알고리즘의 신뢰도를 쌓는 데 3~6개월이 걸리지만, 네이버 파워링크나 플레이스 광고는 오늘 설정하면 네이버가 검토한 이후 바로 고객에게 노출되는 방식이에요. 특히 신규 매장의 경우 존재 자체를 알리는 것이 시급하거든요.

둘째, 타깃 고객에게 직접 도달할 수 있어요. 지역, 성별, 요일/시간, 이용자 세그먼트(관심사)를 통해 구체적인 조건으로 광고 대상을 설정할 수 있어요. 우리 매장에서 반경 2킬로미터 이내, 여행을 하는 30~50대 여성에게 10~14시까지 광고를 보여줄 수도 있고요.

셋째, 경쟁 업체와 차별화가 가능해요. 같은 지역의 다른 음식점들이 모두 블로그만 운영한다면, 우리가 광고까지 함께 활용할 때 고객 접점이 훨씬 많아지는 거죠. 고객이 '평창 메밀 맛집'을 검색했을 때 광고와 플레이스, 블로그 포스팅이 동시에 노출되면 신뢰도와 인지도가 동시에 높아지는 효과가 있어요.

또 광고는 클릭한 건수에 따라 과금이 되고 노출만 될 때는 과금되지 않는 장점이 있어요."

"모두 중요한 이유네요. 그럼 어떤 광고를 해야 할까요?"

"네이버 플레이스, 파워링크 광고는 기본이지만, 요즘은 소셜 미디어 플랫폼도 중요해요. 특히 음식점은 시각적 콘텐츠가 중요하니까요. 그리고 지역 소상공인 광고도 고려해 볼 만해요."

오 대표는 열심히 메모하며 물었다. "예산은 어떻게 배분하는 게 좋을까요?"

"성공적인 외식업체들의 사례를 보면, 플레이스 광고 40%, 검색 광고 30%, 소상공인 광고 10%, 소셜 미디어 광고 20% 정도로 시작하는 경우가 많아요. 효과를 보면서 조정하고요."

두 사람은 밤늦게까지 광고 전략을 세우며 대화를 이어갔다. 업무 이야기지만 함께하는 시간이 자연스럽게 편안해졌다.

4
효과적인 광고 전략의 핵심

김 실장은 다음 만남에서 오 대표에게 더 구체적인 광고 실행 방법을 설명했다. "광고효과를 극대화하기 위해서는 키워드 그룹화가 중요해요. 목적과 예산에 따라 키워드를 그룹화하고, 각 그룹별로 다른 전략을 사용하는 거죠."

"키워드를 그룹화하는 이유가 뭔가요?"

"좋은 질문이에요! 모든 키워드를 똑같이 관리하는 것은 비효율적이거든요. 예를 들어 '오 대표 식당'이라고 검색하는 사람과 '평창 맛집'이라고 검색하는 사람은 완전히 다른 의도를 가지고 있어요. 첫 번째는 이미 우리 매장을 알고 찾는 고객이고, 두 번째는 지역에서 좋은 식당을 찾는 가망 고객이죠. 각각에게 같은 광고문구와 예산을 쓰면 낭비가 생겨요."

"어떻게 그룹화하는 게 좋을까요?"

"전문가들은 보통 세 가지 그룹을 추천해요. 브랜드 키워드(매장명, 대표 메뉴명), 지역 키워드(평창 맛집, 평창 메밀), 특성 키워드(가족 여행, 데이트 코스, 회식) 같은 방식으로요."

"그리고 각 그룹마다 다른 광고문구와 예산을 배정하는 거군요?"

"맞아요! 하지만 각 그룹별로 전략이 달라요. 브랜드 키워드는 사실 네이버에서 플레이스가 바로 노출되니까 굳이 광고할 필요가 없어요. 메뉴 키워드는 '평창 메밀냉면', '평창 메밀비빔밥' 같은 세부 키워드로 낮은 입찰가에 많이 확장하는 게 좋고요. 그리고 '평창 맛집' 같은 메인 키워드는 노출단가가 너무 높아서 비용이 많이 나가니까, 차라리 '평창역 근처 맛집', '평창 가족식당' 같은 지역의 세부 키워드를 활용하는 전략이 효과적이에요."

오 대표는 열심히 김 실장의 말을 메모했다.

"그런데 대표님, 광고만으로는 부족해요. 플레이스 정보 최적화도 필수예요. 메뉴 사진, 영업시간, 예약 정보 등을 꼼꼼히 관리하고, 고객 리뷰에 적극적으로 응답해야 해요."

"아, 맞아요. 요즘 사람들은 식당에 가기 전에 다 검색해보니까요."

"정확해요! 그리고 네이버 소상공인광고도 중요해요. 특정 지역 내에 있는 사용자들에게 타기팅하는 광고가 효과적이거든요. 우리 매장 주변의 읍면동 단위 고객들에게만 광고를 보여 줄 수 있어서 예산 낭비를 줄일 수 있어요."

대화가 이어질수록 오 대표는 온라인 마케팅의 깊이에 감탄했다. 그리고 그것을 열정적으로 설명하는 김 실장의 모습에 점점 더 매료되고 있었다.

"김 실장님은 정말 전문가시네요. 저는 아직 초딩 수준인데…"

"아니에요. 오 대표님도 빠르게 습득하고 계세요. 무엇보다 실행력이 대단하시잖아요. 전 그런 점이 정말 멋있다고 생각해요."

김 실장의 칭찬에 오 대표는 우쭐한 표정을 지었다.

"이제 광고 운영을 시작했으니, 성과 측정과 분석도 중요해요. 어떤 키워드가 실제 매장 방문으로 이어지는지 추적해야 해요."

"추적은 어떻게 하는 거죠?"

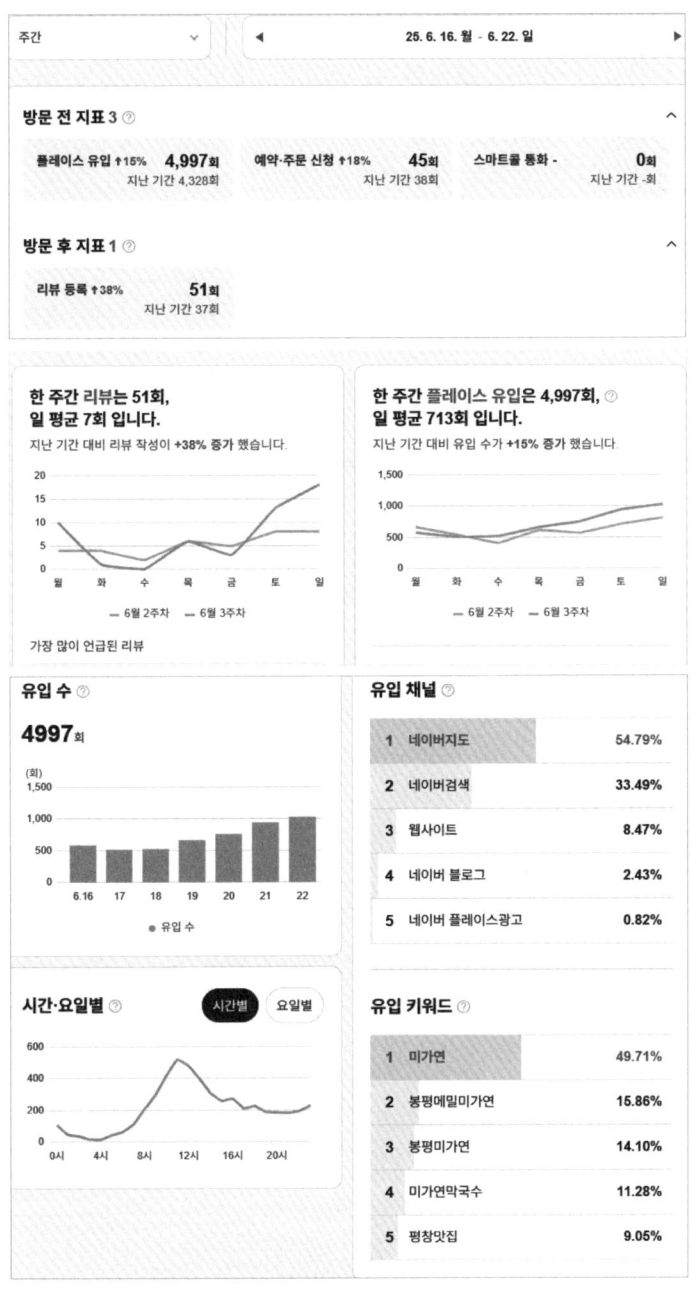

[그림8] 네이버 스마트플레이스 통계

"네이버 스마트플레이스를 활용하면 돼요. 온라인에서 오프라인으로 이어지는 고객 여정을 분석할 수 있어요. 가장 간단하고도 좋은 방법은 '어떻게 저희 매장을 알게 되셨나요?'라고 손님들에게 직접 물어보는 거예요."

"다음 주에 제가 블로그 콘텐츠 만드는 걸 도와드릴게요. 키워드 전략과 광고를 연계한 콘텐츠 플랜을 세워볼까요?"

"그럼 다음 주에 또 뵐 수 있는 거네요?"

"물론이죠. 이제 매주 봐야 할 것 같은데요?"

오 대표는 김 실장이 제안한 광고 전략을 바로 실행에 옮겼다. 그리고 2주 후, 놀라운 변화가 찾아왔다.

"김 실장님! 매장 방문객이 확실히 늘었어요! 그것도 대부분 온라인 검색을 통해오신 분들이라고 해요!"

"정말요? 축하해요! 역시 플레이스 광고와 키워드 광고 전략의 시너지가 중요하다니까요."

"이 모든 게 김 실장님 덕분이에요. 어떻게 감사의 마음을 표현해야 할지…"

"음… 이번 주말에 시간 되세요? 평창역 근처에 제가 좋아하는 카페가 있는데, 거기서 만나면 어떨까요? 맨날 오 대표님 매장에서 공짜로 먹었으니 이번엔 제가 대접할게요."

오 대표의 입가에 미소가 번졌다. 키워드 마케팅에서 시작된 인연이 이제는 특별한 관계로 발전해 가고 있었다.

"물론이죠. 기대하고 있겠습니다!"

김 실장은 자료를 정리하며 말을 이었다. "오 대표님, 오늘 말씀드린 키워드 마케팅과 온라인 광고는 별개가 아니라 상호보완적인 전략이에요. 블로그 운영으로 발견한 인기 키워드를 광고에 활용하고, 광고 데이터에서 발견한 새로운 키워드를 블로그 콘텐츠에 반영하는 선순환 구조를 만드는 거죠."

"아, 그러니까 블로그와 광고가 서로 도움이 되는 거네요?"

"맞아요! 그리고 외식업에서는 특히 플레이스 최적화가 중요해요. 정확한 위치, 영업시간, 메뉴 정보, 그리고 최신 사진을 꾸준히 업데이트하는 것만으로도 온라인 가시성을 크게 높일 수 있거든요. 고객의 리뷰와 평가에 신속하게 응답하는 것은 검색 노출뿐 아니라 고객 신뢰 형성에도 도움이 되고요."

"그럼 결국 지속적인 관리가 중요하다는 얘기네요?"

"그렇죠. 디지털 마케팅에서 중요한 것은 '측정'이에요. 어떤 채널이, 어떤 메시지가, 어떤 시간대에 가장 효과적인지 계속 측정하고 분석하며 개선해나가야 해요. 성공적인 외식 업체들은 데이터에 기반한 의사결정을 통해 마케팅 효율을 지속적으로 높여 나가거든요."

5
고객의 마음을 읽는 키워드 분석법 : 데이터로 보는 고객의 진짜 욕구

월요일 오후, 허 대표의 매장에 오 대표와 김 실장이 모였다. 빔프로젝터와 화이트보드까지 준비해 세미나실 같은 분위기였다. 허 대표가 화면을 보며 설명했다.

"지난번에 키워드의 기본 개념과 종류에 대해 배웠지? 이번에는 그 키워드들이 실제로 어떻게 작동하는지, 데이터를 통해 확인해 볼 거야."

허 대표는 화면에 저장해 둔 자료들을 하나씩 보여주기 시작했다.

"키워드는 단순한 검색어가 아니라 고객의 의도와 욕구를 담고 있는 신호야. 마치 연애할 때 상대방의 말 속에 숨겨진 의미를 파악하는 것과 비슷하지."

오 대표는 웃으며 고개를 끄덕였다. "계속 연애와 마케팅이 비슷하다고 하시네요."

"둘 다 상대방의 마음을 읽는 것이 핵심이니까. 자, 이제 데이터를 보자."

허 대표는 키워드 계층 구조를 보여주는 표를 펼치며 설명했다.

"지난번에 배운 대로 키워드는 검색량에 따라 대표 키워드, 중형 키워드, 소형(세부) 키워드로 나눌 수 있어."

구매 정보를 얻기 위한 키워드 분류(월간 조회수 기준)	
1. 대형 키워드	조회수 1만 이상

업체 선택을 위한 검색	
2. 중형 키워드	조회수 1000 ~ 1만

업체 결정을 위한 검색	
3. 소형 키워드	조회수 100 ~ 1000

어떤 검색어로 정보를 찾아볼까? – 계층 구조에 따른 3가지 키워드 분류법

"하지만 중요한 건 검색량만이 아니야. 키워드에 담긴 의도를 파악해야 해."

"의도요?"

"그래, 예를 들어 '평창 맛집'을 검색하는 사람과 '평창 메밀국수 맛집 주차장'을 검색하는 사람의 의도는 달라. 전자는 아직 탐색 단계에 있고, 후자는 이미 구체적인 조건을 가지고 있지."

김 실장이 덧붙였다. "그리고 검색 의도는 시간대나 계절에 따라서도 달라져요. 같은 '평창 맛집'이라도 금요일 저녁에 검색하는 사람과 월요일 아침에 검색하는 사람의 의도는 다를 수 있어요. 금요일 저녁에는 '오늘 저녁 어디서 먹을까?' 하는 즉석 방문 목적이 많고, 월요일 아침에는 '이번 주말에 가족과 함께 갈 곳을 미리 알아봐야지' 하는 계획적 검색일 가능성이 높거든요. 그래서 금요일 저녁 광고에는 '지금 바로 방문 가능', '대기 시간 짧음' 같은 메시지가 효과적이고, 평일 오전 광고에는 '예약 가능', '가족 단위 환영', '주차 편리' 같은 정보가 더 어

필될 수 있어요."

허 대표가 화면을 넘기자 그래프가 있는 화면이 나왔다.

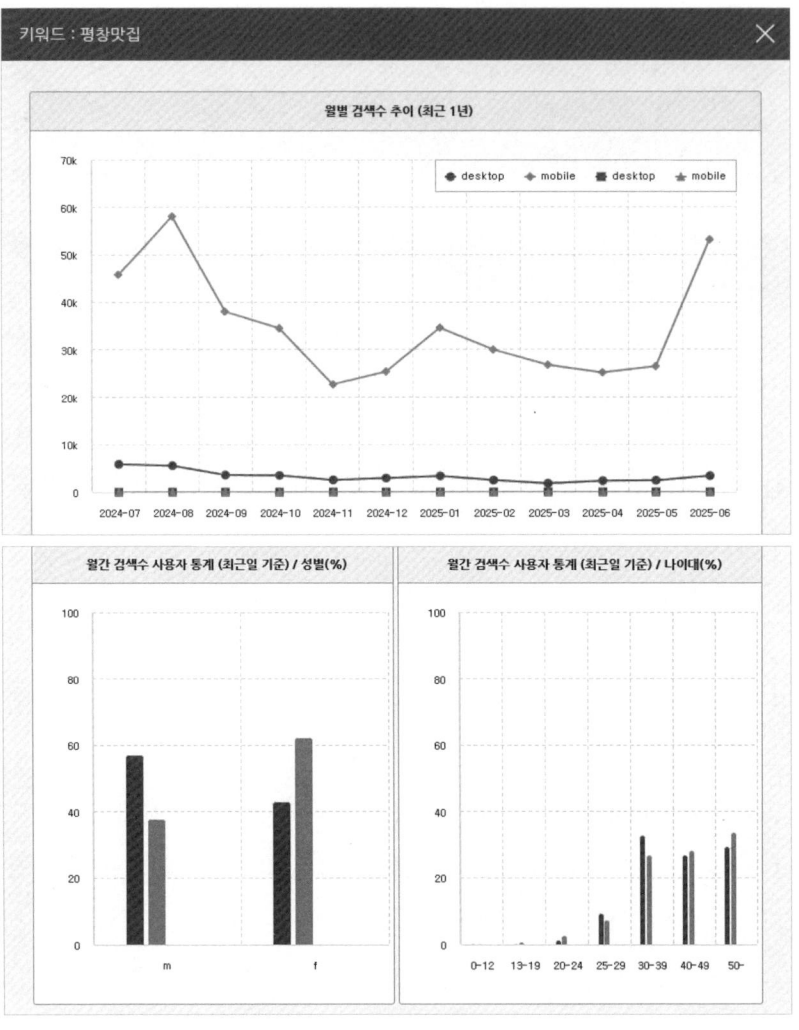

[그림9] 네이버 광고 관리시스템 활용(추세 분석)

"여길 보면 키워드 검색량의 변화 추이를 알 수 있어. '평창 맛집'은 5월에 검색량이 늘어나고, 방학 시즌에 정점을 찍지. 이런 패턴을 파악하면 언제, 어떤 콘텐츠를 올려야 효과적인지 알 수 있지."

오 대표는 감탄했다. "이런 세부적인 데이터까지 알 수 있군요!"

"이제 마케팅은 과학이야. 감에 의존하는 시대는 지났어."

김 실장이 자신의 노트북을 열었다. "제가 추가 자료를 좀 가져왔어요. 이건 지난 6개월간 평창 지역 음식 관련 키워드의 계절별 변화 추이예요."

허 대표가 만족을 표했다.

"역시 김 실장은 준비가 철저하군. 내 자료와 함께 살펴보지."

허 대표는 영업시간과 시즌별 키워드 분석표를 화면에 띄웠다.

"이 표를 보면, 시간대별, 요일별, 그리고 고객 유형별로 어떤 키워드가 효과적인지 한눈에 볼 수 있어. 이런 방식으로 우리 매장에 맞는 키워드 전략표를 만드는 거야."

오 대표는 표를 자세히 살펴보며 감탄했다. "형님, 이렇게 체계적으로 정리할 수 있군요! 그런데 저희 매장은 운영 시간이 11시부터 19시까지인데, 이 시간대별로 다른 키워드 전략을 세울 수 있을까요?"

"물론이지. 매장마다 특성이 다르니까 자신의 매장에 맞게 맞춤형으로 만들어야 해. 이제 본격적으로 전략을 짜볼까?"

허 대표는 화이트보드에 다음과 같이 적었다.

'오 대표 맞춤형 키워드 전략표'

김 실장이 의견을 개진했다. "오 대표님 매장은 주요 고객층이 여행객과 현지인으로 나뉘어요. 고객층을 두 그룹으로 분류하고 시기를 시즌과 비시즌으로 구분하는 건 어떨까요?"

오 대표 역시 동의했다. "맞아요. 시즌에는 여행객이 많고, 비시즌에는 현지인 위주로 운영하고 있어요."

"그럼 1차 고객은 여행객, 2차 고객은 현지인으로 구분하고, 시즌(성수기)과 비시즌(비수기)으로 나눠서 키워드를 정리하지."

김 실장은 오 대표 매장의 특성을 고려한 맞춤형 키워드 전략표를 작성하기 시작했다.

"평창군은 지역 특성상 계절에 따라 관광객 유입이 크게 달라지니, 계절 키워드도 중요할 것 같아요. 특히 겨울에는 스키장 중심으로, 여름에는 피서지 중심으로 키워드를 구성하면 좋을 것 같네요."

허 대표는 고개를 끄덕였다. "그리고 평창군의 주요 관광지인 휘닉스파크, 용평, 오대산과 연계한 키워드도 필요하지. 이런 주변 관광지를 찾는 사람들을 타기팅하는 것도 좋은 전략이야."

오 대표가 눈을 반짝이며 말했다. "아, 평창군의 특산물인 대관령 한우도 키워드로 활용할 수 있을 것 같아요. 저희 매장에는 메밀과 함께 한우를 활용한 메뉴도 있으니까요."

김 실장이 열심히 노트북 키보드를 누르며 말했다. "이렇게 정리해 볼게요. 우선 운영시간과 고객 유형별 키워드, 그다음 시간대별/요일별 키워드, 계절 및 관광지 연계 키워드, 지역 특산물 연계 키워드, 그리고 롱테일 키워드까지 포함해서요."

허 대표와 오 대표는 김 실장의 전문적인 접근 방식에 감탄했다.

	시즌(성수기)	비시즌(비수기)
운영시간	11:00~19:00	11:00~19:00
1차 고객 (여행객)	평창 맛집, 평창 현지 맛집, 평창 여행 맛집, 평창 올림픽 맛집, 평창 유명 맛집	평창 숨은 맛집, 평창 드라이브 맛집, 평창 메밀면 맛집, 평창 주변 맛집
2차 고객 (현지인)	평창 점심식당, 평창 단골 맛집, 평창 점심시간 추천, 평창 가성비 맛집, 평창 회식 맛집	평창 직장인 음식, 평창 점심 맛집, 평창 회식 장소, 평창 가족 식사, 평창 단체 식당

운영시간 및 고객 유형별 키워드 전략

구분	점심시간 (11:00~16:00)	저녁시간 (16:00~19:00)
평일	평창 점심 맛집, 평창 한정식 맛집, 평창 직장인 음식, 평창 혼밥 맛집, 평창 점심특선	평창 저녁 맛집, 평창 다인 코스, 평창 회식 장소, 평창 모임 장소, 평창 가족 식당
주말	평창 주말 맛집, 평창 여행 맛집, 평창 관광 맛집, 평창 데이트 코스, 평창 가족 맛집	평창 저녁 식사, 평창 주말 저녁, 평창 데이트 맛집, 평창 가족 저녁, 평창 단체 식사

시간대별/요일별 키워드 전략

김 실장이 지금까지 언급된 키워드를 정리한 전략표를 보여주었다. 표에는 점심과 저녁 시간대별, 주중과 주말별로 효과적인 키워드들이 정리되어 있었다.

"이렇게 시간대와 요일에 따라 다른 키워드를 활용하면 효과적이에요. 예를 들어, 주중 점심에는 '평창 점심 맛집', '평창 직장인 점심'과 같은 키워드가, 주말 저녁에는 '평창 데이트 맛집', '평창 가족 저녁'과 같은 키워드가 효과적일 수 있어요."

"빨리 만들었군. 김 실장." 허 대표가 만족을 표했다.

"그리고 아까 전에 오 대표님이 말씀하셨던 대관령 한우 같은 지역 특산물은 정말 중요한 키워드 자원인 것 같아요. '평창 대관령한우 맛집', '평창 한우 메밀 맛집'과 같은 키워드는 지역 특산물을 찾는 여행객들에게 효과적일 거예요."

허 대표가 덧붙였다. "그리고 메밀, 감자, 산채, 송어와 같은 평창의 다른 특산물도 키워드로 활용할 수 있어. 이런 키워드를 통해 음식 문화에 관심 있는 여행객들을 유치할 수 있지. 이걸 보게."

허 대표가 화면에 표를 하나 띄웠다.

특산물	키워드 조합
대관령 황태	평창 대관령 황태 맛집, 평창 황태 해물 맛집, 평창 황태 전문점, 대관령 황태 맛집, 대관령 황태 식당
메밀	평창 메밀 전문점, 평창 메밀국수 맛집, 평창 메밀 맛집, 메밀 맛집, 평창 메밀면 맛집
감자	평창 감자 맛집, 평창 감자전 맛집, 대관령 감자 맛집, 평창 감자 매장, 강원 감자 전문점
산채	평창 산채 비빔밥 맛집, 평창 산나물 맛집, 평창 산채 정식, 대관령 산채 맛집, 평창 산채 맛집
송어	평창 송어 맛집, 평창 송어회 식당, 대관령 송어 요리, 평창 민물고기 맛집, 송어 요리 전문점

특산물별 키워드 조합

오 대표는 메모를 하며 자신의 매장에 활용할 수 있는 단어가 있을지 생각했다. 생각보다 많지 않았다. 오 대표가 펜을 들며 말했다.

"계절별 키워드는 어떤가요? 겨울에는 스키장 관련, 여름에는 피서 관련 키워드가 중요할 것 같은데."

허 대표가 설명을 이어 갔다. "그렇지. 계절 마케팅은 정말 중요해. 평창군은 사계절이 뚜렷하고, 계절마다 방문하는 관광객의 성향이 완전히 달라. 겨울에는 스키 여행객, 여름에는 계곡과 같은 피서지를 찾는 여행객, 가을에는 단풍 구경객… 이런 특성을 키워드에 반영해야 해."

오 대표는 평창군의 주요 관광지와 연계한 키워드에 대해서도 관심을 보였다.

"휘닉스파크나 용평 리조트에서 스키를 타고 온 손님들이 많은데, 이런 관광지와 연계한 키워드도 유용하겠네요."

김 실장이 설명했다. "네, '휘닉스파크 근처 맛집', '용평 스키장 맛집', '오대산 등산 후 맛집'과 같은 키워드는 주변 관광지를 방문한 여행객들을 타기팅하는 데 효과적이에요. 특히 스마트폰으로 근처 맛집을 검색하는 여행객들이 많아서, 이런 위치 기반 키워드는 실제 매장 방문으로 이어질 가능성이 높아요. 여기 표를 정리해 봤어요."

계절/관광지	여행객 타깃 키워드	현지인 타깃 키워드
봄	평창 봄 여행 맛집, 평창 봄 드라이브 맛집, 평창 봄나물 한식, 평창 봄나물 비빔밥, 평창 봄 여행 맛집	평창 봄 메뉴, 평창 봄나물 맛집, 평창 계절 맛집, 평창 나물 한식
여름	평창 여름 맛집, 평창 계곡 근처 맛집, 평창 여름 어울림, 평창 시원한 메밀국수	평창 여름 메뉴, 평창 메밀냉면 맛집, 평창 시원한 맛집
가을	평창 가을 여행, 평창 단풍 맛집, 평창 가을 나들이, 평창 가을 여행길	평창 가을 메뉴, 평창 가을 장터, 평창 단풍 드라이브, 평창 가을 모임
겨울	평창 겨울 여행, 평창 스키장 맛집, 평창 따뜻한 맛집	평창 겨울 메뉴, 평창 따뜻한 영업, 평창 겨울 모임장
휘닉스파크	휘닉스파크 근처 맛집, 휘닉스파크 맛집, 휘닉스 스키장 후 식사, 휘닉스 5분거리 맛집	휘닉스 주변 맛집, 휘닉스 근처 식당, 휘닉스 주변 가성비, 휘닉스 근처 배달

계절 및 관광지 연계 키워드 전략

"와. 정말 이 키워드를 잘 공략하면 방문자 걱정은 없겠어요." 오 대표가 들떠서 말했다.

"과연 그럴까?" 허 대표가 오 대표의 기대에 찬물을 끼얹었다.

6
롱테일
키워드

허 대표는 팔짱을 낀 채 말했다. "다른 매장들이 저 키워드를 손놓고 구경만 하고 있을까? 가령 휘닉스파크 주변의 식당들 중 마케팅 좀 하는 식당들은 이미 저런 콘텐츠를 만들고 있지. 저들과 경쟁해서 당장 이기기는 힘들어."

"그럼 어떻게 하란 거죠, 형님?"

"경쟁이 치열한 일반적인 키워드보다, 좀 더 구체적이고 길이가 긴 롱테일 키워드가 신규 블로그에는 효과적이야. '평창 주차장 있는 맛집', '평창 테라스 있는 맛집'처럼 구체적인 특징을 담은 키워드를 활용하는 거지. 자, 이 표를 한번 읽어봐."

허 대표는 A4 두 장을 오 대표에게 건넸다.

카테고리	롱테일 키워드 조합
메뉴 특화	평창 수제 메밀면 맛집, 평창 유기농 메밀 전문점, 평창 메밀 정식 맛집, 평창 메밀막국수 전문점, 평창 메밀면 맛집
시설 특화	평창 주차장 있는 맛집, 평창 단체 예약 맛집, 평창 아이와 가기 좋은 맛집, 평창 테라스 있는 맛집, 평창 개별룸 맛집

위치 특화 (근처/주변/주위)	휘닉스 경기장 근처 맛집, 알펜시아 근처 메밀 맛집, 평창 스키장 근처 식당, 평창시내 메밀 맛집, 평창역 주변 맛집, 대관령 주변 식당, 휘닉스파크 주위 맛집, 평창IC 근처 맛집, 용평리조트 주변 맛집, 오대산 근처 식당, 월정사 주위 맛집
상황 특화	평창 가성비 메밀 맛집, 평창 1인 메밀 식당, 평창 혼밥 식사 맛집, 평창 포장 가능 맛집, 평창 배달 가능 맛집

카테고리별 롱테일 키워드 조합

대분류	세부 분류	키워드
날씨별	비오는 날	평창 비오는날 맛집, 평창 비오는날 가볼만한곳
	눈오는 날	평창 눈오는날 따뜻한 식당, 평창 눈오는날 실내 맛집
	여름/더운 날	평창 여름휴가 맛집, 평창 더운날 시원한 식당
	겨울/추운 날	평창 겨울 따뜻한 맛집
동반자별	연인/커플	평창 데이트 맛집, 평창 커플 식당, 평창 연인과 가기 좋은 곳
	아이 동반	평창 아기랑 가는 맛집, 평창 유아 동반 식당, 평창 아이 메뉴 있는 곳
	가족/부모님	평창 엄마랑 가는 맛집, 평창 부모님과 식사, 평창 가족 단위 식당
	친구/모임	평창 친구들과 가는 곳, 평창 회식 장소, 평창 모임 맛집
레저/관광	레저활동 후	평창 워터파크 근처 맛집, 평창 스키 후 식사, 평창 래프팅 후 맛집
	관광/여행	평창 관광 후 식사, 평창 드라이브 코스 맛집, 평창 여행 중 식사
거리/접근성	가까운 거리	평창 가볼만한 곳 맛집, 평창 가까운 곳 식당, 평창 괜찮은 곳 맛집
	주변 지역	평창 근처 괜찮은 식당, 평창 주변 가볼만한 맛집, 평창 가까운 맛있는 곳
	접근성	평창 멀지않은 맛집, 평창 접근성 좋은 식당, 평창 찾기 쉬운 맛집

이용목적	식사 시간대	평창 점심 가볼만한 곳, 평창 저녁 괜찮은 곳, 평창 간단한 식사 가까운 곳
	특별한 날	평창 특별한날 맛집, 평창 기념일 식당, 평창 생일 맛집
	업무 관련	평창 출장 중 식사, 평창 회의 후 식당, 평창 업무 미팅 장소

날씨, 동반자, 이용 목적별 키워드 조합

김 실장이 덧붙였다. "그리고 월별로도 키워드 전략을 세우면 좋아요. 1-2월은 스키 시즌, 3~4월은 봄 여행, 7~8월은 여름휴가 시즌 등 월별로 트렌드가 다르니까요. 추가로 계절에 해당하는 축제나 큰 행사도 빼놓을 수 없죠. 특히 예전보다 덜하지만 네이버는 신규 콘텐츠를 우대하는 경향이 있어요. 양질의 콘텐츠로 최신 정보를 꾸준히 제공하면 경쟁에서 유리할 수 있어요."

월	시즌 특화 키워드
1-2월 (겨울 성수기)	• 평창 스키시즌 맛집, 평창 겨울여행 맛집, 평창 설날 메뉴, 평창 겨울 가족 맛집 • 평창 겨울휴가 맛집, 평창 스키장 따뜻한 식당, 평창 겨울 워밍 맛집 • 평창 눈꽃축제 맛집, 평창 얼음축제 식당, 평창 겨울 데이트 맛집 • 평창 설 연휴 맛집, 평창 신정 식사, 평창 겨울 가족모임
3-4월 (봄철 시즌)	• 평창 봄 맛집, 평창 봄 여행 맛집, 평창 봄 여행 장소, 평창 봄나들이 맛집 • 평창 봄나들이 한식, 평창 벚꽃 시즌 식당, 평창 새싹 비빔밥 맛집 • 평창 봄 드라이브 맛집, 평창 꽃구경 후 식사, 평창 봄 소풍 도시락 • 평창 3월 제철 메뉴, 평창 4월 봄나물 정식, 평창 어린이날 가족식사
5-6월 (초여름 시즌)	• 평창 초여름 맛집, 평창 봄 놀이 맛집, 평창 단체 식사, 평창 가정의달 맛집 • 평창 단오 맛집, 평창 어린이날 식당, 평창 어버이날 효도 맛집 • 평창 5월 가족 나들이, 평창 6월 초여름 식사, 평창 제철 산나물 맛집 • 평창 감자꽃 시즌, 평창 신록 드라이브 맛집, 평창 봄 캠핑 후 식사

7–8월 (여름 성수기)	• 평창 여름휴가 맛집, 평창 시원한 맛집, 평창 계곡 맛집, 평창 여름 별미 맛집 • 평창 흥정계곡 맛집, 평창 워터파크 근처 식당, 평창 여름휴가 식사 • 평창 계곡 물놀이 후 맛집, 평창 시원한 메밀국수, 평창 냉면 맛집 • 평창 피서지 맛집, 평창 휴가철 가족식사, 평창 여름 캠핑장 근처 • 평창 무더위 피하는 맛집, 평창 에어컨 빵빵한 식당
9–10월 (가을 성수기)	• 평창 가을 맛집, 평창 단풍 맛집, 평창 추석 메뉴, 평창 가을여행 맛집 • 평창 메밀꽃축제 맛집, 평창 메밀꽃 구경 후 식사, 평창 가을단풍 맛집 • 평창 단풍 드라이브 코스, 평창 가을 나들이 식당, 평창 추석 연휴 맛집 • 평창 가을 등산 후 식사, 평창 단풍놀이 맛집, 평창 가을 사진 명소 근처 • 평창 송이버섯 시즌, 평창 가을 별미, 평창 추수철 맛집
11–12월 (초겨울 시즌)	• 평창 겨울 맛집, 평창 눈 구경 맛집, 평창 연말연시 장소, 평창 겨울여행 맛집 • 평창 첫눈 맛집, 평창 겨울 준비 식사, 평창 연말 모임 장소 • 평창 크리스마스 데이트, 평창 연말연시 가족식사, 평창 신년 맞이 맛집 • 평창 겨울 워밍푸드, 평창 따뜻한 국물 요리, 평창 연말 회식 장소 • 평창 눈사람 만들기 후 식사, 평창 겨울 축제 맛집

월별 시즌 특화 키워드

오 대표는 표를 보며 감탄했다.

"정말 체계적이네요. 이렇게 분류해 놓으니 어떤 키워드를 활용해야 할지 한눈에 보이는 것 같아요."

7
키워드 전략의
실행과 분석

키워드 전략표를 완성한 후, 허 대표는 실행 방법에 대해 조언했다.

"이제 이 전략표를 바탕으로 블로그 포스팅과 검색광고 전략을 함께 세워 볼까? 블로그는 브랜드 키워드와 롱테일 키워드 중심으로, 검색광고는 시즌별, 월별 키워드를 활용하는 거야."

김 실장이 덧붙였다. "그리고 정기적으로 어떤 키워드가 실제로 효과가 있었는지 분석하는 것도 중요해요. 네이버 스마트플레이스를 통해 어떤 키워드로 방문자가 유입되었는지 확인하고, 실제 매장 방문으로 이어진 키워드를 파악하면 전략을 계속 개선할 수 있어요."

"아, 그러니까 블로그로는 기본기를 다지고, 광고는 시즌에 맞춰 단기간 집중하는 거네요?"

"정확해! 그리고 블로그에서 반응이 좋았던 키워드는 광고에서도 활용하고, 광고에서 방문 전환율이 높았던 키워드는 블로그 콘텐츠로도 활용하는 선순환 구조를 만드는 거야."

오 대표가 확신이 생긴다는 표정으로 말했다. "이제 정말 체계적으로 마케팅을 할 수 있을 것 같아요. 허 대표님, 김 실장님 덕분에 키워드 마케팅의 진정한 의미를 이해하게 됐어요."

허 대표는 미소를 지으며 말했다. "키워드 마케팅은 결국 고객의 마음을 읽는 거야. 그들이 무엇을 원하는지, 어떤 상황에서 검색을 하는지 이해하면, 더 효과적으로 그들에게 다가갈 수 있어."

김 실장도 동의했다. "맞아요. 키워드는 단순한 검색어가 아니라 고객의 욕구와 상황을 담고 있는 신호예요. 그 신호를 제대로 읽고 대응하는 것이 성공적인 온라인 마케팅의 핵심이죠."

허 대표는 마지막으로 실행 체크리스트를 오 대표에게 전달하며 당부했다. "블로그에서 가장 중요한 건 꾸준함이야. 한 번에 모든 키워드를 다 활용하려 하지 말고, 우리 매장 상황에 맞는 것부터 차근차근 시작하는 거지. 반대로 검색광고는 소형 키워드, 롱테일 키워드, 지역+메뉴 키워드를 대량으로 활용하는 게 노출 대비 효율을 높일 수 있는 포인트야."

허 대표의 조언에 오 대표는 자신감을 얻었다. 이제 키워드 마케팅에 대한 더 깊은 이해를 바탕으로, 자신의 매장에 맞는 체계적인 전략을 실행할 준비가 되었다. 키워드라는 나침반을 가지고 온라인 마케팅의 바다를 항해할 준비가 끝난 것이다.

키워드 전략 실행을 위한 체크리스트

효과적인 키워드 전략을 세우고 실행하기 위해서는 무엇을 준비하고, 어떤 과정을 거쳐야 할까요? 다음 4단계가 방향을 잡는 데 도움이 될 것입니다.

1단계: 키워드 전략표 세팅
- 우리 매장의 주요 고객층(여행객/현지인) 비율 파악
- 시간대별, 요일별 매장 이용 패턴 분석
- 계절별 매출 변화와 키워드 연결

2단계: 블로그와 광고 역할 분담

- 블로그: 메뉴 특화, 지역 여행, 특산물 키워드로 정보성 콘텐츠 작성
- 검색광고: 시즌별, 이벤트별 지역 세부 키워드로 지속적 광고 노출
- 월 단위로 키워드 우선순위 설정하기

3단계: 성과 측정 및 개선

- 네이버 스마트플레이스 유입 경로 주간 점검
- 고객에게 '어떻게 우리 매장을 알게 되었는지' 직접 질문
- 효과 좋은 키워드를 발굴하여 블로그와 광고에 동시 활용

4단계: 지속적 업데이트

- 계절 변화 시즌 키워드 전략 점검
- 지역 축제나 이벤트 일정에 맞춰 키워드 추가
- 경쟁 매장의 블로그와 광고 동향 분기별 체크

8
네이버 스마트플레이스 3단계 전략

외식업에서 네이버 스마트플레이스는 온라인상 점포와 같습니다. 따라서 스마트플레이스의 첫 번째 중요한 역할은 고객에게 첫인상을 남기는 것입니다. 기억에 남는 첫인상은 경쟁 매장 가운데서 선택받을 수 있는 원동력이 됩니다. 효과적인 첫인상을 남기는 방법은 우선 시각적 콘텐츠를 통한 차별화입니다. 메뉴나 서비스의 특징을 사진, 동영상 같은 시각자료로 전달해보세요. 단순한 음식 사진보다는 고객의 오감을 자극할 수 있는 콘텐츠가 효과적입니다.

예를 들어 고깃집이라면 붉은 빛의 생고기 사진보다 고기가 숯불 또는 불판에서 잘 익어 가는 모습, 또는 고기가 구워지며 연기가 나는 모습이 고객의 관심을 더 끌어당깁니다. 저가의 한정식이라면 푸짐한 반찬과 가성비를 보여주는 구성을, 고가의 한정식이라면 개별룸이나 매장의 고급스러운 분위기를 강조하는 것이 좋습니다.

이렇게 매장의 핵심 특징을 시각적으로 어필하면, 고객들이 실제 방문했을 때에도 기대했던 경험을 할 수 있고, 자연스럽게 긍정적인 리뷰로 이어집니다.

검색 이용자가 '지역+업종'을 검색했을 때 플레이스에서 첫 페이지에 노출되도록 목표 설정을 하고 전략을 수립해보세요. 스마트플레이스를 체계적으로 등록하고 관리하면 검색 노출 순위가 크게 달라집니다. 오프라인에 비유하면 플레이스를 잘 활용했을 때 상권이 3급지에서 1급지로 바뀔 수 있다는 뜻입니다.

"검색 키워드, 검색 트래픽, 매장 위치와 상세정보, 거리 등을 종합하여 순위에 반영한다." 네이버가 공식적으로 발표한 플레이스 노출 순위 결정 요소입니다. 이를 바탕으로 구체적인 전략을 세워보겠습니다.

1단계: 검색 키워드 최적화 전략

대표 키워드 5개를 전략적으로 설정하세요. 메밀 전문점이라면 막국수, 메밀국수, 메밀면, 메밀묵, 메밀전 등 자사의 상품과 서비스를 대표하는 키워드를 선택합니다. 키워드 마케팅에서 '지역+상품명'의 조합은 효과적이지만, 네이버 플레이스에서는 사용자의 위치를 자동 인식하므로 지역명을 넣지 않아도 됩니다.

2단계: 검색 트래픽 증대 전략

검색 트래픽은 고객이 플레이스에서 예약, 리뷰, 전화, 길찾기, 저장 등의 기능을 이용하는 빈도를 의미합니다. 트래픽을 늘리는 직접적인 방법은 크게 두 가지입니다. 고객 행동을 유도하는 것과 외부 트래픽을 늘리는 것입니다. 하나씩 알아보겠습니다.

고객 행동 유도하기

- 플레이스에 "네이버 길찾기로 오시면 편해요"라고 안내하여 자연스럽게 길찾기를 활용한 방문 유도
- 플레이스에 '네이버 예약 혜택' 안내, 매장 방문 고객을 위한 플레이스 저장 및 리뷰 작성 혜택 안내문 비치

- 전화 문의 시 '네이버 플레이스 예약 혜택' 안내

고객 행동 유도 문구 예시

저장 + 리뷰로 완성되는 미가연의 찐맛!

네이버 미가연을 '저장'하고, 진심이 담긴 리뷰를 남기면 메밀막걸리 또는 메밀차를 선물로 드려요!

미가연을 저장하고, 리뷰를 남기는 방법

☑ STEP 1. 네이버 저장하기 미션

☑ 네이버에 '평창미가연'을 검색하고, 매장 우측 상단의 ★별 저장하기 버튼을 꼭 눌러주세요!

☑ STEP 2. 포토리뷰 작성 미션

아래 가이드를 참고해 1분 컷 리뷰 완성!
'막국수 / 신선한 / 주차 / 특별한 메뉴' '넓은' '가족모임' 중 1개 이상 키워드 포함 필수!

리뷰 꿀팁 가이드

누구와 어떤 계기로 방문했나요? / 어떤 메뉴를 드셨나요? / 음식의 맛이나 분위기는 어땠나요? 사진은 2장 이상! (메뉴, 매장, 분위기 등 자유롭게~)

검색 없이 QR참여 방법

우측 QR코드를 스캔하시고, 직원에게 보여주시면 선물을 드려요!

☑ 네이버 플레이스, 인스타그램, 구글 리뷰 모두 참여 가능

☑ 동일 리뷰 중복 사용은 불가합니다!

고객님의 칭찬 한마디가 메밀명인 오봉순을 더 춤추게 합니다.

외부 트래픽 유입 늘리기

블로그와 SNS에 네이버 플레이스 링크를 적극적으로 연결합니다. 고객이 다른 채널에서 유입되어 플레이스를 방문하면, 그것이 외부 트래픽으로 간주되어 노출 순위에 매우 긍정적인 영향을 줍니다.

3단계: 매장 상세정보 최적화

우선 영업시간, 휴무일, 주차 가능 여부 등 기본적인 정보는 정확하고 상세하게 등록해야 합니다. 또한, 메뉴판과 가격, 매장 내부 사진 등은 항상 최신 상태를 유지해야 합니다. 마지막으로, 매장 소개 글에 핵심 키워드를 자연스럽게 포함시킵니다.

이렇게 3단계 전략을 체계적으로 실행하면 지역+업종 검색(예: 평창+메밀국수)에서 첫 페이지 노출 가능성을 높일 수 있습니다.

9
네이버 플레이스 상위 노출을 위한 8가지 고려 사항

네이버 플레이스 상위 노출 최적화를 위한 8가지 필수 사항은 다음과 같습니다.

네이버 봇 인식을 위한 플레이스 정체성 설정

상위 노출의 핵심 포인트는 트래픽(조회 수, 리뷰 수 등)이 아니라, 네이버 봇이 인식할 수 있도록 플레이스의 정체성을 명확히 설정하는 것입니다. 이는 텍스트 기반의 키워드 최적화를 통해 이뤄집니다. 주요 전략은 상호명과 업종 카테고리를 최적화하는 것입니다.

상호명은 유니크하게

상호명은 유일한 것이 좋고, 유명한 키워드는 피해야 합니다. 예를 들어 카페 이름을 '모비딕'으로 지었다고 합시다. 이 키워드는 동명의 소설과 영화가 있어서 네이버에서 이 분야 콘텐츠를 우선 노출시킵니다. 지도에서 검색해도 유명한 키워드라 동종 업종을 비롯해 다양한 업종의 모비딕이 이미 있습니다. 누구에게 추천받아서 검색으로 알아보려고 해도 한 번에 찾기가 어렵습니다.

업종 카테고리 최적화 전략

업종 카테고리별 관련도 분석을 통해, 소비자가 네이버에 검색했을 때 우리 매장의 스마트플레이스가 상위에 노출되도록 하는 것이 중요합니다. 업종 카테고리는 변경 가능하며, 변경 후 노출 순서나 노출 범위가 크게 달라질 수 있습니다. 업종 카테고리만 변경했을 뿐인데 2주도 안 되어 변경한 업종에서 플레이스 순위가 상승하는 사례가 많이 나타나고 있습니다. 고객의 관심도가 더 높은 키워드에서 플레이스 순위가 상승하는 것은 매출 상승과 직결될 수 있습니다.

업종 카테고리 변경 예시

- 디저트 카페 → 베이커리 카페
- 치킨 → 맥주 호프
- 베이글 → 브런치
- 한식 → 한정식
- 냉면 → 한식
- 육류고기요리 → 돼지고기구이
- 덮밥 → 한식
- 레스토랑 → 파스타

3종 키워드 전략적 배치 및 삽입 위치별 최적화

고객이 궁금해할 만한 내용을 핵심 키워드, 목적형 키워드, 관심 키워드 등 3종 키워드 체계에 따라 체계적으로 배치하여 작성해야 합니다.

핵심 키워드

소비자가 직접 검색하는 주요 키워드입니다. 예를 들어 '평창 맛집',

'봉평 맛집', '평창 막국수', '평창 한우', '평창 여행', '평창 가볼 만한 곳' 같은 키워드가 있습니다. 이러한 키워드는 지역과 업종이 연결된 조회 수가 큰 대형 키워드로, 노출될 경우 직접적인 유입 증가로 연결됩니다.

목적형 키워드

핵심 키워드와 간접 연관되는 키워드로 '점심', '저녁', '데이트', '가족 모임', '회식장소', '기념일', '상견례', '청첩장 모임', '지역 축제', '현지 식재료'와 같은 것들이 있습니다. 이러한 키워드는 핵심 키워드 외에도 소비자가 접근할 수 있는 다양한 경로를 제공합니다.

관심 키워드

소비자가 궁금해할 정보에 기반한 키워드입니다. 예를 들어 '주차 가능', '단체석', '전통 음식', '현지 맛집', '관광객 추천', '내돈내산', '아기랑', '엄마랑', '애견 동반', '포장 가능'과 같은 키워드가 있습니다. 네이버는 문서와 댓글 등을 분석해 이러한 키워드를 연관 키워드로 판단하는데, 정보 신뢰도와 노출 기여도 또한 높습니다.

다음 상세 설명 작성 사례를 보면서 키워드들이 어떻게 배치되었는지 찾아보시기 바랍니다.

> **상세 설명 예시**
>
> '메밀의 고장' 봉평에서 미가연을 운영중인 세계 메밀요리 명인 오봉순(오숙희)입니다.

성원에 감사드립니다. 평창 맛집 미가연은 tvN 에드워드리 셰프님 방송 이후 많은 응원을 받고 있으며, 넓은 주차장과 좌석 간격으로 가족 모임이나 평창여행 중 방문에 쾌적함을 드리고자 합니다. 아이 동반 고객을 위한 유아 의자, 장날에는 붐비는 시간 안내, 포장 및 스마트 주문 서비스, 봉평메밀·메밀싹을 활용한 건강식 중심의 메뉴 구성 등도 강점입니다.

| 100% 메밀면! 미가연 음식의 특별함

- 쓴메밀은 칼로리가 낮으면서 일반메밀보다 루틴(비타민P) 성분함량이 70배 많은 무농약 재배 곡물입니다.
- 순수 메밀면이라도 쓰거나 퍽퍽하지 않습니다. 은근히 단맛이 나며 탄력이 있습니다.
- 당뇨병과 성인병 예방은 물론, 다이어트에 탁월한 효능이 입증된 메밀싹으로 자체 개발한 메밀싹 비빔밥을 비롯하여 봉평만의 다양한 메밀 음식을 선보이고 있습니다.

출처: 봉평메밀 미가연 플레이스

삽입 위치별 세팅 전략

앞서 설정한 3종 키워드(핵심/목적형/관심)를 어디에 배치하느냐에 따라 검색 노출 효과가 크게 달라집니다. 네이버 플레이스의 각 정보 입력 영역은 검색 알고리즘에서 서로 다른 가중치를 가지기 때문에, 전략적으로 키워드를 배치해야 합니다.

　삽입 위치에 따라 강조해야 할 키워드와 설명 방식이 달라집니다. 대표 키워드 영역과 찾아오는 길은 특히 검색 노출에 직접적인 영향을 주기 때문에 전략적으로 설정하는 것이 중요합니다.

- **대표 키워드 영역**　네이버 봇이 가장 먼저 정보를 읽는 영역입니다. 위

치 기반(주소)과 메뉴를 제외한 핵심 키워드를 중심으로 정리해서 설정합니다. 이때 위치 기반과 랜드마크를 헷갈리면 안 됩니다. '평창 휘닉스파크', '평창 켄싱턴' 등은 평창이 들어가 있지만 한 개의 키워드입니다.

또한 매장의 다양한 속성을 반영하여 설정하는 것이 좋습니다. 메뉴 특성('메밀국수', '막국수'), 차별화 요소('자가제면', '100% 국내산', '무농약'), 이용 목적('가족모임', '데이트코스', '단체회식'), 주변 유명 장소('이효석문학관', '메밀꽃축제장') 등을 조합하여 5개 키워드를 구성합니다.

• **찾아오는 길** 핵심 키워드와 위치 기반 키워드, 그리고 인근 랜드마크를 포함해서 설명합니다. 대표 키워드 영역에서 공략하지 못한 주요 키워드를 사용하는 것이 좋습니다.

이는 단순한 주소 안내를 넘어 키워드 확장의 기회로 활용될 수 있습니다. 매장 주변 유명한 명소나 관광지, 고객들의 일반적인 약속 장소와 매장과의 거리를 명시하고, 방문 후 연계 가능한 코스를 제안합니다. 예를 들면 '이효석 문학관에서 도보 10분', '메밀꽃축제장 인근', '방문 후 문학의 숲 산책 추천' 등으로 지역 관광 키워드와 연결시킵니다.

• **상세 설명 영역** 3종 키워드를 모두 자연스럽게 포함하여 2000자로 친절하게 안내합니다(2000자 활용 전략). 핵심 키워드는 매장의 전문성을 강조하는 데 사용하고, 목적형 키워드는 다양한 이용 상황을 제시하며, 관심 키워드로는 고객이 궁금해할 편의 정보를 상세히 설명합니다. 단순 나열이 아닌 스토리텔링 방식으로 구성하여, 고객이 매장을 방문하고 싶은 마음이 들도록 작성합니다.

메뉴/가격 정보 영역에는 핵심 키워드와 차별화 포인트를 함께 명확하게 표현합니다. '(100% 국내산 메밀) 육회비빔막국수', '(매일 아침 뽑는) 수제 메밀면' 등으로 단순 메뉴명보다는 후킹 포인트를 포함한 키워드를 적극적으로 사 사용합니다.

메타 영역 핵심 키워드 최적화

대표 키워드 5개를 필수적으로 입력하되, 이를 키워드 최적화 원칙에 따라 선정해야 합니다. 효과적인 키워드 설정을 위해서는 서로 다른 속성의 키워드를 조합하여 검색 노출의 다양성을 높이면서도 명확한 타기팅이 가능하도록 해야 합니다.

속성 키워드 조합 전략

키워드는 다음과 같이 서로 다른 속성으로 구성하는 것이 효과적입니다. 메뉴나 재료 속성으로는 '메밀국수', '막국수', '메밀싹', '100% 메밀' 등을 활용할 수 있고, 조리법이나 기술 속성으로는 '자가제면', '수제면', '직접재배', '무농약' 등을 사용할 수 있습니다. 고객 유형 속성에는 '가족모임', '단체모임', '데이트', '관광객' 등이 포함되며, 이용 목적 속성에는 '회식', '기념일', '여행코스', '데이트코스' 등을 포함시킬 수 있습니다. 매장 환경 속성으로는 '주차 가능', '전통한옥', '넓은 공간', '핫플레이스' 등을 활용하면 됩니다.

키워드 선정 우선순위

가장 우선적으로 고려해야 할 것은 매장의 핵심 차별화 요소입니다. 미가연의 경우 '100% 메밀면', '세계 메밀요리 명인', '봉평 현지 메밀' 등이 핵심 차별화 요소가 될 수 있습니다. 다음으로는 실제 타깃 고객층을 반영해야 하는데, 건강식을 선호하는 중장년층이나 평창 관광객, 가족 단위 방문객 등이 해당합니다. 마지막으로 매장의 물리적 환경과 특별한 서비스를 고려하여 '넓은 주차장', '단체석 가능', '포장 서비스'

등을 키워드에 포함시킬 수 있습니다.

키워드 검증과 효과 측정

네이버 플레이스에서 본인 매장을 검색한 후 하단의 방문자 리뷰에 나타나는 긍정적인 태그를 확인하여 상위 5개 태그를 참고하면 실제 고객들이 인식하는 매장의 강점을 파악할 수 있습니다. 또한 동일 지역의 유사 업종 키워드를 분석하여 중복을 피하고 차별화 가능한 독특한 키워드를 발굴하는 것이 중요합니다.

미가연 실제 키워드 조합 사례

메밀 전문점인 미가연의 경우 휘닉스파크(랜드마크), 장날(지역 특색), 가족모임(고객 유형), 평창효석문화제(시즌 키워드), 봉평메밀꽃축제(시즌 키워드)를 키워드로 선정했습니다. 여기서 장날은 봉평 오일장을 의미하는데, 끝자리가 2, 7인 날에 5일마다 장이 서며 이효석의 소설《메밀꽃 필 무렵》의 배경이기도 합니다. 시즌 키워드인 효석문화제나 메밀꽃축제는 특정 시기에 플레이스 노출 키워드로 확장이 가능해서 전략적으로 설정한 것입니다.

현실적인 키워드 설정 방법

실제로 '맛있는', '저렴한' 같은 일반적인 형용사를 단독으로 사용하는 업체는 거의 없습니다. 가끔 '봉평메밀막국수현지인내돈내산'처럼 메뉴명과 여러 키워드를 조합하여 긴 형태로 만드는 경우도 볼 수 있지만, 이것이 바람직하지는 않습니다. 이런 방식은 다양한 검색어에 걸릴 의도로 설정하는 것이지만 네이버의 검수 과정에서 통과되지 않을 가능성이 높고, 어뷰징(검색 조작) 의도로 간주되어 오히려 페널티를 받을 위험이 있습니다.

따라서 키워드는 자연스럽고 명확한 단어나 구문으로 설정하는 것이 좋습니다. 미가연처럼 휘닉스파크, 장날, 가족모임, 평창효석문화제, 봉평메밀꽃축제 등 각각의 키워드가 명확한 의미를 가지고 있으면서 매장의 실제 특징과 강점을 동시에 나타내는 방식이 안전하면서도 효과적입니다.

키워드 성과 분석 및 개선

자사 플레이스 계정의 현재 상태를 정확히 파악하여 키워드 최적화와 상세 설명 개선에 활용해야 합니다. 이를 위해서 먼저 키워드 분석 작업이 필요합니다.

네이버 자동 분류 키워드 확인

네이버에서 자동으로 생성하는 자동완성어와 연관검색어를 정기적으로 확인해야 합니다. 또한 플레이스 관리자 도구를 통해 실제로 고객들이 어떤 검색어를 통해 우리 매장에 유입되고 있는지 경로별로 파악하는 것이 중요합니다. 이를 통해 예상하지 못했던 새로운 키워드를 발견할 수 있고, 고객들의 실제 검색 패턴을 이해할 수 있습니다.

키워드 성과 측정

설정한 핵심 키워드별로, 네이버 검색 결과에서 우리 매장이 몇 번째에 노출되는지를 정기적으로 확인해야 합니다. 목적형 키워드를 검색했을 때 우리 매장이 제대로 노출되고 있는지 점검하고, 관심 키워드와 관련된 고객 문의, 또는 실제 방문 패턴을 분석하여 키워드 전략의 효과를 측정해야 합니다. 이러한 분석을 통해 어떤 키워드가 실제 방문으로 이어지는지 파악함으로써 효과가 낮은 키워드는 수정하거나 교체할 수 있습니다.

상세 설명 키워드 최적화 재작성

분석 결과를 바탕으로 상세 설명을 다시 작성합니다. 예를 들어 네이버 대표 키워드, 인기주제 키워드를 분류했다면, 상세 설명에 매장과 연결 가능한 관련 키워드를 자연스럽게 포함시켜 검색 노출 가능성을 높이는 전략입니다. 다음은 봉평메밀 미가연의 개선 사례입니다.

> **상세설명 예시: 개선 전**
>
> "성원에 감사드립니다. 평창 맛집 미가연은 tvN 에드워드리 세프님과 방송 후 많은 분들의 방문과 응원에 다시한번 고개 숙여 감사드립니다. 네이버 예약은 자리 예약이 아닌 블랙메밀차를 선물로 드리는 이벤트 예약입니다. 평창 현지인에게 인기 있는 맛집 미가연은 넓은 주차장과 넉넉한 테이블 간격으로 가족모임, 평창여행에 쾌적함을 더해드리려고 노력합니다. 매일(수요일 휴무) 17:00까지 영업이지만, 재료 소진시 영업이 종료됨을 알려드립니다. 지금의 유행이 아닌 제대로된 메밀요리를 선보이기 위해서 늘 연구하고 노력하겠습니다.
> —미가연 오숙희 올림 —
>
> '메밀의 고장' 봉평에서 미가연을 운영중인 세계 메밀요리 명인 오봉순 (오숙희) 입니다. 봉평메밀미가연은 '맛있는 집에서 하는 잔치' 라는 뜻입니다. 솜씨 좋은 집에서 열린 흥겨운 잔치처럼, 좋은 재료, 정성껏 만든 음식을 좋은 사람들과 함께 즐기며 나누는 분위기가 '진정한 맛'을 만든다고 생각합니다. 저는 미가연에 다녀가신 분들이 영동고속도로를 달리다가 가족, 연인 등 사랑하는 사람과 평창 맛집 미가연에서의 추억을 생각하며 다시 찾고 싶은 장소를 만들어 가고 싶습니다. 미가연이 위치한 평창 봉평은 메밀의 고장입니다. 작가 이효석의

> '메밀꽃 필 무렵'에서 소개 되어 유명해졌지요. 미가연은 봉평의 자랑인 메밀요리로 '메밀 본연의 맛'을 잘 만들어 가도록 더욱 노력하겠습니다. 봉평의 자랑인 '메밀'을 재료로 강원도의 자연을 손님들께 선물해 드리고자 노력하겠습니다. 저는 미가연이 화려하지는 않지만 가족, 연인 등 사랑하는 사람과 다시 방문하고 싶은 곳, 즐거운 잔치처럼 추억의 공간이 되길 소원합니다. (후략)

이 소개글에는 몇 가지 문제점이 있습니다. 먼저 정보가 산발적으로 나열되어 있어 전체적으로 체계성이 부족합니다. 또한 핵심 키워드가 전략적으로 배치되지 않았습니다. 중요한 정보가 글의 맨 뒤에 위치해 가독성이 떨어지는 점도 문제입니다. 마지막으로, 키워드 최적화보다는 감성적 표현에 치중해 검색 노출 측면에서 아쉬움이 있습니다. 그래서 다음 요소들을 반영해서 소개글에 전략적 변화를 주었습니다.

- **핵심 키워드 체계 배치** '평창 맛집', '봉평 맛집', '메밀국수 전문점', '100퍼센트 메밀'
- **목적형 키워드 확장** '가족모임', '연인 데이트', '부모님 외식', '아이 동반', '여행 코스'
- **관심 키워드 정보 제공** '주차 가능', '유아의자', '포장 서비스', '스마트 주문', '네이버페이'
- **지역 연계 키워드** '이효석문화마을', '메밀꽃', '평창 관광지'
- **전문성 어필** '세계 명인', '특허 보유', '음식문화연구소'

개선한 소개글을 보겠습니다.

상세설명 예시 : 개선 후

성원에 깊이 감사드립니다.

미가연은 강원도 평창 봉평면에 위치한 100퍼센트 메밀국수 요리 전문점으로, tvN 에드워드리 셰프님의 방송 이후 많은 분들의 응원과 사랑을 받고 있습니다.

미가연은 평창 현지인들에게도 오랫동안 사랑받은 봉평 맛집으로, 넉넉한 주차장과 여유 있는 좌석 간격을 갖추고 있어 가족모임, 연인과의 데이트, 부모님과의 외식, 친구들과의 여행 코스로 추천되는 공간입니다. 아기 동반 고객을 위한 유아의자, 미끄럼 없는 바닥, 쾌적한 화장실 환경까지 갖추고 있어 아이와 함께 오시기에도 좋습니다.

미가연이 위치한 봉평은 작가 이효석의 메밀꽃 필 무렵 배경으로도 잘 알려진 메밀의 고장입니다. 근처에는 이효석문화마을, 흥정계곡, 허브나라, 무이예술관, 발왕산 케이블카, 대관령 양떼목장 등 다양한 관광지가 있어 평창 여행코스 중 한 끼 식사 장소로도 적합합니다.

대표 메뉴인 메밀면은 쓴메밀과 단메밀을 직접 배합하여 매일 면을 직접 뽑아내며, 은은한 단맛과 쫄깃한 식감이 특징입니다. 육회비빔 막국수, 수제 메밀묵, 메밀싹 비빔밥, 메밀전병 등 다양한 메밀요리를 정성껏 준비하고 있습니다.

오숙희 대표는 봉평메밀 음식문화연구소를 운영하며 메밀로 3건의 특허를 보유한 세계 메밀요리 명인입니다. (후략)

핵심 키워드를 앞부분에 전략적으로 배치하고, 위치 – 편의시설 – 관광 연계 – 메뉴 – 대표자 순으로 내용을 체계화해 가독성이 높아진 것을 확인할 수 있습니다. 또한 방문객이 실제로 궁금해할 편의 정보와 지역·스토리 요소를 함께 담아 검색에 노출되기 좋게 개선하였고, 고객에 대한 설득력도 강화했습니다.

서비스 연동을 통한 키워드 확장

네이버 플레이스에서 제공하는 다양한 연동 서비스를 통해 키워드 노출 기회를 확장하고 고객 편의성을 높여야 합니다.

네이버 예약 시스템

- '예약 가능', '테이블 예약', '대기 시간 단축' 등 편의성 키워드 확장
- 예약 고객 대상 특별 서비스로 '웰컴 드링크', '디저트 서비스' 키워드 추가
- 노쇼 방지 시스템으로 '신뢰할 수 있는 매장' 이미지 구축

스마트 주문과 네이버페이 연동

- '간편 주문', '사전 주문', '픽업 서비스' 키워드 활성화
- '네이버 페이 적립', '포인트 혜택' 등 부가가치 키워드 확장
- 점심시간대 직장인 대상 '빠른 식사', '시간 절약' 키워드 강화

쿠폰 시스템 전략적 활용

- '할인 혜택', '첫 방문 쿠폰', '재방문 혜택' 키워드 노출
- 신규/기존 고객별 차별화된 혜택으로 '단골 우대', 'VIP 서비스' 키워드 추가

배달 서비스 연동

- '배달 가능', '포장 주문' 키워드로 서비스 범위 확장
- '매장 품질 그대로', '배달 전용 메뉴' 등 차별화 키워드 활용

톡톡 상담 서비스
- '실시간 상담', '즉시 답변', '친절한 안내' 키워드로 서비스 품질 어필
- '메뉴 추천', '단체석 문의', '예약 상담' 등 구체적 서비스 키워드 확장

키워드별 유입 채널 다각화

플레이스 방문자 수와 참여도를 높이기 위해 키워드별로 차별화된 마케팅 전략을 실행해야 합니다.

리뷰를 통한 키워드 확산 전략

고객 리뷰는 검색 노출에 직접적인 영향을 미치므로 전략적으로 관리해야 합니다. 영수증과 함께 리뷰 작성 가이드를 제공하여 핵심 키워드가 자연스럽게 포함되도록 유도할 수 있습니다. 각 테이블에는 상황별 추천 메뉴 안내문을 비치하여 '데이트 코스', '가족 모임', '회식' 등의 목적형 키워드를 고객들이 인식할 수 있도록 돕습니다. 또한 '주차 가능', '아기 동반 가능', '포장 서비스' 등의 편의 정보를 적극 홍보하고, 실제 이용 고객이 이러한 키워드를 언급한 후기에는 감사 댓글을 남겨 재확산을 유도합니다.

인플루언서 협업을 통한 지역 키워드 강화

지역 맛집 블로거나 인스타그래머와 협업할 때는 '평창 여행', '봉평 드라이브', '강원도 맛집' 등의 지역 키워드로 콘텐츠를 기획합니다. 이때 단순한 홍보성 글이 아닌 정성스럽고 솔직한 후기를 요청하여 신뢰성을 확보하는 것이 중요합니다. 인플루언서의 자연스러운 경험담과 사진으로, 더 많은 잠재 고객들에게 효과적으로 매장을 알릴 수 있습니다.

계절별 타깃 키워드 마케팅

계절의 변화에 맞춰 키워드 전략을 조정해야 합니다. 봄에는 '벚꽃 시즌 특별 메뉴'나 '봄나들이 맛집'으로, 여름에는 '시원한 별미'나 '여름 휴가 맛집'으로 포지셔닝합니다. 가을에는 '단풍구경 후 식사'나 '가을 정취'를, 겨울에는 '따뜻한 국물 요리'나 '겨울 별미' 키워드를 활용하여 계절감 있는 마케팅을 전개합니다.

지역 관광지 연계 키워드 확장

'메밀꽃 축제', '이효석 문학관', '문학의 숲' 등 주변 관광지와 연계한 키워드를 적극 활용합니다. 지역 축제나 행사 기간에는 특별 프로모션을 진행하여 관광객 유입을 증대시키고, 이들이 자연스럽게 지역 연계 키워드를 사용하여 매장을 소개하도록 유도합니다.

답글 내 자연스러운 키워드 활용 소통

리뷰 답글은 네이버 봇이 추가로 읽는 텍스트 정보이므로, 답글에서 자연스럽게 활용된 키워드들은 플레이스 전체의 키워드 가중치 향상에 기여합니다. 리뷰 답글을 통한 소통에서도 키워드 최적화를 고려하되, 브랜드 일관성을 유지해야 합니다.

핵심 키워드의 자연스러운 반복

답글을 달 때는 핵심 키워드를 단순히 나열하는 것이 아니라, 고객과의 대화 속에 억지스럽지 않게 녹여 내는 것이 중요합니다.

> 정성 가득한 후기 너무 감사드립니다!
> 메밀 막국수 명인이라는 말씀에 부끄럽지만 큰 힘이 됩니다!
> 모든 음식이 신선하고 깔끔하게 느껴지셨다니 정말 다행이에요.
> 다음 방문엔 부드러운 불고기와 감칠맛 나는 육수가 조화를 이루는 100% 불고기 메밀국수를 추천드려요.

목적형 키워드 활용 답글

고객이 많이 사용하는 목적형 키워드를 답글에 반영하면 검색 최적화뿐 아니라 매장 신뢰도도 함께 높일 수 있습니다.

> 미가연은 평창봉평 가볼 만한 곳, 평창 맛집으로 가족과 연인 분들이 편하게 방문하실 수 있도록 주차와 좌석 배치까지 신경 쓰며 운영하고 있답니다.

관심 키워드 정보 제공 답글

관심 키워드는 고객의 방문 경험을 확장시키는 정보와 연결될 때 효과적입니다.

> 9월에는 봉평메밀꽃축제도 열리니, 하얀 들판에서 추억 남기시고 근처 이효석 문학관이나 문학의 숲 산책길도 함께 즐겨보세요.

답글을 작성할 때에는 몇 가지 주의사항이 있습니다. 먼저 키워드를 과도하게 반복하지 않고 자연스러운 문맥 속에서 활용해야 합니다. 그리고 고객이 남긴 구체적인 언급에는 진심 어린 감사의 표현을 전하는 것이 좋습니다. 또한 답글이 없는 플레이스는 관리가 되지 않는다는 인식을 줄 수 있으므로, 모든 리뷰에 성실하게 답글을 작성하기 바랍니다.

그리고 다음 방문 시 추천할 메뉴나 서비스를 자연스럽게 안내하면 고객 경험 향상에 도움이 됩니다. 또한 지역 정보나 계절 정보를 함께 제공하면 부가가치를 창출할 수 있습니다.

시각적 요소와 키워드 연계성 강화

네이버 플레이스에서 가장 먼저 고객의 눈에 띄는 것은 대표 사진입니다. 사진과 키워드의 연계성을 강화하여 일관된 브랜드 메시지를 전달해야 합니다.

이를 위해서는 앞서 설정한 3종 키워드(핵심/목적형/관심)에 맞는 사진을 준비하는 것이 핵심입니다. 핵심 키워드인 '메밀 전문점'이라면 메밀국수 사진을, 목적형 키워드인 '가족모임'이라면 단체석 사진을, 관심 키워드인 '주차 가능'이라면 주차장 전경을 포함하는 식으로 키워드와 사진이 일치하도록 구성해야 합니다.

이렇게 키워드와 시각적 요소가 일치할 때 고객들이 검색 결과에서 우리 매장을 클릭할 가능성이 높아지고, 실제 방문 시에도 기대했던 것과 일치하는 경험을 제공할 수 있습니다.

효과적인 대표 사진 구성 방법

대표 사진은 우리 매장의 첫인상입니다. 고객으로 하여금 '가보고 싶다'는 마음이 들도록 하는 것이 중요합니다. 다음을 참고해 대표 사진 구성을 점검해보세요.

[그림10] 대표 사진 구성 예시

- **플레이스 목록에서 눈에 띄는 메인 사진 설정** 첫 번째 사진이 가장 중요합니다. 검색 결과에서 썸네일로 보이는 사진이기 때문입니다. 매장의 시그니처 메뉴나 가장 인기 있는 메뉴의 사진을 사용합니다. 예를 들어 메밀 전문점이라면 김이 모락모락 나는 따뜻한 메밀국수 사진을 사용합니다.
- **우리가게 대표 메뉴 사진 준비** 메뉴별로 2~3장 정도의 다양한 각도에서 찍은 사진을 준비합니다. 자연광에서 촬영하여 색감이 생생하고 맛

있어 보이는 사진이 좋습니다. 음식의 질감, 색감이 잘 드러나는 고해상도 사진을 사용합니다.

- **서비스 메뉴 사진 촬영** 매장 내부 전경과 좌석 배치가 보이도록 촬영합니다. 직원들의 친절한 서비스를 보여주는 사진과 투명성을 어필하기 위해 청결한 주방 사진을 제공합니다.
- **우리가게 프로모션이나 외부/내부 인테리어 사진 촬영** 매장 외관과 간판이 잘 보이는 사진을 올립니다. 한옥 스타일이나 모던한 분위기 등 내부 인테리어에 특별한 포인트가 있다면 강조합니다. 또한 프로모션 안내문이나 특별한 이벤트 공간이 있다면 촬영합니다.
- **사진 '더보기' 유도** 고객이 더 많은 사진을 보고 싶다는 생각을 할 수 있도록 구성합니다. 계절별 특별 메뉴나 한정 메뉴 사진을 추가하고, 고객이 직접 찍은 인증샷 중 좋은 사진들도 활용합니다.

끝으로 사진과 관련해 주의 사항이 있습니다. 실제 매장에서 판매하는 음식이 아닌 사진은 사용하지 않아야 합니다. 또한 과도하게 보정해 실제와 차이가 나는 사진은 피하는 것이 좋습니다. 이런 사진은 처음 방문한 고객에게 실망감을 주어 신뢰를 잃을 수 있기 때문입니다.

아울러 사진은 정기적으로 업데이트하여 최신 상태를 유지하기 바랍니다. 네이버 등 검색 플랫폼의 알고리즘도 '신뢰성' 있는 콘텐츠를 선호하기 때문에 정기적으로 업데이트하여 실제 매장 분위기와 메뉴를 그대로 보여주는 것이 가장 효과적입니다.

종합 체크리스트

다음 항목들을 참고하여 플레이스를 지속적으로 수정 보완해나가야 합니다. 가망 고객이 어디를 갈까 망설이면서 검색을 하고 있다면 아래 8가지 필수사항의 완성도에 따라 매장을 결정할 것입니다. 이 가이드를 기준으로 네이버 플레이스를 세팅하면, 최적화된 플레이스 운영을 기대할 수 있습니다.

① 네이버 봇이 인식할 수 있는 플레이스 정체성이 명확히 설정되어 있는가?
② 3종 키워드가 적절한 위치에 전략적으로 배치되어 있는가?
③ 메타 영역에 핵심 키워드 5개가 최적화되어 설정되어 있는가?
④ 플레이스 계정 분석을 통해 키워드 성과가 지속적으로 개선되고 있는가?
⑤ 네이버 연동 서비스를 통해 키워드 확장 기회를 최대한 활용하고 있는가?
⑥ 키워드별 차별화된 마케팅 전략으로 유입 채널이 다각화되어 있는가?
⑦ 리뷰 답글을 통해 키워드 일관성을 유지하며 고객과 활발히 소통하고 있는가?
⑧ 대표 사진이 키워드와 연계성을 가지며 매장 콘셉트를 명확히 전달하는가?

10
네이버 플레이스 광고

온라인에서 고객 접근성이 가장 좋은 채널은 네이버 스마트플레이스입니다. 특정 키워드를 제외하고는 검색을 하면 가장 먼저 노출되는 채널이기 때문입니다. 플레이스 노출의 중요성은 알지만 매장의 인지도가 낮거나, 인플루언서와의 협업 등 매장 관련 콘텐츠를 경쟁사 대비 더 많이 노출할 여건이 안 되는 경우라면, 좋은 방법이 있습니다. 바로 플레이스 광고입니다. 메인 화면 첫 번째, 두 번째, 세 번째에 노출이 되고 상위 노출이 되면서 광고 비용 대비 효과가 매우 높은 편입니다.

플레이스 광고 피할 수 없으면 즐겨라

플레이스 광고는 경쟁이 심하지 않을 경우 저렴한 가격(클릭당 200원 미만)으로 상위 노출이 될 수 있습니다. 물론 10개 이상의 업체가 경쟁할 경우에는 비용이 클릭당 2000~5000원까지 오르는 경우도 있습니다. 단, 광고 그룹당 하루 최대 2만원으로 단가를 제한할 수 있고, 고객이 주로 검색하는 시간대를 공략하면 효율적인 광고가 가능합니다. 일반적으로는 클릭률로 광고의 효과를 측정합니다. 보통 1~2%의 클릭률을 보이며, 4~5% 이상이면 광고 효과가 좋다고 간주합니다. 하지만 높은 클릭률이 반드시 방문이나 구매로 연결되는 것은 아니기 때문에 지속적인 분석과 수정이 필요합니다.

[그림11] 플레이스 광고 노출 위치

　네이버 플레이스 광고는 점점 더 경쟁이 치열해지고 있습니다. 메인 키워드의 입찰 단가도 계속 상승하고 있어 비용 부담이 커지고 있습니다. 따라서 경쟁이 심한 메인 키워드에 대한 욕심을 버리고 서브 키워드를 노출하는 전략 등으로 고효율 마케팅 전략을 세워보시기 바랍니다. 불특정 다수를 향한 광고는 결코 좋은 결과를 얻지 못합니다. 목표 고객이 명확하면 낭비가 줄어들기 때문에 비용이 줄어들고 효율이 높아짐을 잊지 마시기 바랍니다. '피할 수 없다면 즐겨라'라는 말이 있습니다. 플레이스 광고 또한 비용을 걱정만 하기보다는 비용 대비 최대 효과를 낼 수 있도록 고민해보는 것이 어떨까요?

고효율 플레이스 광고를 위한 3가지 체크 포인트

네이버 플레이스 광고에서 성과를 내기 위해서는 광고비를 무턱대고 투입하는 것이 아니라, 전략적 접근이 필요합니다. 아무리 좋은 매장이라도 잘못된 광고 설정으로 인해 비용만 낭비하고 실제 고객 유입은 저조할 수 있기 때문입니다. 다음 3가지 핵심 체크포인트를 통해 광고 효율을 극대화할 수 있습니다.

업종 카테고리와 대표 키워드 최적화

가망 고객이 검색하는 업종과 키워드에 잘 노출될 수 있도록 업종 선택과 키워드를 세팅합니다. 단순히 한식, 일식, 육류, 면류 등으로만 구분하지 말고 자사에 맞는 업종을 세분화해서 선택합니다. 어떤 선택이 좋을지 판단이 어려울 때는 동일 업종 상위에 노출된 업체들의 업종을 참고해도 됩니다.

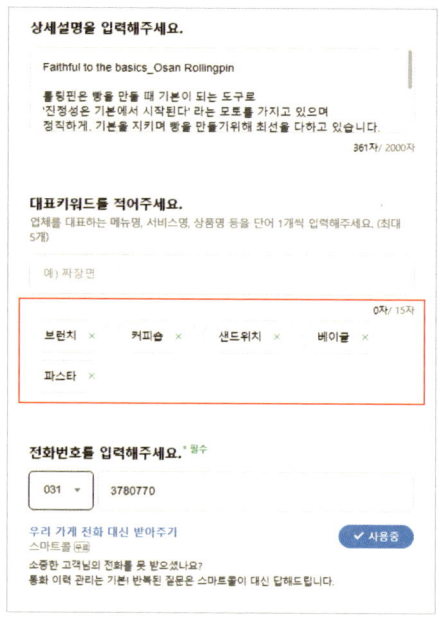

[그림12] 업종에 맞는 대표키워드 설정

업종 선택 세분화 예시

- 한식 → 메밀국수 전문점, 산채비빔밥 전문점
- 일식 → 회전초밥, 라멘 전문점, 이자카야
- 양식 → 스테이크하우스, 파스타 전문점, 브런치 카페

지역, 시간, 요일별 광고 세분화 전략

플레이스 광고는 '지역+맛집', '업종+맛집' 등의 키워드별 경쟁 업체를 고려하여 집행할 수 있습니다. 고객이 주로 검색하는 시간과 요일을 분석해서 광고를 온/오프하거나 입찰가를 조정할 수 있습니다.

각 시간대별로 고객의 이용 목적과 욕구가 다르므로, 고객 니즈를 적절하게 고려한 광고 소재와 카피라이팅이 높은 클릭률과 방문자 수를 불러옵니다. 시내 중심가에 위치한 직장인이 주 고객인 매장의 경우를 예로 들어 생각해보겠습니다. 이 경우 시간대별 이용 고객은 다음과 같을 것입니다.

- **점심(11-14시)** 인근 직장인의 빠른 점심식사, 팀 회식
- **저녁(18-22시)** 퇴근 후 회식, 모임
- **심야(22-02시)** 2차, 3차 손님
- **새벽(02-06시)** 야간근무자, 해장 손님

이러한 고객 니즈에 맞춰 세분화 광고를 진행한다면, 전략을 어떻게 짜는 것이 좋을까요? 다음 예시를 참고해보시기 바랍니다.

세분화 광고 캠페인 설정 예시

1. 주중 전략
   - 점심 캠페인: '직장인 점심특가', '빠른 식사 가능'
   - 저녁 캠페인: '퇴근 후 회식 추천', '편안한 모임 공간'

2. 주말 전략
   - 브런치 캠페인: '주말 가족 나들이', '여유로운 식사'
   - 저녁 캠페인: '데이트 코스', '주말 특별 메뉴

지속적인 측정과 최적화

플레이스 광고는 한 번 설정하고 끝나는 것이 아닙니다. 광고를 집행한 후에도 지속적으로 성과를 분석하고 개선해야 진정한 효과를 볼 수 있습니다.

- **초기 클릭률 패턴이 광고 성패를 좌우합니다** 광고 초기에 클릭하는 사용자들의 특성이 매우 중요합니다. 네이버 시스템은 초기 클릭자들의 연령대, 관심사, 검색 패턴을 학습하여 유사한 특성을 가진 사용자들에게 우선적으로 광고를 노출시키기 때문입니다. 따라서 처음 며칠간의 클릭 데이터가 이후 광고 성과의 방향을 결정한다고 볼 수 있습니다.
- **A/B 테스트로 최적의 광고를 찾아내세요** 같은 예산으로 더 나은 결과를 얻으려면 다양한 광고 버전을 동시에 운영해서 비교해야 합니다. 예를 들어 '평창 맛집'이라는 같은 키워드를 베이스로 하더라도 '봉평 현지인 추천 맛집'과 '평창 여행 필수 코스'라는 서로 다른 제목으로 광고를 만들어 어느 것이 더 높은 클릭률을 보이는지 확인할 수 있습니다.

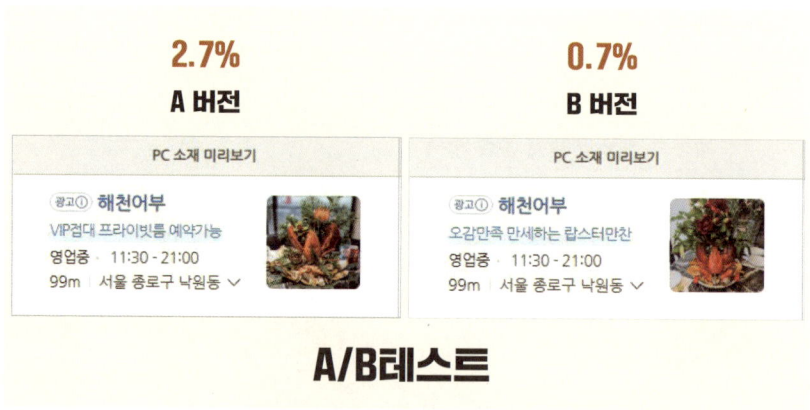

[그림13] 플레이스 광고 A/B테스트

또한 같은 제목이라도 메뉴 사진과 매장 외관 사진 중 어느 것이 더 광고 효과가 큰지도 테스트해볼 수 있습니다. [그림13]은 광고 문구의 차이가 클릭률에서 4배의 상승을 가져온 케이스입니다.

광고에서는 일관성 있는 답이 나오지 않습니다. 어떤 케이스에서는 A 버전이 유리했지만 다른 케이스에서는 B 버전이 유리할 수도 있습니다. 그래서 광고를 집행해보고 재빨리 대응할 수 있도록 A/B테스트를 진행하는 것입니다.

- **성과 측정은 클릭률부터 실제 매출까지 단계별로 확인하세요** 광고의 효과를 정확히 파악하려면 여러 지표를 종합적으로 봐야 합니다. 클릭률은 광고가 얼마나 매력적인지를 보여주는 지표입니다. 일반적으로는 1~2%가 평균이고 4~5% 이상이면 우수한 광고라고 평가됩니다. 하지만 높은 클릭률이 반드시 매장 방문이나 매출 증가로 이어지는 것은 아닙니다. 따라서 클릭이 실제 전화 문의나 예약, 방문으로 이어지는 전환율과 광고비 대비 실제 매출 증가율까지 함께 확인해야 합니다.
- **주기적인 분석과 개선이 성공의 열쇠입니다** 매주 광고 성과를 점검하여 효과가 좋은 시간대와 키워드에는 예산을 늘리고, 효과가 떨어지는 부분은 과감히 조정하거나 중단해야 합니다. 또한 계절 변화나 지역 이벤트에 맞춰 광고 소재와 메시지를 업데이트하면 더욱 효과적으로 광고를 운영할 수 있습니다. 예를 들어 메밀꽃 축제 기간에는 '축제 방문객 맞춤 메뉴'를 강조하는 식으로 시의성 있는 광고를 만드는 것이 좋습니다.

11
네이버 검색광고

네이버 검색광고는 사용자가 특정 키워드를 검색했을 때 플레이스나 홈페이지로 유입을 유도하는 유료 광고입니다. 사이트검색광고, 쇼핑검색광고, 플레이스광고, 콘텐츠검색광고 등 다양한 상품이 있습니다.

예를 들어, '봉평 메밀국수' 음식점 사장이 '봉평 맛집' 키워드를 구매하면, 이용자가 네이버에서 '봉평 맛집'을 검색했을 때 '봉평메밀국수' 플레이스와 소개 글이 상단에 노출되어 고객을 유입시킬 수 있습니다. 검색광고는 '제목 15자 + 설명 45자 + 사이트 주소'로 구성되며, 클릭이 발생한 횟수만큼 비용을 지불하는 방식입니다.

검색광고가 효과적인 경우

검색광고는 고관여 상황에서 특히 효과적입니다. 여행, 상견례, 생일, 돌잔치 등 사전 준비가 필요한 상황의 소비자들은 특정 목적을 가지고 정보를 적극적으로 탐색하기 때문입니다.

예를 들어, 평창에서 가족 모임을 계획하는 고객은 단순히 '맛집'이 아니라 '평창 가족 모임 장소'나 '평창 기념일 식사' 같은 구체적인 키워드로 검색합니다. 이때 검색광고가 노출되면 고객에게 자연스럽게 매장을 알리고 경쟁 업체보다 먼저 주목받을 수 있습니다.

검색광고가 특히 효과적인 4가지 상황

검색광고는 보통 고관여 상황에서 효과적이지만, 그중에서도 비용 대비 효과와 실제 방문 전환이 눈에 띄게 올라가는 경우가 있습니다. 아래 4가지 상황은 검색광고 성과를 특히 크게 끌어올릴 수 있는 대표적인 경우입니다.

계절성 수요가 있는 업종

평창 같은 지역에서는 스키 시즌, 여름 피서 시즌 등 특정 시기에 관광객이 급증합니다. 이런 성수기에 맞춰 집중 광고를 진행하면 투자 대비 효과ROI를 크게 높일 수 있습니다.

특정 타깃층을 공략하는 경우

'평창 한우 맛집', '평창 어린이 동반 맛집' 같이 특정 니즈나 타깃을 겨냥한 키워드는 일반적인 '평창 맛집' 키워드보다 실제 방문 전환율이 높습니다. 구체적인 목적을 가진 고객일수록 방문 가능성이 높기 때문입니다.

브랜드 인지도 구축 단계

신규 매장이나 리뉴얼한 매장의 경우, 이미 인지도가 높은 경쟁 업체 사이에서 빠르게 자리 잡기 위해 검색광고가 필요합니다. 자연 검색 노출까지는 시간이 걸리지만 광고는 즉시 노출이 가능하기 때문입니다.

한정된 기간/수량의 프로모션

'평창 메밀축제 특별메뉴', '겨울 한정메뉴' 같은 한시적 프로모션은 검색광고로 빠르게 알릴 수 있습니다. 특히 기간 한정 이벤트는 고객의 구매 욕구를 자극하여 즉각적인 행동을 유도할 수 있어 광고 효과가 높습니다.

저비용 고효율을 위한 검색광고 전략

검색광고의 핵심은 롱테일 키워드 대량 등록입니다. '평창 맛집' 같이 경쟁이 심한 키워드는 클릭당 비용이 높지만, '평창역 근처 메밀국수', '강원도 평창 가족모임' 같은 세부 키워드는 저렴한 비용(최저 70원)으로 시작할 수 있습니다.

> **효과적인 키워드 선정 예시**
> - 메인 키워드: '평창 맛집' (비용 높음, 경쟁 치열)
> - 롱테일 키워드: '평창 가족식사', '평창 아기동반', '강원도 평창데이트 코스' (비용 낮음, 전환율 높음)

[그림14] 효율적인 검색광고 사례

검색광고 노출 영역

네이버 검색광고는 사용자의 사용 환경과 검색어에 따라 다양한 위치에 노출됩니다. 먼저, 파워링크 광고는 네이버 통합검색 결과의 상단에 위치하며, PC 환경에서 최대 10개까지 노출될 수 있어 가장 높은 주목도를 보입니다.

모바일 환경에서는 모바일 검색광고가 네이버 앱이나 모바일 웹에서 노출되며, 1페이지에는 보통 3~5개, 2~5페이지에는 최대 3개까지 광고가 노출됩니다.

검색광고 성공을 위한 필수 요소

대부분의 소규모 외식사업자는 홈페이지가 없습니다. 그렇다고 광고를 블로그에 연결하면 효과가 제한적입니다. 검색광고가 실제 매출로 이어지려면 현재로서는 플레이스와 연동되게 하는 것이 가장 효과적입니다. 검색광고의 성과를 높이기 위해서는 몇 가지 요소를 반드시 갖추어야 합니다.

첫째, 명확한 행동 유도 문구가 필요합니다. 예를 들어 '예약하기', '쿠폰 받기', '메뉴 보기' 등 구체적인 행동을 유도하는 문구를 활용해야 합니다.

둘째, 플레이스 정보를 최적화해야 합니다. 광고에서 안내한 내용과 플레이스에 기재된 정보가 일치해야 신뢰를 얻을 수 있습니다.

셋째, 광고 효과를 추적할 수 있는 시스템이 필요합니다. 쿠폰 코드나 예약 시스템 등으로 광고 효과를 측정합니다.

넷째, PC와 모바일에 적합한 플레이스 연결 설정이 필요합니다. 검색광고에서 플레이스로 연결할 때 가장 흔히 발생하는 문제는 PC 사용자가 모바일용 플레이스 화면을 보게 되거나 모바일 사용자가 PC용 화면을 보게 되는 것입니다. 검색광고의 플레이스 정보 확장 소재는 광고주가 별도 URL을 설정하는 것이 아니라, 네이버 시스템이 자동으로 해당 업체의 스마트플레이스 페이지로 연결시키는 것입니다. 하지만 이때 PC 캠페인과 모바일 캠페인에서 연결되는 플레이스 화면이 달라진다면, 사용자 경험에 영향을 주게 됩니다. 각 디바이스에서 실제로 광고를 클릭해보며 연결 상태를 점검하세요. 이렇게 하면 PC 사용자는 PC에 최적화된 화면을, 모바일 사용자는 모바일에 최적화된 화면을 보게 되어 예약이나 전화 연결 등의 전환율이 높아집니다.

올바른 설정 방법
- PC 캠페인: PC용 플레이스 화면 연결 확인
- 모바일 캠페인: 모바일용 플레이스 화면(m.place.naver.com) 연결 확인

검색광고의 궁극적 목표

검색광고 운영은 그 자체가 목적이 아닙니다. 광고를 통해 가망 고객을 획득하고 브랜드(매장)를 인지시켜 실제 방문으로 이어지게 하는 것이 목표입니다. 이를 위해서는 키워드별 검색량과 고객의 검색 의도를 정확히 파악해야 합니다. 고객을 이해하고 욕구를 파악해서 반응을 이끌어낼 수 있을 때 비로소 광고 효과가 나타납니다.

광고 성과는 지속적인 분석과 개선의 결과입니다. 키워드 성과를 주기적으로 점검하고, 효과적인 키워드는 확대하며, 비효율적인 키워드는 수정하는 과정을 통해 점진적으로 광고 효율을 높여나가야 합니다.

네이버 지역소상공인 광고

네이버 지역소상공인 광고는 지역 매장을 온라인 뉴스나 스포츠 지면, 혹은 블로그 콘텐츠 페이지에 노출하는 배너 형태의 광고 상품입니다.

정보가 노출되는 횟수만큼 광고비가 지불됩니다. 가망 고객이 내 매장 주변에 있는 경우 광고가 노출되고 업체명, 이미지, 위치 설명 문구 등이 노출됩니다. 매장을 알리고 싶은 지역 사업자가 소식, 이벤트, 신메뉴 등을 알리고 매장 방문까지 유도할 수 있습니다. 현재 음식점, 생활 편의, 학원, 스포츠/레저/체험 업종만 가능합니다.

지역소상공인 광고는 매장의 스마트플레이스 정보를 바탕으로 하기 때문에 쉽고 빠르게 광고할 수 있다는 장점과 광고비가 매우 저렴하다는 장점이 있습니다. 광고비는 광고가 유효 노출된 횟수에 따라 과금(유효 노출당 1원)됩니다. 여기서 유효 노출이란 브라우저상에 검색 이용자에게 정보가 노출된 횟수만큼 광고비를 지불하는 방식입니다, 네이버 광고 시스템에서 노출을 원하는 지역을 읍면동(법정동) 단위로 최대 5개까지 선택할 수 있습니다. 지역소상공인 광고를 집행하려면 스마트플레이스에 업체를 등록 후 '지역소상공인 광고 〉 광고 노출 정보 설정'을 해야 광고 소재 노출이 가능합니다.

[그림15] 지역소상공인 광고 사례

1
위기를 기회로 바꾸는
프로모션

"형님, 큰일 났어요!" 수화기 너머로 들리는 오 대표의 다급한 목소리에 허 대표는 깜짝 놀랐다.

"무슨 일이야? 갑자기 그렇게 다급하게…"

"매장 바로 앞에 대형 프랜차이즈가 들어왔어요. 지난주부터 손님이 확 줄었어요."

"영업시간 끝나고 자네 매장에서 만나지." 허 대표가 차분한 목소리로 말했다.

*

오 대표 매장은 저녁시간에도 한산했다. 가장자리 테이블에서 둘이 심각한 대화를 나눴다.

"그럴 수도 있어, 아우님. 요식업계는 항상 경쟁이 치열하니까. 그렇다고 당장 포기할 건 아니잖아?"

"물론이죠. 하지만 어떻게 대응해야 할지 모르겠어요. 블로그도 꾸준히 관리하고 있고, 맛과 서비스도 자신 있는데…"

"맛과 서비스에 자신이 있다는 거… 자네만의 생각 아니야?"

"아니에요. 단골손님이 우리 매장이 더 낫다고 했어요. 그런 손님이 한둘이 아니에요."

"그렇다면 신규 고객 유치가 가장 큰 문제인 거군. 이런 상황에서는 좀 더 적극적인 전략이 필요해. 기존 고객들은 우리 매장의 가치를 알고 있지만, 새로운 고객들은 대형 프랜차이즈의 인지도와 마케팅에 끌려가기 쉽거든. 이럴 때 프로모션으로 우리만의 강점을 부각시키면서 새로운 고객들의 첫 방문을 유도해야 해."

"프로모션이요? 간단한 메뉴 할인 정도는 해봤어요."

"그것만으로는 부족해. 대형 프랜차이즈와 경쟁하려면 더 강력한 프로모션이 필요하지."

오 대표는 고개를 끄덕이며 메모장을 꺼냈다.

"어떤 프로모션이 효과적일까요?"

허 대표가 입을 열려는 그때 매장 문이 열리면서 김 실장이 모습을 드러냈다. 서둘러서 왔는지 이마에 땀방울이 송골송골 맺혀 있었고 숨을 가쁘게 쉬는 소리도 들렸다.

"매장 업무를 마무리하고 오느라 늦었어요."

"아이고. 죄송해서 어쩌나? 그러니까 형님이 같이 오셨어야죠!"

오 대표가 허 대표를 흘겨봤다.

"야~ 이거 한 대 치겠는데? 형님한테 이래도 되는 거야?"

김 실장이 정색을 하며 허 대표를 나무랐다.

"대표님! 지금 농담이 나오세요? 오 대표님 발등에 불이 떨어졌는데. 매장에 손님이 이렇게 적어서야…"

김 실장은 텅 빈 테이블들을 안타까운 표정으로 둘러봤다.

"아! 미안해, 김 실장. 일단 숨 돌리면서 이야기를 들어봐."

허 대표는 오 대표와 오고간 이야기를 김 실장에게 들려줬다. 그녀는 노트북을 꺼내며 바로 본론으로 들어갔다.

"먼저 상황을 분석해 볼게요. 대형 프랜차이즈가 입점했다고 해도,

우리만의 강점이 있잖아요. 직접 재배한 메밀과 자가제면, 특제 소스, 그리고 무엇보다 정성과 진심이요."

김 실장이 노트북 화면을 돌려서 두 사람에게 보여주었다.

"여기 제가 준비한 프로모션 전략이에요. 단순한 가격 할인이 아니라, 우리 매장만의 특별한 가치를 강조하는 프로모션이에요."

화면에는 '메밀 장인의 특별한 한 달' 프로모션 계획이 정리되어 있었다. 오 대표가 화면을 천천히 스크롤했다. 김 실장의 프로모션 계획표를 뜯어보던 오 대표의 얼굴이 점점 밝아졌다. "와, 정말 체계적이네요. 김 실장님은 언제 이런 것을 다 생각하셨어요?"

시선을 돌리자 김 실장이 화이트보드를 가져오고 있었다.

"제가 말씀드렸잖아요. 책임지고 마케팅 전략을 도와드린다고. 언제 제안드릴까 생각하고 있었는데 마침 좋은 기회가 온 것 같아요."

김 실장은 화이트보드에 프로모션 계획을 적기 시작했다.

"첫째, '셰프와의 특별한 저녁'이라는 이벤트를 열어요. 매주 금요일 저녁, 제한된 인원에게 오 대표님이 직접 메밀 요리를 선보이고 그 과정과 이야기를 들려주는 거예요. 비싸게 받되, 정말 특별한 경험을 제공하는 거죠."

허 대표가 고개를 끄덕였다. "좋은 아이디어야. 요즘 사람들은 단순히 음식을 먹는 것보다 경험을 중요시하니까."

김 실장이 계속해서 설명했다. "둘째, '메밀 챌린지'라는 SNS 이벤트를 진행해요. 손님들이 매장에서 식사 후 인증샷을 올리면 다음 방문 시 사용할 수 있는 할인권을 제공하는 거예요."

허 대표가 덧붙였다. "프로모션의 핵심은 단순한 가격 할인이 아니라, 가치 전달이야. 우리만의 강점을 부각시켜 고객에게 '왜 우리 매장을 선택해야 하는지'를 명확히 보여주는 거지. 더 중요한 건 이 프로모션을 통해 '자체 고객 리스트'를 확보하는 거야. 네이버에만 의존하지 않고, 우리만의 충성 고객을 만들어가는 거지."

"자체 고객 리스트요?"

"응. 프로모션 참여자의 연락처와 이메일을 수집해서 직접 소통할 수 있는 채널을 만드는 거야. 내가 전에 말해 준 꽝 없는 이벤트 기억나지?"

오 대표는 생각에 잠겼다. 그동안 블로그와 네이버 광고에만 집중했던 마케팅 전략에서 벗어나, 더 적극적이고 직접적인 방법으로 고객과 소통할 필요가 있다는 것을 깨달았다.

"좋아요. 이 전략대로 해보죠. 그런데 이걸 어떻게 실행에 옮겨야 할까요?"

김 실장이 미소를 지었다. "제가 도와드릴게요. 먼저 SNS 콘텐츠와 이벤트 페이지를 만들어서 홍보하고, 매장 내에는 포스터도 만들어 드릴게요. 반응을 보면서 필요하면 페이스북 광고도 진행하는 거죠."

"나도 도울게. 네이버 검색광고로 프로모션을 알리고, 내 인맥을 통해 인터넷 언론사에도 소식을 실을 수 있도록 해볼게."

그렇게 세 사람은 늦은 밤까지 프로모션 계획을 구체화했다. 위기 상황이었지만, 오히려 새로운 도전과 가능성으로 가득 찬 밤이었다.

2
프로모션이 필요한 이유

프로모션을 시작한 지 일주일이 지났다. 오 대표는 김 실장과 허 대표를 매장으로 초대해 첫 번째 '셰프와의 특별한 저녁' 이벤트를 준비하고 있었다.

"김 실장님. 첫 이벤트인데 벌써 10명 예약이 다 찼어요! 게다가 SNS 예약자 대부분이 처음 오는 손님들이에요. 이분은 단골인데 1명만 더 추가할 수 없겠느냐고 하소연하는데요?"

"예…" 김 실장은 시식용 메밀국수를 먹느라 제때 답변을 못했다.

"하하. 아우님, 먹는데 건드는 거 아니야."

"미안합니다, 김 실장님. 맛있게 드세요." 오 대표가 멋쩍게 웃었다.

김 실장은 대답 대신 고개만 끄덕였다. 입안에서 면발을 진지하게 심사하는 듯 오물거렸다.

"아우님, 그거 봐. 경쟁은 오히려 새로운 기회가 될 수 있어. 이제 이 손님들이 매장의 팬이 되도록 최선을 다해야 해."

"그런데 프로모션을 너무 자주 하면 오히려 매장 이미지가 저렴해질 텐데…" 오 대표는 앞으로 잡혀있는 프로모션들이 걱정됐다. 그때 김 실장이 젓가락을 '탁' 내려놓았다.

"그런 점을 피하는 게 프로모션 설계의 핵심이에요. 단순히 '싸게 파는 것'이 아니라, '특별한 가치를 제공'하는 거죠. 우리 '셰프와의 특별한 저녁'은 프리미엄 이미지를 강화하는 프로모션이에요. 더군다나 메밀 재배부터 요리까지 전 과정을 듣는 경험은 다른 곳에서는 얻을 수 없어요."

말을 마친 김 실장은 대접을 들어 국물을 마시기 시작했다. 허 대표가 말을 이어 갔다. "맞아. 그리고 프로모션은 단순한 이벤트가 아니라 마케팅 전략의 핵심이야. 이번 '셰프와의 특별한 저녁'을 통해 손님들의 연락처를 확보하고, 이분들에게 직접 다음 이벤트 소식을 알릴 수 있잖아. 그럼 네이버 광고 없이 단골을 늘려갈 수 있는 거지."

"그런데 프로모션을 어떻게 알리는 것이 효과적일까요? 이번에는 SNS만으로 순식간에 끝나긴 했는데…"

허 대표는 물끄러미 김 실장을 바라봤다. 실행 계획은 김 실장의 몫이었기 때문이다. 김 실장이 대접을 내려놓으며 말했다.

"국물이 정말 예술이네요. 이렇게 깔끔하면서도 풍미가 깊은 국물 맛은 처음이에요. 여태껏 먹던 것과는 차원이 다른데요?"

김 실장이 국물을 보면서 뿌듯한 미소를 지었다. 오 대표와 허 대표는 잠시 말없이 김 실장을 쳐다봤다. 오 대표는 김 실장의 미소가 마냥 좋았고, 허 대표는 물음에 즉각 반응하지 않는 김 실장의 모습이 처음이었다.

"아, 프로모션을 알리는 법은 온/오프라인을 통합적으로 활용했죠. 블로그, SNS, 지역 커뮤니티는 물론, 오프라인에서는 매장 내 포스터, 전단, 그리고 기존 고객을 통한 입소문도 중요해요."

김 실장은 말을 마치자 다시 대접을 들어올렸다. 허 대표가 혀를 차며 말을 이어갔다. "효과적인 프로모션의 핵심은 세 가지야. 첫째, 명확한 목표. 둘째, 타깃 고객의 니즈에 맞는 가치 제공. 셋째, 지속적인 관리와 피드백 반영. 그리고 다시 한번 강조하지만 무엇보다 중요한 것은 프로모션 참여자의 정보를 체계적으로 수집하고 관리하는 거야. 이들은 앞으로 우리 매장의 충성 고객이 될 잠재력이 있는 분들이니까. 김 실장, 뭐 덧붙일 말 있나?"

김 실장이 활짝 웃으면서 오 대표를 바라봤다.

"오 대표님! 한 그릇 더 돼요?"

그날 밤, 첫 '셰프와의 특별한 저녁' 이벤트는 대성공이었다. 오 대표는 자신의 메밀 이야기를 손님들에게 들려주었고, 직접 요리하는 모습을 보여주었다. 손님들은 특별한 경험에 감동했고, SNS에 인증샷을 올리며 자발적으로 홍보해주었다.

이벤트가 끝난 후, 김 실장은 모든 참가자의 연락처와 이메일을 수집했다. 그리고 참가자들에게 다음 이벤트 소식을 받아볼 수 있는 뉴스레터 구독을 안내했다.

"이렇게 하나씩 우리 자체 고객 리스트를 만들어 가는 거예요. 이 분들에게 정기적으로 소식을 전하고, 특별한 혜택을 제공하면, 네이버나 다른 플랫폼에 의존하지 않고도 안정적인 고객층을 확보할 수 있어요."

오 대표는 처음으로 네이버에 대한 '의존'에서 벗어나는 온라인 마케팅을 수행했다. 그것은 단순한 매출 증대를 넘어, 장기적으로 지속 가능한 자체적인 마케팅 채널을 만드는 과정이었다.

프로모션을 시작한 지 한 달이 지났다. 오 대표의 매장은 이전의 위기 상황에서 벗어나 점점 활기를 되찾고 있었다. 특히 SNS에서는 '메밀 챌린지' 해시태그가 입소문을 타면서 퍼지고 있었다.

세 사람은 허 대표의 매장에서 프로모션 성과를 검토하기 위해 모였다. 김 실장이 빔 프로젝터 화면을 띄우자 최신 프로모션 성과 보고서 화면이 나타났다.

"'메밀 챌린지' 참가자가 지난주보다 30% 증가했어요. 특히 앞서 검색광고에서 집중했던 계절별 키워드 효과가 컸어요. 지금이 메밀꽃이 한창 피는 시기라 '평창 메밀꽃축제' 관련 검색이 급증하면서 우리 프로모션도 함께 노출되었거든요."

오 대표는 보고서를 살펴보며 놀라움과 기쁨을 감추지 못했다.

"와, 시즌 키워드와 프로모션을 연계하니까 정말 효과가 좋네요."

"더 중요한 건, 자체 고객 연락처 목록이 늘고 있다는 거예요. 벌써 100명 이상의 고객 정보를 확보했고, 이들에게 직접 카카오톡으로 다음 이벤트 소식을 보낼 수 있어요."

허 대표가 흐뭇하게 웃으며 말했다. "하하, 이제 이해했지? 프로모션은 단기적인 매출 증대뿐만 아니라, 자체 고객 확보를 통한 장기적인 경쟁력 강화가 핵심이야."

"네, 정말 많은 것을 배웠어요. 그런데 아직 고민이 있어요. 다양한 프로모션 중에 어떤 것을 더 강화하고, 어떤 새로운 전략을 도입해야 할지…"

김 실장이 화면을 전환하며 오 대표의 고민에 답했다. "좋은 질문이에요. 지금까지의 결과를 분석해서 어떤 프로모션이 가장 효과적이었는지 살펴보고, 그걸 바탕으로 다음 전략을 세우는 게 좋겠어요."

화면에는 각 프로모션별 참여율, 구매 전환율, 재방문율 등의 지표가 정리되어 있었다.

"'셰프와의 특별한 저녁'은 참여자의 80% 이상이 재방문했고, '메밀 챌린지'는 SNS 확산 효과가 가장 컸어요."

오 대표는 화면을 주시하며 생각에 잠겼다. "계절이 바뀌니 메뉴도 바꿔야 할 것 같아요. 10월 메밀 수확철을 맞아 새로운 프로모션을 기획하면 어떨까요?"

 김 실장의 눈이 반짝였다. "좋은 생각이에요! '가을 메밀 수확축제'를 열어 수확부터 특별 메뉴 시식까지 이어지는 체험 프로그램을 만들면 어떨까요? 이것 역시 단순한 할인 행사가 아닌, 특별한 경험을 제공하는 거죠."

 허 대표도 아이디어를 냈다. "지역 농가와 협업하면 좋을 것 같아. 오 대표네 메밀만이 아니라, 주변 지역 특산물도 함께 소개하면 더 풍성한 스토리가 될 수 있지."

 세 사람은 열정적으로 새로운 프로모션 아이디어를 발전시켰다. 메밀 요리 클래스, 지역 특산물 마켓, 가을 메밀밭 사진 콘테스트 등 다양한 아이디어가 나왔다. 그러던 중 오 대표가 궁금한 점을 물었다.

 "그런데 김 실장님, 이 수확 축제 참가자들과는 어떻게 관계를 유지해야 할까요?"

 "이번에는 단순히 이벤트 소식을 전하는 것보다 더 특별한 관계를 만들어가는 것이 어떨까 해요. 수확 축제 참가자들에게는 겨울 특별 메뉴 출시 전에 미리 시식 기회를 드리고, 그들의 의견을 메뉴 개발에 실제로 반영하는 거예요. 그러면 그들이 단순한 고객이 아니라 우리 매장의 파트너가 된 것 같다는 느낌을 받게 될 거거든요."

 허 대표가 고개를 끄덕였다.

 "관계를 점진적으로 발전시켜 나가는 것이 바로 프로모션과 고객 관계 관리의 핵심이지. 마치 연애와 비슷하잖아?"

 김 실장과 오 대표는 서로를 바라봤다. 두 사람의 관계도 업무적 파트너십을 넘어 더 깊은 사이로 발전하고 있었다.

 "크흠" 그 모양을 바라보던 허 대표가 헛기침을 했다. 김 실장이 시선을 허 대표에게 돌렸다.

"그럼 이제 '가을 메밀 수확 축제' 준비를 시작해볼까요? 8월부터 미리 준비하면 좋을 것 같아요."

"예. 김 실장님!" 오 대표가 자세를 곧추세우며 말했다. 위기에서 시작된 프로모션 전략이 이제는 매장의 새로운 경쟁력이 되어 가고 있었다.

▲

가을 메밀 축제가 성공적으로 마무리되었다. 오 대표의 매장은 이제 지역의 명소로 자리 잡았고, 관광객들이 평창을 방문할 때 꼭 들러야 할 곳으로 입소문이 나고 있었다.

세 사람은 오 대표의 매장 테라스에서 가을 저녁을 즐기고 있었다. 매장은 손님들로 가득했고, 특히 SNS에서 알게 되었다는 관광객들이 많았다.

"김 실장님, 허 대표님, 정말 감사해요. 두 분 덕분에 위기를 기회로 바꿀 수 있었어요."

"다 아우님이 잘해서 그렇지. 우리는 방향만 제시했을 뿐, 실제로 이 모든 것을 실행한 건 아우님이었으니까."

김 실장이 노트북을 꺼내며 최종 성과 보고를 시작했다.

"프로모션을 시작한 지 3개월 동안의 변화를 정리해 봤어요. 매출은 위기 전보다 30% 증가했고, 자체 고객 리스트는 300명을 넘어섰어요. 온라인 뉴스레터 구독자는 180명, 평균 오픈율은 35%로 업계 평균보다 훨씬 높아요."

허 대표가 놀란 표정으로 물었다. "뉴스레터 오픈율이 35%나 돼? 보통 10% 정도만 되어도 성공적이라고 하는데, 대단하군."

"네, 그만큼 우리 오 대표님 콘텐츠의 질이 높고, 고객과의 관계가 돈독하다는 증거예요. 특히 레시피 공유와 메밀 이야기에 대한 반응이 가장 좋았어요."

김 실장이 덧붙였다. "그리고 무엇보다 중요한 것은 네이버 의존도가 크게 줄었다는 거예요. 이제는 자체 고객을 통해 직접 소통하고 판매할 수 있는 기반이 마련되었어요."

허 대표가 만족스럽게 고개를 끄덕였다. "좋아, 바로 그거야. 이제 네이버가 없어도 먹고사는 데 지장이 없겠군."

김 실장이 노트북 화면을 넘기며 말했다. "앞으로의 계획도 준비해 봤어요. 겨울 시즌을 겨냥한 '따뜻한 메밀 축제', 내년 봄을 위한 '메밀 새싹 체험' 등 계절별 프로모션 캘린더를 만들었어요."

오 대표는 김 실장의 세심한 준비에 감동했다.

"정말 대단해요. 이제는 프로모션이 매장의 정체성과 운영 방식 전체를 바꾸는 핵심 전략이 되었네요."

허 대표가 잔을 들어 건배를 제안했다.

"자, 오 대표의 성공적인 프로모션과 새로운 출발을 축하하며!"

세 사람의 잔이 공중에서 맞닿았다. 그것은 단순한 비즈니스 성공을 넘어, 새로운 관계와 가능성의 시작을 알리는 소리였다.

3
프로모션의 진정한 의미

프로모션은 단순한 할인 행사가 아닙니다. 그것은 고객과의 관계를 시작하고 발전시키는 강력한 마케팅 전략입니다. 오 대표의 사례에서 보았듯이, 잘 설계된 프로모션은 단기적인 매출 증대뿐만 아니라 장기적인 비즈니스 경쟁력 강화로 이어집니다. 그런데 많은 사업자들이 놓치고 있는 부분이 있습니다. 바로 고객과 직접 소통할 수 있는 연락처입니다. 아무리 좋은 이벤트나 할인 혜택이 있어도 고객에게 알릴 방법이 없다면 의미가 없습니다. 프로모션의 궁극적인 목적 중 하나는 고객의 연락처를 확보하여 지속적으로 소통할 수 있는 관계를 만드는 것이어야 합니다.

효과적인 프로모션의 핵심 요소

프로모션의 성공은 우연이 아닙니다. 체계적인 계획과 전략적 접근을 통해서만 진정한 효과를 거둘 수 있습니다. 다음 5가지 핵심 요소를 갖춘 프로모션은 단순한 이벤트를 넘어 고객과 지속적인 관계를 구축할 수 있는 시작점이 됩니다.

명확한 목표 설정

단순히 매출 증대가 아닌, 신규 고객 유치, 자체 고객 DB 구축, 브랜드 인지도 향상 등 구체적인 목표를 설정합니다. 그 예시를 다음과 같이 작성해보았습니다.

> - 신규 고객 유치: 이번 달 신규 고객 50명 확보
> - 자체 고객 DB 구축: 연락처 수집 100명 달성
> - 브랜드 인지도 향상: SNS 해시태그 사용 200회 달성

차별화된 가치 제공

단순한 가격 할인이 아닌, 특별한 경험, 스토리, 독점적 혜택 등 차별화된 가치를 제공합니다. 오 대표의 사례로 예시를 들어 보면 다음과 같습니다.

> - 셰프와의 특별한 저녁: 단순 식사가 아닌 요리 과정 체험
> - 메밀 수확 체험: 농장에서 직접 수확하는 독특한 경험
> - 한정 메뉴: 계절별로만 맛볼 수 있는 특별한 미식 경험

타깃 고객 명확화

모든 사람을 대상으로 하는 것이 아니라, 우리 매장의 핵심 고객층을 명확히 정의하고 그들에게 맞는 프로모션을 설계합니다.

> - 가족 고객 아이 동반 이벤트, 가족 사진 촬영 서비스
> - 연인 고객 커플 할인, 기념일 특별 메뉴
> - 관광객 SNS 인증 이벤트, 지역 스토리 체험

온/오프라인 통합 전략

온라인에서 시작된 고객 여정이 오프라인 매장 방문으로 자연스럽게 이어지도록 설계합니다.

- 온라인 예약 → 오프라인 방문 → 재방문 유도
- SNS 이벤트 → 매장 인증 → 추가 혜택 제공
- 블로그 콘텐츠 → 호기심 유발 → 직접 방문

고객 데이터 수집과 활용

프로모션 참여자의 정보를 체계적으로 수집하고, 이를 기반으로 지속적인 관계를 구축합니다. 덧붙여 고객의 연락처나 개인정보를 수집할 때는 반드시 수집 목적과 보관 기간을 명시해야 합니다. 개인정보보호법에 따라 다음과 같은 내용을 사전에 고지하고 동의를 받아야 합니다.

- 수집 목적: 이벤트 안내, 매장 소식 전달, 맞춤형 혜택 제공
- 수집 항목: 이름, 전화번호, 이메일(선택사항)
- 보관 기간: 마케팅 동의 철회 시까지 또는 최대 3년
- 제3자 제공: 하지 않음 (단, 문자 발송 업체 등에 위탁하는 경우 제외)
- 철회 방법: 언제든 연락 시 즉시 삭제 처리

이러한 내용을 이벤트 참여 페이지나 연락처 수집 시점에 명확히 안내하고 동의를 받아야 법적 문제를 예방할 수 있습니다. 또한 고객이 마케팅 수신을 거부하면 즉시 중단하고 개인정보를 삭제하는 시스템을 구축해야 합니다.

프로모션 단계별 실행 가이드

성공적인 프로모션은 체계적인 단계별 접근이 필요합니다. 각 단계마다 명확한 목표와 실행 계획이 있어야 하며, 단계별로 성과를 점검하고 다음 단계로 이어나가는 것이 중요합니다. 다음 4단계를 순서대로 실행하면 프로모션의 성공 가능성을 크게 높일 수 있습니다.

사전 준비 단계(1-2주 전)

- 프로모션 목표와 예산 설정
- 타깃 고객 분석 및 메시지 개발
- 필요한 재료와 인력 준비
- 온라인 홍보 콘텐츠 제작

홍보 단계(1주 전)

- SNS, 블로그를 통한 티저 공개
- 기존 고객 대상 사전 안내
- 지역 커뮤니티 홍보
- 언론 보도자료 배포(대형 이벤트의 경우)

실행 단계

- 참가자 접수 및 연락처 수집
- 이벤트 진행 및 고객 응대
- 실시간 SNS 업데이트
- 참가자 만족도 체크

사후 관리 단계

- 참가자들에게 감사 메시지 발송
- 이벤트 후기 및 사진 공유
- 다음 이벤트 예고
- 성과 분석 및 개선점 도출

프로모션 성과 측정 방법

프로모션의 진정한 가치는 정확한 성과 측정을 통해서만 알 수 있습니다. 숫자로 나타나는 정량적 지표와 고객의 감정과 인식을 파악하는 정성적 지표를 모두 활용해야 합니다. 이를 통해 무엇이 효과적이었는지 파악하고, 다음 프로모션을 더욱 개선할 수 있습니다.

정량적 지표

- **매출 증가율** 프로모션 전후 매출 비교
- **신규 고객 수** 처음 방문한 고객 수 측정
- **재방문율** 프로모션 참가자 중 재방문 비율
- **고객 데이터 확보** 수집된 연락처 및 정보 수
- **SNS 반응** 좋아요, 댓글, 공유 수

정성적 지표

- **고객 만족도** 설문조사나 후기를 통한 만족도 측정
- **브랜드 인지도** 매장 인지 경로 조사
- **입소문 효과** 추천을 통한 방문 고객 수
- **직원 피드백** 이벤트 진행 과정에서의 개선점

프로모션과 연애의 유사점

프로모션과 연애는 놀랍도록 많은 공통점을 가지고 있습니다. 둘 다 상대방(고객)의 마음을 얻기 위해 노력하고, 지속적인 관계 구축이 목표라는 점이 동일합니다. 이러한 유사점을 이해하면 고객과의 관계를 더욱 효과적으로 발전시킬 수 있습니다.

프로모션과 연애의 공통점

- **첫 만남의 중요성** 첫 만남(프로모션)은 인상적이어야 하지만, 그것만으로는 지속적인 관계를 보장할 수 없습니다.
- **진정성의 가치** 단순한 외형(할인 가격)보다 진정성 있는 가치 제공이 중요합니다.
- **상대방 이해** 상대방(고객)의 니즈와 선호도를 이해하여 그에 맞게 접근해야 합니다.
- **지속적 관계** 일회성 이벤트가 아닌 지속적인 소통과 관계 구축이 핵심입니다.

연애 단계별 프로모션 비유

연애에 단계가 필요하듯 프로모션도 단계에 맞춰 진행되어야 좋은 결과를 얻을 수 있습니다.

- **만남 단계 = 인지 단계** 연애에서 첫인상으로 상대방의 관심을 끄는 것처럼, 프로모션도 독특하고 매력적인 이벤트를 통해 고객들의 주목을 받는 것이 시작입니다. 이 단계에서는 무엇보다 강한 임팩트와 차별화된 포인트가 중요합니다.
- **관심 단계 = 호기심 단계** 연애에서 상대방에 대해 더 알고 싶어 하는

마음이 생기는 것처럼, 고객들도 매장과 메뉴에 대한 호기심이 증가하게 됩니다. 이때는 매장의 스토리나 특별함을 자연스럽게 알릴 수 있는 콘텐츠가 효과적입니다.

- **호감 단계 = 고려 단계**   연애에서 이 사람이 만날 가치가 있는 사람인지 신중히 판단하는 것처럼, 고객들도 이 매장이 시간과 돈을 투자할 가치가 있는 곳인지 고민합니다. 이 단계에서는 신뢰를 줄 수 있는 정보와 후기가 중요합니다.
- **교제 단계 = 구매 단계**   연애에서 정식으로 만나기 시작하는 것처럼, 고객이 드디어 실제 매장을 방문하여 구매를 하게 됩니다. 이때의 경험이 매우 중요하며, 기대했던 것보다 더 좋은 인상을 줘야 다음 단계로 이어질 수 있습니다.
- **결혼 단계 = 충성 단계**   연애에서 평생 함께하기로 결심하는 것처럼, 고객이 이 매장을 신뢰하고 지속적으로 방문하는 단골 고객으로 정착하게 됩니다. 이 단계에 도달한 고객은 다른 사람들에게도 매장을 추천하는 든든한 홍보대사가 됩니다.

실패하는 프로모션의 특징

많은 매장에서 프로모션을 시도하지만, 명확한 전략 없이 진행하여 실패하는 경우가 많습니다. 실패 사례를 미리 파악하고 이를 피하는 것이 성공 확률을 높이는 지름길입니다. 다음과 같은 실수들은 반드시 점검하고 개선해야 합니다.

목적 없는 할인

단순히 '할인을 하면 손님이 올 것'이라는 막연한 기대만으로 할인을 진행하는 경우가 많습니다. 그러나 구체적인 목표나 전략 없이 진행된 할인은 일시적으로 매출을 늘릴 수는 있어도, 곧 원래 수준으로 되돌아가며 지속적인 효과를 내기 어렵습니다.

타깃 무시

모든 사람을 대상으로 한 애매한 프로모션이나, 우리 매장의 콘셉트와 맞지 않는 이벤트를 진행하면, 의도하지 않은 고객층이 유입될 수 있습니다. 이로 인해 브랜드 이미지가 오히려 훼손될 위험도 있습니다.

사후 관리 부재

이벤트가 끝나고, 참가자의 연락처나 피드백을 수집하지 않으면 이후 고객과의 관계를 이어갈 수 없습니다. 결국 일시적인 효과만 얻고 장기적인 고객 관계 구축에는 실패하게 됩니다.

준비 부족

충분한 사전 계획 없이 이벤트나 프로모션을 진행하면, 직원 교육이 미흡하거나 재료 준비가 부족해질 수 있습니다. 그 결과 고객 불만이 발생하고, 매장에 대한 신뢰도도 함께 떨어지게 됩니다.

프로모션 전략을 수립하고 진행하는 중에 틈틈이 아래 체크리스트를 확인한다면, 실패를 방지할 수 있을 것입니다.

성공을 위한 체크리스트
- 명확한 목표와 예산을 설정했는가?
- 타깃 고객을 구체적으로 정의했는가?

- 차별화된 가치를 제공하는가?
- 온라인 홍보 계획이 있는가?
- 고객 연락처 수집 방법을 준비했는가?
- 직원 교육을 완료했는가?
- 사후 관리 계획이 있는가?

오 대표와 김 실장의 이야기처럼, 비즈니스 관계에서 시작된 인연이 서로에 대한 이해와 협력을 통해 더 깊은 관계로 발전할 수 있습니다. 그들은 함께 위기를 극복하고, 새로운 가능성을 발견하며, 서로의 가치를 인정하게 되었습니다.

프로모션은 단순한 마케팅 도구가 아닌, 고객과의 관계를 시작하는 첫 단추입니다. 그리고 그 첫 단추를 제대로 채우는 것이 성공적인 비즈니스의 시작점이 됩니다.

1
고객 관계를
설계하라

오 대표는 프로모션이 가져온 변화를 눈으로 직접 확인하고 있었다. 경쟁 업체가 생겨 위기에 처했던 매장은 평창 대표 맛집으로 자리 잡았고, 500명이 넘는 고객 데이터베이스를 구축하게 되었다. 특히 시즌 프로모션으로 진행한 '메밀의 사계절'은 고객들에게 큰 호응을 얻었다. 하지만 오 대표는 성공에 만족하지 않고 더 나은 방법을 모색하기 위해 허 대표에게 조언을 구했다.

"형님, 이번 시즌 프로모션이 대박이 났어요! 제 블로그도 방문자 수가 늘고 SNS 팔로워도 증가했는데… 무엇보다 자체적인 고객 리스트가 있다는 게 정말 든든해요."

"잘하고 있군. 하지만 아직 갈 길이 멀어. 고객 관계를 더 체계적으로 관리할 방법이 필요하지."

"맞아요. 500명이 넘는 고객들에게 일일이 연락하기엔 너무 많고, 그렇다고 똑같은 메시지만 보내기엔 아쉬워요. 개인별로 맞춤형 관리를 할 수 있는 방법이 있을까요?"

허 대표는 잠시 생각에 잠겼다가 말했다. "자네, 단계별 고객 관리에 대해 들어봤나?"

"단계별 고객 관리요? 자세히는 모르겠어요."

"고객이 우리 매장을 알게 되고, 관심을 갖고, 방문을 결정하고, 최종적으로 충성 고객이 되는 단계적 과정을 체계화하는 거야. 외식업에 맞게 설계하면 더 효과적으로 고객을 관리할 수 있지."

허 대표는 종이에 간단한 단계를 그리며 설명했다.

단계	목표	주요 전략	사용 도구
1. 인지	매장 인지도 향상	SNS 광고, 블로그 홍보	인스타그램, 페이스북, 블로그
2. 관심	메뉴/매장에 관심 유발	레시피 공유, 스토리텔링	고객 관리 솔루션, 카카오채널
3. 방문	실제 매장 방문 유도	프로모션, 한정 메뉴	네이버 예약, 쿠폰
4. 충성	단골 고객 만들기	개인화 서비스, VIP 혜택	고객 관리 솔루션

외식업 고객 관리 4단계

"외식업 고객 관리는 4단계로 나뉘어. 첫째, 인지 단계는 우리 매장을 알게 하는 것. 둘째, 관심 단계는 메뉴와 매장에 관심을 갖게 하는 것. 셋째, 방문 단계는 실제로 매장에 오게 하는 것. 넷째, 충성 단계는 단골 고객이 되도록 하는 것. 이 모든 과정을 체계화하면 많은 고객과도 효과적으로 관계를 유지할 수 있어."

"와, 정말요? 그런데 이걸 어떻게 실행하면 좋을까요?"

"단계별로 적절한 도구를 사용하면 돼. 블로그와 SNS로 인지도를 높이고, 카카오톡으로 관심을 유지하고, 프로모션으로 방문을 유도하고, 개인화 서비스로 충성도를 만드는 거지."

그때 매장 문이 열리며 김 실장이 들어왔다. 평소보다 더 활기찬 표정이었다. "안녕하세요! 무슨 이야기 중이신가요?"

"마침 잘 왔어, 김 실장. 고객 관리 체계화를 얘기하고 있었어."

김 실장은 즉시 관심을 보였다. "아, 단계별 고객 관리요! 저도 최근에 고객 관계 관리에 대해 공부하고 있어요. 오 대표님 매장 특성상 어떤 방향이 좋을까요?"

허 대표는 고개를 끄덕였다.

"오 대표 매장의 경우, 메밀 요리의 전문성과 지역 특색을 강조한 전략이 좋을 것 같아. 인지 단계에서는 '메밀 장인의 비밀 레시피'나 '평창 숨은 맛집 가이드' 같은 콘텐츠로 매장을 알리고, 관심 단계에서는 계절별 메밀 요리 소개로 지속적인 관심을 유지하는 거지. 왜냐하면 관심 단계에서는 고객이 '이 매장이 특별한 이유'를 계속 기억하도록 해야 하거든. 단순히 메뉴만 소개하는 게 아니라, 매장만의 스토리와 전문성을 꾸준히 전달해야 해."

김 실장은 열심히 메모하며 말했다. "그렇군요! 제가 마케팅 업무를 하면서 고객 단계별 관리에 대해 배운 것들을 바탕으로 오 대표님 매장에 맞는 구체적인 실행 계획을 세워 볼게요. 특히 카카오톡을 활용한 고객 관심 유지 시나리오를 만들면 좋을 것 같아요."

오 대표는 두 사람의 전문성에 감사함을 느꼈다.

"그런데 형님. 이렇게 체계적으로 관리하려면 시간과 노력이 많이 들지 않을까요?"

"초기에는 시간이 걸리지만, 체계를 만들어 두면 나중에는 훨씬 효율적이야. 무엇보다 자체 고객 기반을 확보하는 것의 가치는 돈으로 환산할 수 없지."

김 실장은 노트북을 켜며 말했다. "제가 알아보니 소규모 외식업체도 쉽게 사용할 수 있는 고객 관리 도구들이 있어요. 허 대표님의 조언을 바탕으로 오 대표님 매장에 맞는 체계를 만들어 볼게요."

2
단계별 고객 관리의 핵심

일주일 후, 김 실장은 오 대표의 매장을 찾아왔다.

"오 대표님, 지난주 허 대표님의 조언을 바탕으로 우리 매장에 맞는 고객 관리 체계를 구체적으로 설계해 봤어요!"

"벌써요? 어떤 내용인지 궁금하네요. 그 전에… 고생하셨는데 커피 한잔 내려드릴게요. 잠시만 기다려주세요."

오 대표가 커피를 가져오자 김 실장은 화면을 보여주었다. 그곳에는 4단계 고객 관리 체계가 시각화되어 있었다.

오 대표 매장 맞춤형 4단계 고객 관리 체계

1단계: 인지 (가망 고객 확보)
▼
2단계: 관심 (고객 육성)
▼
3단계: 방문 (구매 전환)
▼
4단계: 충성 (고객 관계 관리)

"이건 허 대표님이 말씀하신 4단계를 우리 매장 특성에 맞게 구체화한 거예요. 각 단계별로 명확한 목표와 도구, 그리고 고객이 다음 단계로 넘어가는 조건을 설정했어요."

오 대표는 화면을 유심히 살펴보았다. "와, 정말 체계적이네요! 이걸 어떻게 구현하는 거죠?"

김 실장은 화면을 넘겨 소셜 미디어 광고 계획을 보여주었다.

> **1단계: 인지 (가망 고객 확보) 상세 전략**
>
> - 목　표: 평창 메밀 전문점 인지도 확산
> - 도　구: 페이스북, 인스타그램, 블로그 광고
> - 콘텐츠: '메밀 장인의 비밀 레시피', '평창 숨은 맛집 가이드'
> - 결　과: 연락처 수집

"첫 번째 단계인 가망 고객 확보부터 시작할게요. 페이스북, 인스타그램 광고를 통해 '메밀 장인의 비밀 레시피 무료 공개' 이벤트를 진행하면서 고객 연락처를 수집하는 거예요. 참여자에게는 실제로 간단한 메밀 요리 레시피를 카카오톡으로 보내드리고요."

"그 다음에는 어떻게 하나요?"

> **2단계: 관심 (고객 육성) 상세 전략**
>
> - 목　표: 메뉴와 매장 스토리에 지속적 관심 유발
> - 도　구: 카카오채널, 고객 관리 솔루션
> - 콘텐츠: 계절별 메뉴 소개, 메밀 재배 과정, 요리 비하인드
> - 기　간: 21일간 3회 메시지 발송

"2단계에서는 21일 동안 체계적으로 관심을 유지시켜요. 21일 동안 최소 세 번 메밀과 관련된 흥미로운 정보를 보내드리는 거죠. 예를 들어 '메밀의 영양학적 효능', '계절별 메밀 요리', '오 대표의 메밀 농장 이야기' 같은 내용으로요."

오 대표는 고개를 끄덕이며 말했다. "예… 그럼 21일 후에는요?"

> **3단계: 방문 (구매 전환) 상세 전략**
> - 목　표: 실제 매장 방문 유도
> - 도　구: 네이버 예약, 할인 쿠폰
> - 콘텐츠: 한정 메뉴, 시즌 프로모션, 예약 특별 혜택
> - 결　과: 첫 방문 고객 → 4단계로 이동

"3단계에서 실제 방문을 유도해요. '21일간 메밀 스토리를 들어주신 고마운 분들께만'이라는 프리미엄을 주면서 한정 할인 쿠폰이나 시크릿 메뉴 체험 기회를 제공하는 거죠. 그리고 마지막으로…"

> **4단계: 충성 (VIP 고객 육성 · 90일 관계 강화) 상세 전략**
> - 목　표: 단골 고객으로 전환
> - 도　구: 개인화 메시지, VIP 전용 혜택
> - 콘텐츠: 생일 축하, 재방문 감사, 신메뉴 시식 초대
> - 기　간: 90일간 지속적 관계 관리

"방문해주신 분들을 90일간 VIP로 관리해요. 재방문 감사 메시지, 신메뉴 출시 전 미리 알림, 생일이나 기념일 축하 메시지 등으로 특별한 고객이라는 느낌을 계속 드리는 거예요."

"90일간이나 방문자를 관리하다니…"

"이 전체 과정을 통해 단순한 일회성 고객이 아닌, 우리 매장의 진짜 팬을 만들어 가는 거예요. 그리고 이 모든 과정이 자동화되어 있어서 일일이 관리하지 않아도 시스템이 알아서 돌아가게 설계했어요."

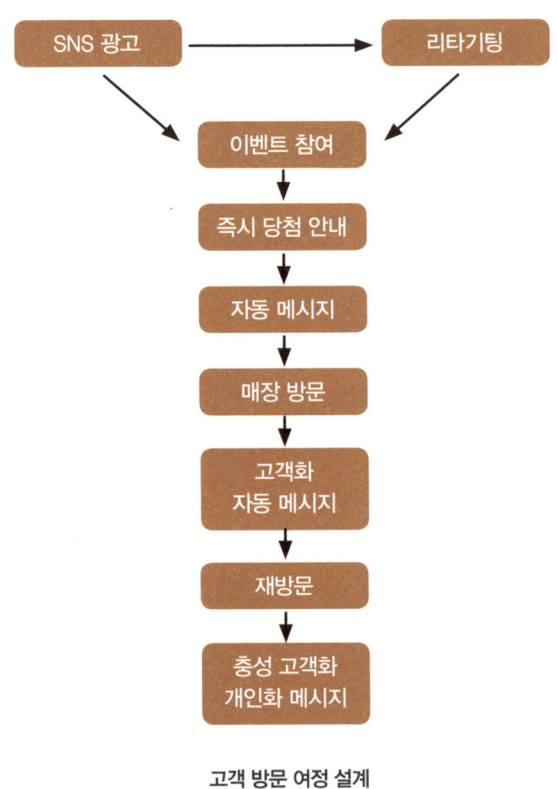

고객 방문 여정 설계

오 대표는 감탄했다. "정말 대단해요! 체계적으로 접근하니 명확하게 그려지네요."

김 실장은 미소를 지으며 다음 화면으로 넘겼다.

"가장 중요한 부분은 문자 메시지를 통한 고객 육성 과정이에요. 단순히 할인 쿠폰이나 이벤트 공지만 보내는 것이 아니라 허 대표님이 강조하신 것처럼, 고객의 구매 여정에 맞춘 맞춤형 메시지를 자동으로 발송하는 시스템을 구축하는 거예요."

화면에는 고객 여정 맵과 함께 각 단계별 문자 메시지 시나리오가 정리되어 있었다.

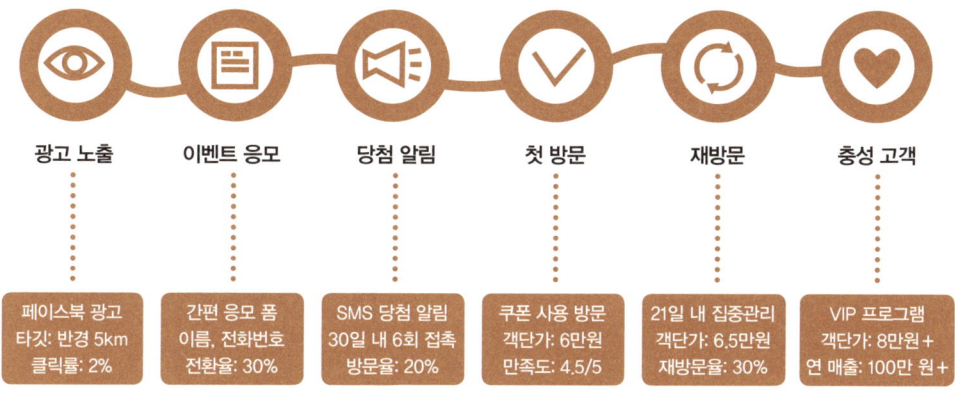

고객 여정에 따른 단계별 시나리오

"예를 들어, 이벤트에 참여한 고객에게는 첫 방문을 유도하는 메시지를, 첫 방문 고객에게는 재방문을 유도하는 메시지를, 단골 고객에게는 특별 혜택과 VIP 이벤트 초대 메시지를 자동으로 발송하는 거예요."

오 대표가 걱정된다는 투로 물었다. "그런데 이런 자동화 시스템이 너무 기계적이지 않을까요? 고객들이 오히려 반감이 생길 수도 있잖아요."

"정말 좋은 지적이에요. 그래서 저는 자동화 메시지지만 진정성이 느껴지도록 콘텐츠를 설계했어요. 다음 화면을 보세요."

그녀는 실제 문자 메시지 예시들을 보여주었다.

오 대표 매장 30일 방문 유도 메시지

1. 당첨 즉시 발송 (D-Day)

축하합니다! 평창 메밀 장인 체험 이벤트 당첨자 발표

1등 당첨 · [고객명]님 축하드립니다!
(또는 2등, 3등에 맞게 조정)

| 당첨 혜택

- 시그니처 메밀 코스 + 메밀차 세트 (1등) 15만원 상당
- 명품육회 세트 (2등) 10만원 상당
- 메밀국수 세트 (3등) 5만원 상당
- 사용기간: 30일 이내 (~ MM/DD까지)
- 예약: 033-XXX-XXXX (사전 예약 시 대기 시간 단축)

평창에서 3대째 이어온 메밀 농장의 직접 재배 메밀로만 만든 특별한 맛을 경험해보세요!

- 오 대표 메밀 전문점 -

2, 3일 후 발송 메시지

| 메밀 장인 오 대표가 직접 전하는 메밀 이야기

안녕하세요, [고객명]님!
평창 메밀 이벤트 당첨을 다시 한번 축하드려요
3일 전 당첨 소식 받으셨는데, 아직 방문 계획 세우고 계신가요?

왜 오 대표 메일이 특별할까요?
- 100% 자가 재배: 평창 청정 고원에서 직접 기른 메밀
- 고원의 일교차: 낮과 밤 온도차가 메밀의 단맛을 배가시켜요
- 밤낮없이 메밀 요리만 연구하는 오 대표의 노하우
- 예약: 033-XXX-XXXX
- 추천 방문 시간: 오후 2-4시(한적하고 여유로운 식사)

지금까지 메밀국수와 차원이 다른 메밀 본연의 맛을 느끼실 거예요. 기

다리고 있겠습니다!

– 오 대표 메밀 전문점 –

3. 8일 후 발송 메시지

손으로 반죽하고, 주문 즉시 직접 뽑는 메밀면의 비밀

[고객명]님, 안녕하세요!
혹시 메밀면이 어떻게 만들어지는지 궁금하신 적 있으세요?

| 오 대표 매장만의 특별함:

- 특별한 반죽: 100% 메밀(쓴메밀+ 단메밀)의 특별한 맛
- 자가 제면: 주문과 동시에 직접 뽑아요
- 평창 암반수: 깨끗한 평창 암반수로 반죽한 차별화된 맛

"쓴메밀의 쌉싸름한 맛과 100% 메밀임에도 쫄깃함과 부드러움이 조화된 우리만의 면발을 꼭 경험해보세요!"

| 고객 후기 BEST:

"면발이 이렇게 부드러우면서도 쫄깃할 수 있구나!"
"지금까지 내가 먹어본 메밀국수는 거짓이었나"

- 당첨 혜택 사용기간: D-22일 남음
- 편한 시간에 예약해주세요: 033-XXX-XXXX

4. 15일 후 발송 메시지

평창 고원에서 자란 메밀의 비밀
[고객명]님, 벌써 반달이 지났네요!
오늘은 평창 메밀이 왜 유명한지 알려드릴게요.

| 평창 메밀의 3가지 비밀:

- 해발 700m 고원: 일교차가 커서 메밀이 더 달고 고소해져요
- 청정 토양: 농약 없이 자연 그대로 기른 유기농 메밀
- 황금 수확시기: 딱 맞는 타이밍에 수확해 영양과 맛이 최고조!

| 오 대표의 한마디:

"3대째 이어온 메밀 농사법 그대로 키우고 있어요. 30년 노하우가 담긴 메밀이죠!"

| 우리 매장 시그니처 메뉴:

- 명품 육회 메밀국수: 대관령 한우육회 + 쫄깃한 면
- 메밀싹 육회 비빔밥: 메밀싹과 나물 그리고 대관령 육회
- 메밀묵: 100% 메밀로 만든 부드럽고 고소한 맛, 한번 맛보면 반해요.

당첨 혜택 사용기간: D-15일 남음
혹시 고민 중이시면 언제든 연락주세요!
033-XXX-XXXX

5. 25일 후 발송 메시지

마지막 기회! 당첨 혜택 5일 남았어요.

[고객명]님, 안녕하세요!
어느덧 당첨 혜택 사용 마감이 5일 앞으로 다가왔어요.
아직 못 오신 이유가 혹시…?
❓ 너무 멀어서? → 평창역에서 도보 5분, 주차장 완비!
❓ 시간이 없어서? → 30분이면 충분한 간단한 식사 가능
❓ 예약이 어려워서? → 지금 바로 전화주시면 즉시 예약!

| 마지막 5일, 이것만은 꼭

- 시그니처 육회 비빔 국수: "명인에게 배운 내공이 느껴지는 깊은 맛"
- 수제 메밀묵: "메밀전과 싸먹으면 환상의 조합"
- 들기름메밀국수: "들기름과 메밀의 만남, 고소함의 끝판왕"

| 당첨자만의 특별 서비스

🍵 메밀 주스 서비스: 식사 후 새콤달콤한 메밀 주스 무료 제공
포토존: SNS용 평창 메밀밭 컨셉 포토존

예약 전화: 033-XXX-XXXX
"이벤트 당첨자예요!" 하시면 즉시 안내해드려요.

5일 후면 정말 아쉬운 기회를 놓치게 돼요.
오늘 당장 예약하시는 건 어떨까요?

6. 30일 후 발송 메시지(마감일)

오늘이 마지막 날입니다… 정말 아쉬워요!
[고객명]님…
오늘이 당첨 혜택 사용 마지막 날이에요.
30일 동안 기다렸는데…
뵙지 못하고 마감이 되는 게 너무 아쉬워요.
혹시 오늘 저녁에라도 시간 되시나요?
마지막 기회입니다!

| 오늘 저녁 7시까지 연락 주시면:

✨ 당첨 혜택 + 메밀차 + 메밀쿠키 추가 서비스
✨ 다음 이벤트 우선 안내
✨ 단골 고객 10% 할인카드 증정

| 오 대표의 마지막 인사:

"한 분 한 분이 소중한 고객이라고 생각해요. 이번엔 인연이 닿지 않았지만, 언젠가 꼭 뵙고 싶습니다. 평창에 오실 일 있으시면 언제든 들러주세요!"
마지막 기회: 033-XXX-XXXX
언젠가 꼭 뵙기를 기대하며…
혹시 일정상 연장을 원하시면 연락주세요. ^^

- 오 대표 메밀 전문점 전체 직원 일동 -

"이렇게 해서 방문한 고객의 이름, 방문 내역, 선호 메뉴 등을 활용해 개인화된 메시지를 만들고, 단순한 홍보가 아닌 가치 있는 정보… 이를테면 메밀 레시피, 보관법, 여행 정보 등을 함께 제공하면 진정성 있는 소통이 가능해요."

오 대표의 얼굴에 화색이 돌았다. "정말 좋은 아이디어네요! 고객 입장에서도 이런 메시지라면 기분 좋게 받을 것 같아요."

오 대표의 호응에 김 실장도 뿌듯한 표정을 지었다.

"사실, 계획을 짜면서 대표님의 열정을 어떻게 전달할지가 제일 고민이었어요. 대표님은 메밀 얘기하실 때 눈빛이 달라져요. 반짝 반짝하게 빛나는… 메밀에 진심인 눈빛? 그걸 메시지와 콘텐츠에 어떻게 담을 수 있을까…"

오 대표는 김 실장이 자신을 그렇게 주의 깊게 관찰하고 있었다는 사실에 가슴이 벅차올랐다. "실장님… 정말 감사해요. 제 마음을 이렇게 잘 알아주시다니…"

두 사람의 눈이 마주쳤고, 공기 중에 미묘한 긴장감이 감돌았다. 이때 허 대표가 매장에 들어왔다.

"어떻게 되어가나? 김 실장, 고객 여정 설계는 잘 세웠어?"

김 실장은 황급히 시선을 돌리며 허 대표를 맞았다. "네! 대표님! 말씀해주신 방향으로 구체적인 계획을 세워봤어요. 한번 봐주시겠어요?"

세 사람은 함께 고객 여정 설계를 검토했다. 허 대표는 몇 가지 조언을 더하며 전체적인 방향성을 확인해주었다.

"잘 설계했어, 김 실장. 특히 고객 방문 유도가 부담 없이 잘 전달되는 것 같아. 그런데 한 가지 더 추가하자면, 충성 고객을 위한 커뮤니티 형성 전략이 필요해. 고객들이 단순히 우리 매장을 방문하는 것을 넘어서, 서로 교류하고 소속감을 느낄 수 있는 공간을 만드는 거지. '메밀 애호가 클럽', '평창메밀사랑' 같은 커뮤니티를 만들어서 정기 모임과 특별 이벤트를 하는 건 어떨까?"

김 실장은 고개를 끄덕이며 메모했다.

오 대표는 감탄하며 두 사람을 번갈아 바라보았다.

"형님, 김 실장님, 정말 대단하세요. 이런 체계적인 전략이 있다니… 전 이제 무엇을 해야 할까요?"

허 대표가 웃으며 말했다. "실행이지! 김 실장이 준비한 계획을 바탕으로 시스템을 구축하고, 콘텐츠를 만들고, 고객의 반응을 분석하는 거야. 물론 김 실장이 계속 도와줄 테니 걱정 말고."

김 실장이 미소 지으며 덧붙였다. "네, 제가 계속 함께할게요. 콘텐츠 제작과 시스템 설정, 데이터 분석까지 같이 해나가면 좋겠어요."

오 대표는 두 사람에게 진심으로 감사를 표했다. "정말 감사합니다. 이렇게 도와주시니 든든해요. 특히 김 실장님, 이렇게 열정적으로 준비해주셔서 감동이에요."

김 실장은 살짝 얼굴을 붉히며 미소 지었다.

"별말씀을요. 저도 함께 일하면서 많이 배우고 있어요."

허 대표는 둘을 흐뭇하게 바라보았다. 그들 사이에 특별한 감정이 싹트고 있다는 것을 눈치 챘지만, 굳이 언급하지 않았다.

"자, 그럼 이제 실행 계획을 세워보지."

3
단계별 고객 관리 구축과 실행

이틀 후, 오 대표, 김 실장, 허 대표는 허 대표의 매장에 모여 본격적인 실행에 들어갔다. 허 대표가 매장 벽면에 붙어 있던 화이트보드 앞에 섰다.

"자, 이제 김 실장이 설계한 걸 실제로 돌려보자고. 이론은 충분히 했으니까."

그는 마커를 들고 간단한 화살표를 그리기 시작했다.

"실행은 간단해. 광고 → 이벤트 페이지 → 자동 메시지 → 방문 유도. 이 흐름만 제대로 만들면 돼."

김 실장이 노트북을 열며 말했다. "제가 페이스북과 인스타그램 광고 계정은 미리 준비해 뒀어요. 이제 이벤트 페이지 콘텐츠만 마무리하면 바로 시작할 수 있어요."

오 대표는 궁금해하며 물었다. "그런데 어떻게 자동으로 메시지가 보내지는 거예요?"

허 대표가 화이트보드에 동그라미 하나를 그리며 설명했다.

"고객이 이벤트 페이지에서 연락처를 입력하면, 그 순간부터 시계가 돌아가기 시작하는 거야. 1일 후, 3일 후, 7일 후… 미리 김 실장이 만든 메시지가 정해 놓은 스케줄대로 자동으로 발송되는 거지."

"와, 정말 신기해요."

김 실장이 화면을 돌려보여주며 덧붙였다. "지금 보시는 게 자동화 시스템이에요. 여기에 제가 준비한 메시지들이 다 입력되어 있고, 언제 누구에게 보낼지도 설정되어 있어요."

허 대표가 고개를 끄덕이며 말했다. "좋아. 그럼 이제 역할을 나눠 보자. 김 실장은 이벤트 페이지 콘텐츠 마무리와 광고 운영을 맡고, 오 대표는 실제 고객 응대와 매장 경험 최적화에 집중해. 나는 전체적인 데이터를 보면서 성과 측정하고 개선점을 찾아볼게."

오 대표가 적극적으로 대답했다. "네! 저는 고객분들이 실제로 오셨을 때 최고의 경험을 드릴 수 있도록 준비하겠어요."

김 실장도 의욕적으로 말했다. "저는 이벤트 페이지 콘텐츠를 마무리하고 광고소재와 이벤트페이지를 최적화해 볼게요. 더 많은 분들이 참여할 수 있도록 계속 개선해나가겠어요."

이틀 후, 세 사람은 다시 허 대표의 매장에 모였다. 김 실장이 노트북을 열며 광고를 마지막으로 점검하고 있었다.

"드디어 '메밀 장인의 비밀 레시피 공개' 캠페인을 시작할 때가 왔네요!" 김 실장이 흥분된 목소리로 말했다.

허 대표가 옆에서 화면을 들여다보며 물었다. "모든 설정이 완료됐나?"

"네! 광고 소재도 검토했고, 자동 메시지 시스템도 테스트해 봤어요. 이제 시작하면 됩니다."

오 대표는 긴장된 표정으로 두 사람을 바라보았다.

"정말 잘될까요?"

허 대표가 어깨를 토닥이며 말했다. "걱정 마. 김 실장이 철저하게 준비했잖아. 자, 이제 광고를 시작해 볼까?"

몇 분 지나지 않아 김 실장이 놀란 목소리로 말했다. "벌써 첫 번째 참여자가 나왔어요!"

"정말요?"

"네! 보세요. 방금 김○○님이 연락처를 남기셨어요. 그리고… 어? 벌써 자동 메시지가 발송됐네요."

허 대표가 만족스럽게 웃었다.

"광고가 제대로 돌아가고 있어. 좋아."

그로부터 이틀 후, 김 실장이 흥분하며 화면을 가리켰다.

"와! 이거 봐요! 이틀 만에 300명이 넘는 분들이 참여했어요!"

오 대표는 믿을 수 없다는 표정이었다.

"이틀 만에요? 정말요?"

허 대표가 데이터를 살펴보며 말했다. "광고 반응이 예상보다 훨씬 좋네. 특히 '3대째 이어온 메밀 농장'이라는 메시지가 사람들 관심을 많이 끌었어."

김 실장이 다른 화면을 보여주며 설명했다.

"그리고 자동 메시지 시스템도 잘 작동하고 있어요. 첫날 가입하신 분들께는 오늘 두 번째 메시지가 발송됐고, 메시지 열람률도 80% 넘게 나오고 있어요."

허 대표가 화이트보드에 글자를 썼다.

'시스템 모니터링과 개선'

"좋아, 데이터를 보자. 광고 클릭률 3.2%, 이벤트 참여율 25%, 메시지 열람률 82%. 이 정도면 첫 캠페인치고는 상당히 좋은 성과야."

김 실장이 궁금해하며 물었다. "그런데 이 숫자들이 어떤 의미인지 좀 더 자세히 알 수 있을까요?"

"간단해. 광고를 본 사람 100명 중 3명이 클릭했고, 이벤트 페이지에 들어온 사람 100명 중 25명이 실제로 참여했다는 뜻이야. 그리고 메시지를 받은 사람 100명 중 82명이 실제로 읽었고."

오 대표가 감탄하며 말했다. "숫자로 보니까 정말 명확하네요!"

허 대표가 계속 설명했다.

"이제 중요한 건 이 사람들 중에 실제로 매장에 방문하는 사람이 얼마나 되느냐야. 앞으로 2~3주 더 지켜보면서 방문 전환율을 측정해보자고."

김 실장이 허 대표에게 데이터를 보고했다.

"지금도 계속 참여자가 늘고 있어요. 이틀간 지켜보니까 오후 2~4시, 그리고 저녁 7~9시에 참여가 가장 많았어요."

"아직은 초기니까 조금 더 지켜보자고, 광고는 최소 일주일은 돌려봐야 제대로 타기팅이 되었는지 알 수 있거든. 이벤트 참여만 하고 방문을 안 하는 경우는 타기팅이 잘못된 거라고 볼 수 있잖아." 허 대표가 조언했다.

오 대표는 두 사람의 전문적인 대화를 들으며 새로운 세계를 경험하고 있었다. 그동안 감으로만 했던 장사가 이렇게 체계적으로 분석되고 개선될 수 있다는 게 신기했다.

"형님, 김 실장님… 정말 대단하세요. 이런 식으로 하니까 뭔가 확신이 생겨요."

김 실장이 오 대표를 바라보며 따뜻하게 미소 지었다.

"오 대표님이 정성껏 준비하신 메밀 요리가 있었기 때문에 가능한 일이에요. 저희는 그냥 그 진심을 더 많은 사람들에게 전달하는 방법을 찾은 것뿐이에요."

오 대표는 김 실장의 말에 깊이 감동했다. 그녀가 단순히 마케팅 기법만 가르쳐 주는 게 아니라, 자신의 마음까지 이해해주고 있다는 느낌이 들었다.

허 대표가 두 사람의 분위기를 눈치 채고 회의를 끝내기로 했다.

"자, 그럼 오늘은 여기까지 하고, 내일부터 본격적으로 데이터 분석하면서 시스템을 개선해나가자고. 김 실장, 내일 오전에 1차 리포트 부탁해."

"예, 대표님."

"그럼 열심히 일했으니 호프집에서 한잔 할까?"

세 사람은 뿌듯한 마음으로 회의를 마무리했다. 시스템이 예상보다 훨씬 잘 작동하고 있었고, 앞으로의 결과가 기대됐다.

인터뷰: 한 달 만에 5천 명의 고객 DB를 확보한 명지첫집 김승연 대표
부산 명지첫집 국제신도시 본점과 오션시티 직영점, 하단만족 운영

김승연 대표는 부산에서 족발과 보쌈이 주 메뉴인 한식당 두 곳과 족발 전문점 한 곳을 성공적으로 운영하고 있습니다. 김 대표는 명지첫집 본점 오픈 3개월 후 필자의 제안으로 이벤트를 진행해 한 달 만에 5천 명 가량의 고객 DB를 확보했습니다. 그는 매장 운영을 넘어 프랜차이즈 확장까지 내다보고 있습니다. 이때도 고객 확보를 위해 이벤트를 중요한 전략으로 활용할 계획입니다. 김 대표의 경험과 노하우를 듣기 위해 짧은 인터뷰를 진행했습니다.

Q. 어떤 이벤트를 진행하셨죠?

A. 허 대표님 제안으로 명지첫집 반경 1킬로미터 내의 가망 고객을 대상으로 '꽝 없는 이벤트'를 기획하고 페이스북 광고를 진행했습니다. 한 달 동안 1000명의 가망 고객 정보를 획득하는 게 목표였습니다.

Q. 이벤트 전에 어떤 기대나 우려가 있었나요?

A. 솔직히 이벤트를 해본 적도 없고 어떤 효과가 있을지 큰 기대는 하지 않았습니다. 매장 오픈 이벤트 정도로만 생각했지, 단골 고객이나 충성 고객을 만드는 수준까지는 기대하지 않았어요. 오히려 고객들이 문자 받는 것을 거부하지 않을까 걱정이 더 컸습니다.

Q. 문자 발송은 구체적으로 어떻게 진행되었나요?

A. 방문 전 고객에게는 3일 후, 7일 후, 10일 후… 이런 식으로 매장, 메뉴, 재료, 셰프 등을 소개하는 내용을 보냈습니다. 방문한 고객에게는 만족도를 일깨우고 매장을 잊지 않도록 매장 정보, 레시피, 고객이 궁금할 만한 정보 등을 3일, 7일, 10일, 15일, 30일… 이런 식으로 1년 동안 자동화 문자가 발송되도록 시스템을 구축했습니다.

Q. 이벤트 초기 반응은 어땠나요?

A. 페이스북 광고를 시작한 첫날부터 문자가 수백 통씩 밀려들었어요. 너무 놀라서 허 대표님께 프로그램 오류가 아니냐고 연락했을 정도였습

니다. 카카오톡 친구 수도 갑자기 폭증하더라고요.

Q. 이벤트 반응이 좋았던 이유가 무엇이라고 생각하세요?

A. 몇 가지 요인이 복합적으로 작용했다고 봅니다.
첫째, 새 매장이라는 호기심 효과가 있었어요. 매장을 오픈하면 기존 매장보다는 관심을 갖는 사람들이 많아지거든요.
둘째, 3개월간 사전 준비를 철저히 했습니다. 자사 블로그에서 우리 매장의 전문성과 메뉴, 차별점을 꾸준히 알렸고, 체험단이나 파워블로거들을 초대해서 인지도를 차근차근 쌓아왔어요.
하지만 가장 결정적이었던 건 예상치 못한 바이럴 효과였습니다. 이벤트를 시작한 후 어떤 분인지는 모르겠지만, 지역 온라인 카페에 저희 명지첫집 이벤트 링크를 올려주셔서 폭발적으로 확산된 거예요.
결국 사전 준비로 어느 정도 기반을 다져놓긴 했지만, 실제로는 예상 밖의 입소문 효과가 가장 큰 역할을 했다고 생각합니다. 운이 좋았다고도 할 수 있죠.

Q. 최종 참여 결과는 어떠했나요?

A. 약 3일만에 1천 명이 참여했고, 채 한 달이 되지 않아서 5천 명의 고객 DB를 확보했습니다. 아주 잘된 이벤트라고 하더군요. 한 달에 1천 명 모으기도 어려운 매장들이 있다고 들었습니다.

Q. 실제 방문율과 매출 효과는 어땠나요?

A. 첫 달에 약 10~12% 정도인 500팀 이상이 방문했습니다. 테이블 단가가 6~7만원이니까 상당한 매출을 거뒀죠. 지속적인 방문 유도와 입소문을 통해서 결국 5천 명 중 20% 이상은 방문을 했습니다.

Q. 이벤트 투자 비용은 어느 정도였나요?

A. 페이스북 광고비는 하루 5천원, 문자비용은 건당 29원이었고, 광고비 예상 15만원, 문자비 29만원(고객당 10회*290원)으로 준비했었습니다. 20일 만에 5천명을 모았고, 페이스북 광고비에 10만원, 초기 문자비용에 14만 5천원이 들었습니다. 이후 자동셋팅 문자로 6개월 동안 고객 당 10회 정도 추가 문자 비용이 150만원 정도 들어, 6개월 이벤트 비용 총합은 약 175만원입니다.

Q. 현재까지 고객 유지율은 어떤가요?

A. 가장 중요한 건 고객들이 실제 방문했을 때 기대한 만큼의 만족도를 주는 것이었습니다. 이벤트에 참여하셨던 분들 중 지금까지도 저희 매장을 이용하시는 분들이 60%에서 70% 정도 됩니다.

Q. 문자 거부 반응은 없었나요?

A. 5천 명이 넘는 고객 DB를 확보했는데, "왜 문자를 보내느냐" 또는 "문자를 보내지 말아 달라"는 항의는 한 건도 접수되지 않았습니다. 우선 방문 전, 방문 후 고객을 나누고, 고객 분들이 부담스럽지 않게 이벤트 당첨 즉시, 당첨 후 3일, 10일, 15일, 25일, 30일 간격으로 문자가 발송되도록 기획했습니다. 또 방문 이후에는 방문 후 3일, 10일, 20일, 40일, 60일로 문자 주기를 세팅하고 이후 재방문 여부나 이용금액 등으로 고객을 분류해서 관리했습니다.

Q. 이벤트 진행 중 가장 어려웠던 점은 무엇인가요? 혹시 예상치 못한 문제는 없었나요?

A. 가장 큰 어려움은 예상보다 훨씬 많은 고객이 몰린 것이었습니다. 하루에 수백 명씩 참여하다 보니 매장 직원들이 문의 전화 응대에 치이더라고요. 또 이벤트 쿠폰 사용 고객들이 몰리는 시간대에는 주방이 감당하기 어려울 정도였어요.
당시에는 고객을 '최대한 많이 모으는 것'이 목표였는데, 지금 그 시절로 돌아가 다시 이벤트를 한다면, 첫 번째 목표는 1천 명으로 시작해서 반응 정도에 따라 매달 또는 주기적으로 이벤트를 진행할 것 같습니다. 이벤트 기간이나 참여 인원수를 목표 고객에 맞게 얼마든지 중단하거나 연장할 수 있거든요.
[저자의 덧붙임] 참고로 보통 이벤트 참여 후 방문율은 10~15% 정도로 예상하면 됩니다. 그러니까 1천 명이 참여하면 100~150팀 정도가 방문하는 것이지요. 매장의 규모나 고객 서비스가 감당할 수 있는 정도 내에서 진행하면 좋을 것 같습니다.

Q. 5천 명이라는 대량의 고객 DB를 관리하는 노하우가 있다면?

A. 고객을 단계별로 분류하는 것이었어요. '이벤트만 참여한 고객', '실제 방문한 고객', '재방문한 고객'으로 나눠서 각각에 맞는 메시지를 보내는

거죠. 그리고 매달 데이터를 확인해서 반응이 좋은 메시지는 계속 활용하고, 효과가 없는 건 수정했어요.

가장 중요한 노하우는 '개인화'입니다. 자동화된 메시지에 '[이름] 님'을 넣고, 고객의 방문 이력에 맞는 메뉴를 추천하는 식으로 업데이트 하니까 반응이 훨씬 좋더라고요.

Q. 이벤트 효과가 지속되려면 가장 중요한 요소는 무엇이라고 생각하시나요?

A. 단연 '진정성'과 '일관성'입니다. 이벤트로 고객을 끌어오는 건 시작일 뿐이에요. 정말 중요한 건 그 고객들이 실제 방문했을 때의 경험이거든요. 음식 맛, 서비스, 매장 분위기가 기대와 일치해야 하고, 더 나아가 기대를 뛰어넘어야 해요. 그리고 지속적인 소통이 핵심입니다. 단순히 할인 쿠폰만 보내는 게 아니라, 정말 도움이 되는 정보나 재미있는 콘텐츠를 꾸준히 제공해야 고객들이 우리 매장을 기억하고 재방문하게 됩니다. 마지막으로 '참을성'이 필요해요. 당장 모든 고객이 방문하지 않더라도, 꾸준히 관계를 유지하다 보면 6개월, 1년 후에라도 갑자기 방문하는 고객들이 있거든요.

Q. 이벤트를 할 다른 사업자분들에게 '이것은 주의해라'라고 말해줄 사항이 있나요?

A. 첫째, 매장 준비를 철저히 하세요. 실제 승부는 매장에서 결정됩니다. 음식 퀄리티, 서비스 수준, 매장 분위기 등이 준비되지 않은 상태에서 이벤트를 하면 오히려 역효과가 날 수 있어요.

둘째, 너무 욕심내지 마세요. 처음에는 작은 규모로 시작해서 시스템에 익숙해진 다음에 규모를 키우는 게 좋습니다. 저도 처음에는 1천 명 정도 예상했는데 5천 명이 몰려서 당황했거든요.

셋째, 문자 내용의 질이 정말 중요해요. 단순한 홍보성 메시지가 아니라 고객에게 정말 도움이 되는 정보를 담아야 합니다. 그래야 스팸으로 인식되지 않고 고객들이 계속 관심을 가져줘요.

마지막으로, 혼자 하려고 하지 마세요. 저도 허 대표님 같은 전문가의 도움 없이는 불가능했을 거예요. 시스템 구축부터 콘텐츠 제작, 데이터 분석까지 전문적인 영역이 많거든요.

4
문자 마케팅 자동화의 효과

캠페인 시작 2주 후, 첫 번째 성과가 나타나기 시작했다. 매장 방문 고객 중 30% 이상이 소셜 미디어 이벤트를 통해 매장을 알게되었다고 답했다. 허 대표가 화이트보드에 숫자들을 적고서 흡족한 표정을 지었다.

"2주간 데이터를 보니 확실히 효과가 나타나고 있어. 신규 고객 유입이 예전보다 3배는 늘었어. 이건 정말 놀라운 성과야. 특히 주목할 점은 대부분이 처음 방문하는 고객들이라는 거야. 이제 중요한 것은 그들이 재방문하도록 만드는 거야. 그게 고객 관계 관리의 힘이지."

김 실장이 허 대표의 말을 이어갔다.

"네, 그래서 방문 후 감사 메시지와 재방문 유도 메시지가 자동으로 발송되도록 설계했어요. 방문 고객들에게는 단계별로 다른 메시지가 발송돼요."

그녀는 화면을 돌려보여주며 설명했다.

[방문 후 자동 발송 메시지 시나리오]

- 방문 당일: "오늘 메밀 요리는 어떠셨나요? 소중한 방문 감사합니다. – 오서준 셰프"

> - 방문 3일 후: "집에서도 메밀의 깊은 맛을 느끼실 수 있는 간단한 팁을 공유드려요. 메밀차 우리는 법…"
> - 방문 1주일 후: "이번 주 새로 출시되는 계절 한정 메뉴를 미리 알려드려요. 단골 고객님만을 위한 특별 할인도…"

특히 효과적이었던 것은 방문 후 3일차에 보내는 '메밀 요리 팁' 메시지였다. 오 대표가 물었다. "김 실장님, 어떻게 효과적이었다는 걸 아신 거죠?"

"메시지를 받은 분들 중 5% 정도가 답장을 보내 주셨어요. 보통 홍보 메시지는 답장 자체를 거의 안 받는데, 이번엔 실제로 '유용한 정보 감사해요', '집에서 해봤는데 맛있네요' 같은 긍정적인 반응을 보내 주신 분들이 있었어요."

이번에는 허 대표가 물었다. "좋아 김 실장, 그럼 실제 고객 반응은 어때?"

"첫 방문 고객의 70%가 네이버 리뷰를 작성해주셨는데, 그 리뷰 내용 중 50% 이상이 '방문하고 싶다', '다음에 또 올게요' 같은 재방문 의사를 남겨 주셨어요. 그리고 실제로 재 예약 문의나 전화도 평소보다 50% 정도 늘었고요."

오 대표는 흥분한 목소리로 말했다. "실장님, 이 시스템 덕분에 고객들이 계속 들어오고 있어요. 그리고 제가 매장 운영에 더 집중할 수 있게 되었어요."

김 실장이 계속 설명했다.

"이 시스템의 장점은 한 번 구축해 놓으면 계속해서 작동한다는 거예요. 새로운 가망 고객이 유입되면 자동으로 육성 프로세스가 시작되고, 방문 고객은 충성 고객으로 발전시키는 프로세스가 작동해요."

오 대표는 김 실장에게 진심으로 감사를 표했다.

"이 모든 게 김 실장님 덕분이에요. 정말 감사해요."

"아니에요, 허 대표님의 전략적 방향과 오 대표님의 실행력, 그리고 무엇보다 오 대표님의 진정성 있는 요리가 있었기에 가능했어요."

허 대표는 두 사람을 번갈아 바라보며 미소 지었다.

"좋은 팀워크야. 각자의 강점을 살려 시너지를 만들어 낸 거지."

그때 김 실장의 눈이 반짝였다.

"그리고 제가 새로운 아이디어가 있어요. 이제 고객 데이터가 충분히 쌓였으니 고객 세그먼트별로 더 맞춤화된 경험을 제공하는 거예요."

그녀는 키보드를 빠르게 두들긴 후 화면을 돌렸다.

고객 분류 방법

- 신규 가망 고객: 이벤트에 참여했지만 아직 방문 안 한 분들 → 방문 유도 집중
- 첫 방문 고객: 한 번 와보신 분들 → 재방문 유도와 메뉴 추천
- 단골 고객: 3회 이상 방하신 분들 → VIP 혜택과 특별 이벤트
- VIP 고객: 월 2회 이상 방문하는 분들 → 메밀 애호가 클럽 초대

"이렇게 고객을 유형별로 분류하고, 각 그룹에 맞는 메시지를 보내면 훨씬 효과적이에요. 특히 VIP 고객들에게는 '평창 메밀 애호가 클럽' 가입 초대를 보낼 계획이에요."

오 대표는 감탄했다.

"정말 체계적이네요! 항상 한발 앞서 생각하시는 것 같아요."

김 실장은 오 대표의 칭찬에 미소 지으며 말했다.

"사실 제가 더 배우고 있어요. 오 대표님의 고객에 대한 진심 어린 관심, 그걸 어떻게 시스템에 담을지 계속 고민하게 되거든요."

허 대표가 슬쩍 자리에서 일어났다.

"나는 잠시 주방에 다녀올게. 자네들이 더 얘기할 게 있을 것 같으니."

허 대표가 자리를 비운 후, 오 대표와 김 실장은 잠시 말없이 서로를 바라보았다. 오 대표가 조심스럽게 말을 꺼냈다.

"김 실장님, 저희가 함께 이런 성과를 만들어내는 걸 보니… 정말 좋은 파트너가 된 것 같아요."

김 실장이 따뜻하게 미소 지으며 답했다.

"저도 오 대표님과 함께 하면서 이렇게 보람 있을 줄 몰랐어요."

오 대표는 용기를 내어 김 실장의 손을 잡았다.

"함께 이 사업을 성장시켜 나가고 싶어요. 그리고… 우리 관계도 더 깊어졌으면 좋겠어요."

김 실장은 오 대표의 손을 꼭 잡아주었다.

"저도 그렇게 되면 좋겠어요."

두 사람은 서로를 바라보며 새로운 출발을 다짐했다. 성공적인 마케팅 시스템 구축과 함께, 그들의 인연도 더욱 단단해져 가고 있었다.

5
고객 커뮤니티 구축의 힘

단계적 고객 관리 시스템이 성공적으로 운영된 지 3개월이 지났다. 오 대표의 매장은 안정적인 고객층을 확보했고, 네이버 의존도가 크게 줄었다. 특히 주목할 만한 성과는 고객 커뮤니티의 형성이었다. 처음에는 단순한 VIP 고객 모임으로 시작했지만, 점차 자발적인 커뮤니티로 발전했다.

오 대표가 기뻐하며 말했다. "저희 매장을 정말 좋아해주시는 분들이 모여서 자발적으로 모임을 만들었어요. '메밀 애호가 클럽'이라는 SNS 채널은 저희 매장을 소개하는 콘텐츠도 만들어요."

김 실장 역시 환한 표정으로 말했다. "이것이 바로 진정한 브랜드 커뮤니티예요. 고객들이 단순한 소비자를 넘어 브랜드의 일부가 되는 거죠. 이런 커뮤니티는 어떤 광고보다 강력한 마케팅 채널이 될 수 있어요."

허 대표가 팔짱을 풀며 몸을 기울였다.

"맞아. 고객 커뮤니티는 네이버 같은 외부 플랫폼에 의존하지 않고도 지속적인 입소문 마케팅 효과가 있지. 또 그들의 피드백은 매장 발전에 큰 도움이 돼."

김 실장이 태블릿 화면을 오 대표에게 보여주었다.

"실제로 데이터를 분석해보니, 커뮤니티 회원들이 데려온 신규 고객이 전체 신규 고객의 약 30%를 차지해요. 그리고 그들의 전환율이 일반 광고를 통한 전환율보다 3배 높아요."

오 대표가 감탄했다. "우와. 정말 놀랍네요."

김 실장은 더 구체적인 성과를 설명했다.

"고객 관계 관리 시스템 도입 후 3개월 동안의 성과를 정리해 봤어요. 가망 고객 데이터베이스 2500명 확보, 그중 13%가 실제 방문으로 전환됐고, 방문 고객 중 2회 방문해주신 분이 80명, 3회 이상이 30명이에요. 평창 지역 특성을 고려하면 정말 의미 있는 성과예요."

짝.짝.짝. 허 대표가 가볍게 박수를 쳤다.

"체계적인 마케팅의 힘을 알겠지? 자네 매장은 네이버나 배달 앱 같은 외부 플랫폼에 의존하지 않고도 자체적으로 고객을 확보하고 관리할 수 있는 시스템을 갖춘 거야."

"모두 형님의 전략적 방향과 김 실장님의 뛰어난 실행력 덕분이에요. 저는 그저 메밀 요리를 만드는 데만 집중했을 뿐인데…"

김 실장은 미소를 지으며 대답했다. "함께 만들어낸 결과예요. 무엇보다도 오 대표님의 진정성 있는 요리와 고객에 대한 진심 어린 마음이 있었기에 가능했어요. 아무리 좋은 시스템도 진정성이 없다면 효과가 없으니까요."

짝. 허 대표가 손바닥을 마주치며 말했다. "자, 이제 축하의 자리를 가져야겠군. 오 대표 가게의 성공적인 마케팅 시스템 구축과… 두 사람의 훌륭한 팀워크를 위해서."

오 대표와 김 실장은 서로를 바라보며 눈웃음을 지었다. 이제 그들은 진정한 동반자가 되어 더 큰 꿈을 향해 나아가고 있었다.

6
고객과 함께 성장하는 미래

6개월이 지났다. 오 대표의 매장은 이제 지역을 넘어 전국적으로 알려진 메밀 맛집이 되었다. 블로그와 SNS에서의 유명세는 물론, 자체 고객 데이터베이스도 5000명을 넘어섰다. 특히 눈에 띄는 것은 매장의 확장이었다. 이제는 옆 점포까지 확장하여 2배 크기의 매장을 운영하게 되었다.

새로 확장한 매장에서 세 사람이 미래 계획을 논의하고 있었다.

"이제는 네이버 상위 노출이나 광고에 의존하지 않아도 매장이 꽉 찰 정도가 되었네요. 자체 고객 리스트와 예약 시스템만으로도 충분히 운영이 가능해졌어요." 말을 마친 오 대표는 감개무량한 표정이었다.

허 대표가 고개를 끄덕였다.

"이것이 바로 고객 관계 관리의 힘이야. 플랫폼 의존도를 낮추고, 자체적인 고객 기반을 확보하는 것. 이제 광고비가 절감된 만큼 고객 서비스 향상과 직원 복지에 투자할 수 있게 되었잖아? 이제 선순환 구조를 만들 수 있어. 좋은 고객 관계가 안정적인 매출을 만들고, 그것이 다시 더 좋은 서비스와 제품으로 이어지는 거지."

오 대표는 한동안 생각에 잠겼다가 말했다. "고객과의 관계를 발전시키면서 깨달은 게 있어요. 이게 단순히 비즈니스 전략이 아니라, 진정한 관계 구축의 과정이라는 거죠. 마치 연애와 같아요. 처음 만남, 호감 형성, 신뢰 구축, 그리고 장기적인 관계로의 발전… 모든 단계마다 진정성과 노력이 필요하더라고요."

김 실장이 미소 지으며 말했다. "정말 그래요. 고객 관계도 결국은 사람과 사람 사이의 관계니까요. 신뢰와 존중, 그리고 지속적인 가치 제공이 핵심이죠."

오 대표는 김 실장을 바라보며 말했다. "덕분에 정말 많은 것을 배웠어요. 고객 관계뿐만 아니라, 진정한 관계의 의미에 대해서도요."

허 대표는 두 사람을 번갈아 보며 웃었다.

"자, 이제 미래 계획에 대해 얘기해보지. 오 대표, 매장 확장이나 다른 비즈니스 모델에 대해 생각해본 적 있어?"

"네, 몇 가지 아이디어가 있어요. 첫째, '메밀 아카데미'를 열어서 메밀 요리 강습을 제공하는 거예요. 둘째, 지역 농가와 협력해서 메밀 농장 체험 프로그램을 운영하고, 셋째, 밀키트 라인업을 기획해서 온라인 판매를 시작하려고요."

김 실장의 눈이 반짝였다.

"오 대표님, 정말 좋은 아이디어네요! 영역 확장이 단순한 사업 다각화가 아니라, 고객과의 관계를 더 깊게 만드는 방향이군요."

허 대표 역시 만족하는 표정을 지으며 말했다. "맞아. 사업 확장도 결국 고객 관계의 연장선상에 있어야 해. 그들의 니즈와 피드백을 기반으로 한 확장이 진정한 성장을 가져오지."

오 대표는 감사한 마음으로 두 사람을 바라보았다. 그는 처음 블로그를 시작할 때만 해도 이렇게 체계적인 마케팅과 고객 관계 관리를 할 것이라고는 상상도 못했다. 하지만 이제는 자신만의 철학과 시스템을 갖춘 사업주가 되었다.

"정말 많은 것이 변했네요. 처음에는 단순히 맛있는 음식을 만드는 것만으로 충분하다고 생각했어요. 하지만 이제는 고객과의 관계, 그들의 경험, 그리고 지속적인 가치 제공이 얼마나 중요한지 깨닫게 되었어요."

김 실장이 따뜻한 미소를 지으며 대답했다. "오 대표님의 성장이 정말 놀라워요. 그리고 그 과정을 함께할 수 있어서 저도 행복했어요."

그들의 시선이 마주쳤고, 그 안에는 비즈니스 파트너십을 넘어선 깊은 유대감이 담겨 있었다. 하지만 허 대표가 이 둘의 시선에 훼방을 놓았다.

"자, 이제 성공적인 고객 관계 관리를 기념해서 한잔 할까? 오 대표, 특별히 보관해둔 좋은 술 있지?"

오 대표는 웃으며 일어났다. "물론이죠! 금방 가져올게요."

그가 술을 가지러 간 사이, 허 대표는 김 실장에게 말했다. "고마워, 김 실장. 자네가 오 대표를 많이 도와줬어. 비즈니스적으로도, 개인적으로도."

"아니에요. 저도 많이 배웠어요. 오 대표님의 열정과 진정성은 정말 특별해요. 그리고 허 대표님의 지혜와 경험도요. 이런 멋진 팀의 일원이 된 게 행운이었습니다."

김 실장이 잠시 말을 멈췄다.

"그리고 개인적으로도 대표님께 감사드립니다."

둘은 의미심장하게 웃음을 주고받았다..

오 대표가 돌아와 세 사람은 건배를 했다. 그것은 단순한 비즈니스 성공을 넘어, 진정한 파트너십의 가치를 축하하는 순간이었다. 이들의 관계는 마치 잘 설계된 고객 관계처럼, 시간과 노력을 통해 더욱 깊고 의미 있게 발전해나갈 것이다.

"고객 관계도, 사람과 사람 사이의 관계도 결국은 진정성과 지속적인 가치 교환이 핵심이야. 그걸 잊지 않는다면, 어떤 위기도 기회로 바꿀 수 있지."

허 대표의 말에 세 사람은 공감하며 다시 한번 잔을 부딪쳤다. 이제 그들의 이야기는 새로운 장으로 접어들고 있었다.

에필로그:

사랑은 돌아오는 거야! 고객은 돌아오는 거야!

최근 오랜만에 외식업계에서 잘 나가던 친구를 만났습니다. 한때 그는 대학로에서 큰 가맹점을 성공적으로 운영하다가, 자신만의 브랜드를 키우고 싶다는 포부로 새로운 도전을 시작했습니다.

친구의 매장은 독특한 콘셉트와 열정으로 빠르게 성공해 지역의 랜드마크가 되었지만, 성공에 취해 확장에만 집중하다가 본점 관리를 소홀히 했습니다. "직원이 불친절했다", "예전 같지 않다"는 소문이 퍼지며 1년간 노력했음에도 회복이 쉽지 않은 상황에 이르렀습니다. 이 친구의 사례는 오 대표와 김 실장이 함께 배운 핵심을 다시 일깨웁니다. 외식업에서 진정한 성공은 고객 관계에 있다는 것입니다.

경쟁 업체가 생기면 많은 외식업 사장님들이 "손님을 빼앗기면 어쩌지?" 하고 걱정하며 할인과 이벤트 같은 단기적 대응책을 찾습니다. 하지만 드라마 〈천국의 계단〉의 유명한 대사처럼, "사랑은 돌아오는 거야." 고객도 마찬가지입니다. 고객이 돌아오게 하려면 돌아올 만한 이유가 있어야 합니다.

오 대표는 이제 매장 문을 열 때마다 자신에게 묻습니다. "오늘 방문하는 모든 고객에게 최고의 경험을 제공할 준비가 됐는가?"

이것이 바로 마케팅의 시작이자 끝입니다. 아무리 뛰어난 블로그 전략, 자동화 시스템, 커뮤니티 구축이 있어도, 실제 고객이 매장에 들어

섰을 때 진정성 있는 서비스를 제공하지 못한다면 모든 노력이 물거품이 됩니다. 오 대표와 김 실장이 만든 시스템의 핵심은 세 가지입니다.

첫째, 고객이 떠나지 않도록 최선을 다하는 것. 세심한 서비스, 일관된 품질, 진정성 있는 소통이 고객을 붙잡는 힘입니다.

둘째, 떠난 이후에도 '그곳이 정말 좋았구나'를 느끼게 하는 것. 문자 메시지 마케팅과 지속적인 가치 제공이 고객의 마음에 브랜드를 새깁니다.

셋째, 더 나아진 모습을 보여줄 기회를 만드는 것. 커뮤니티 구축과 특별한 경험 제공은 고객이 재방문할 이유를 만듭니다.

하지만 무엇보다 중요한 것은 지금 눈앞에 있는 고객에게 최선을 다하는 것입니다. 매출이 좋지 않다고 푸념하기 전에, 오늘 매장을 찾아준 단 한 명의 고객에게라도 최고의 경험을 제공했는지 자문해보십시오. 그 한 명의 만족한 고객이 열 명, 백 명으로 늘어나는 것이 진정한 마케팅의 힘입니다.

진정한 마케팅은 거창한 광고나 화려한 프로모션이 아닙니다. 오늘 매장을 찾아준 고객이 친구와 가족에게 당신의 매장을 자랑하고 싶게 만드는 것입니다. 고객은 돌아옵니다. 그들이 돌아올 이유를 만들어주세요.

그리고 그 이유는 바로 지금, 눈앞에 있는 고객에게 최선을 다하는 것에서 시작됩니다.